「日本中世の領主一揆」

呉座勇一［著］

思文閣出版

日本中世の領主一揆◆目次

第三部　戦国大名・惣国一揆への展開

第七章　領主の一揆と被官・下人・百姓

第八章　乙訓郡「惣国」の構造

終　章　南北朝～室町期の戦争と在地領主

一　関連史料が多数あり、列記するのが煩雑な場合は、『大日本史料』（東京大学史料編纂所）を典拠とし、該当史料が収録されている年月日条を記した。

一　平安～南北朝期の文書史料に関しては、主に『平安遺文』『鎌倉遺文』『南北朝遺文』を典拠とした。所収の文書はそれぞれ次のように略記し、文書番号を示した。

竹内理三編『平安遺文』（東京堂出版）→『平遺』

竹内理三編『鎌倉遺文』（東京堂出版）→『鎌遺』

瀬野精一郎編『南北朝遺文　九州編』（東京堂出版）→『南九』

松岡久人編『南北朝遺文　中国・四国編』（東京堂出版）→『南中』

佐藤和彦・山田邦明・伊藤和彦・角田朋彦・清水亮編『南北朝遺文　関東編』（東京堂出版）→『南関』

大石直正・七海雅人編『南北朝遺文　東北編』（東京堂出版）→『南東』

一　室町期以降の文書史料に関しては、主に『大日本古文書』を典拠とした。所収の文書はそれぞれ次のように略記し、文書番号を示した。

『大日本古文書　家わけ第一　高野山文書』（東京大学史料編纂所）→『高野山』

『大日本古文書　家わけ第五　相良家文書』（同）→『相良』

『大日本古文書　家わけ第八　毛利家文書』（同）→『毛利』

『大日本古文書　家わけ第九　吉川家文書』（同）→『吉川』

『大日本古文書　家わけ第十　東寺文書』（同）→『東寺』

『大日本古文書　家わけ第十一　小早川家文書』所収「小早川家文書」（同）→『小早川家文書』

『大日本古文書　家わけ第十一　小早川家文書』所収「小早川家証文」（同）→『小早川家証文』

『大日本古文書　家わけ第十三　阿蘇文書』（同）→『阿蘇』

『大日本古文書　家わけ第十四　平賀家文書』（同）→『平賀』
『大日本古文書　家わけ第十五　山内首藤家文書』（同）→『山内』
『大日本古文書　家わけ第十六　島津家文書』（同）→『島津』
『大日本古文書　家わけ第十九　醍醐寺文書』（同）→『醍醐』
『大日本古文書　家わけ第二十二　益田家文書』（同）→『益田』
『史料纂集』古文書編・第九「青方文書」→『青方』
『白河市史』五・資料編2「中世文書」→『白河』
『茨城県史料』中世編Ⅳ「秋田藩家蔵文書」→『秋田藩』
『長岡京市史』資料編二「中世編年史料」→『長岡』
『橋本市史』古代・中世史料「Ⅳ　隅田荘と隅田氏」→『橋本』
山口県文書館編『萩藩閥閲録』→『萩藩』
『山口県史』史料編・中世3「右田毛利家文書」→『右田』
『鹿児島県史料』旧記雑録・前編二→『旧記』
『鹿児島県史料』旧記雑録拾遺・家わけ一「二階堂文書」→『二階堂』
『鹿児島県史料』旧記雑録拾遺・家わけ五「樺山文書」→『樺山』

一　佐藤進一・池内義資編『中世法制史料集　第一巻・鎌倉幕府法』（岩波書店）および同編『中世法制史料集　第二巻・室町幕府法』（同）所収の追加法は、それぞれ「鎌倉幕府追加法」、「室町幕府追加法」と略記し、『中世法制史料集』の条数を示した。

一　佐藤進一・百瀬今朝雄編『中世法制史料集　第四巻・武家家法Ⅱ』（岩波書店）所収の法規・法令は、『武家家法Ⅱ』と略記し、文書番号を示した。なお『南北朝遺文』『大日本古文書』などに収録されている史料であっても、『武家家法Ⅱ』に収録されている場合、『武家家法Ⅱ』を典拠とした。

一　記録史料の引用にあたり、使用したテキストは次の通りである。
「花営三代記」→『群書類従』（続群書類従完成会）

「満済准后日記」→『続群書類従』（続群書類従完成会）
「大乗院寺社雑事記」→『増補続史料大成』（臨川書店）
「多聞院日記」→『増補続史料大成』（臨川書店）
「蓮成院記録」→『増補続史料大成』（臨川書店）
「実隆公記」→『実隆公記』（続群書類従完成会）

一　右記以外の刊本史料集の出典については、本文中でその都度示した。

一　史料引用の際、原則として旧字は常用漢字に改めた。また、写真帳・影写本などにより読みを改めた箇所がある。史料名などについても、必ずしも刊本史料集の通りではなく、私意により改めた箇所がある。

一　史料原文の摩滅・虫損などは、字数を推定して□または［　　］で示し、文書の首欠は［　　　　］で示した。

一　史料本文中の欠落部分や誤字・脱字について、推定可能の時は（　）内に著者の案を示した。また、語句・人名・地名などの説明傍注は（　）内に示した。さらに、ひらがなに漢字を当てる場合は〈　〉内に示した。

一　本文中に引用した史料および研究者の発言に対する傍線・傍点は筆者が付したものである。

一　本文の地の文に史料中の文言を引用する際、適宜ひらがなを漢字に改め、濁点も付した。また必要に応じて書き下し文に改め、送り仮名を付した。

一　参考文献の副題は、原則として省略した。ただし、副題がないと中味を推測しにくいものに関しては、そのままにした。

日本中世の領主一揆

序　章　中世一揆研究の新視角

第一節　本書の目的と意義

南北朝内乱以降、中世は本格的に「一揆の時代」を迎え、あらゆる階層、あらゆる地域において一揆が結ばれた。そして多種多様な一揆の中でも、最初に時代を牽引したのは年貢公事の徴収者にして地域社会の治安維持者であった在地領主による一揆、つまり〈領主の一揆〉であった(1)。したがって国人一揆をはじめとする〈領主の一揆〉は南北朝期以降の地域社会を規定する中心的な要素といえ、これまで多くの研究が積み重ねられてきた。本書はその蓄積の上に、〈領主の一揆〉の構造・機能・結合論理を解明し、新しい国人一揆論を提示しようと志すものである。

後述するように、現在の中世一揆論の出発点となったのは勝俣鎮夫氏の国人一揆研究であった。勝俣氏は国人一揆研究で得られた知見を荘家の一揆や徳政一揆など他の一揆にも援用しており、その議論は今でも通説的位置を保っている。したがって、国人一揆論を問い直すということは、中世一揆論の原点に立ち返るということでもあり、本書の意義は単に国人一揆論の刷新にとどまらない。本書は中世一揆論そのものを射程に入れているのである。

第二節　国人一揆研究の展開

（一）研究史整理の現状

私見を提示する前に、まず近年の研究史整理を紹介しておこう。大前提として、最近は国人一揆研究に的を絞った研究史整理は行われていない。そこで、部分的にせよ国人一揆研究を紹介している論文を列挙する。

『歴史評論』六七四号（二〇〇六年六月）は「中世在地領主論の現在」という特集を組み、その冒頭に「中世在地領主研究の成果と課題」と題する研究史整理の論文を掲げた[2]。そこでは、国人一揆論、家中論、領主一揆論などが、守護領国制論から国人領主制論・中間層論を経て地域社会論へといたる中世後期在地領主制論の展開過程の中に位置づけられている。

また西島太郎氏は「中世後期の在地領主研究」という研究史整理の論文において、国人一揆論、惣国一揆論、同名中論、領主一揆論、家中論などを在地領主研究の研究史の中で捕捉している[3]。こうした整理の仕方は、国人一揆の研究史を「領主制論」（ないしは「在地領主論」）の枠組みで検証したものといえよう。

一方、土一揆研究や村落間相論の研究で著名な酒井紀美氏は「中世一揆論の軌跡を追って」と題する研究史整理の論文を発表した[4]。この論文では、在地領主層の一揆のみならず、荘家の一揆や土一揆（徳政一揆）の研究史をも解説している。こちらは「一揆論」の文脈の中で国人一揆を俎上に載せたものといえる。

以上の検討から分かるように、国人一揆への接近方法は大別して二つある。一つは「領主制論」「在地領主論」の素材として国人一揆を研究するという視座、もう一つは、「一揆論」の題材として国人一揆を研究するという視座である。言い換えれば、国人一揆を領主層固有の組織として分析するか、中世社会に遍在した「一揆」という行動形態の一類型として捉えるか、という二つの手法がある。

国人一揆の研究史において、この二つの研究手法はどのような形で活用されたのか。本章では右の視角に基づいて、複雑な研究史を整理し、論点を摘出していきたい。

(2) 一九五〇~六〇年代の国人一揆研究

戦前の研究では、領主層の一揆は「党」と関連づけられ、「武士団」の結合形態の一種として把握された。(5) しかし「戦後歴史学」においては、「階級闘争史観」の観点から一揆が研究されることになった。中でも重視されたのが百姓による一揆、すなわち農民闘争であった。鈴木良一は農民闘争の発展段階を「訴訟逃散」→「強訴逃散」→「土一揆」→「国一揆」と定式化した。(6) これにより農民闘争研究の基本的な枠組みが形作られていく。

これに比して領主層の一揆に対する関心は当初、必ずしも高くなかった。永原慶二は南北朝内乱以降の東国において、惣領制の解体にともない旧地頭級の在地領主層が地域的に結集して一揆を形成する動向を指摘したが、その要因として、守護領国制が順調に発展しない東国社会の後進性をあげている。(7) このような認識は同時期の他の研究者も共有しており、彼らの研究はおのずと守護領国制の未熟な地域とされる「辺境地帯」(東国・九州)に出現した領主層の一揆へと向かうことになる。(8) 当時の研究段階においては、領主層の一揆は「地域的封建権力形成に対する阻止的作用」(9) といった評価から看取されるように、その反動性が強調され、変革の主体たる農民の闘争に対する副次的要素として位置づけられた。

こうした研究動向に一石を投じたのが、稲垣泰彦の研究であった。稲垣は、国一揆は「在地領主の連合による反守護闘争」であり、「農民闘争とは規定しがたい」と主張した。(10) 特に畿内先進地域において発生した国一揆の代名詞ともいうべき「山城国一揆」を在地領主連合と規定し、農民闘争から明確に分離したことは、学界に大きな衝撃を与えた。

稲垣の提言が以後の研究史に与えた影響は大きく、稲垣の研究に批判的だった永原ですら、「すべての国一揆を土一揆の側に引きつけて解釈することが正しくない」[11]ということは認めざるを得なかった。そして以後の研究は、「農民闘争」とみなされてきたものの中から「在地領主の連合」を〝再発見〟するようになる。

上述の研究動向を整理して「国人一揆」概念を提唱したのが福田豊彦氏だった。福田氏は国人の一揆結合を守護領国制の形成という「時代的指向」に対する「背反現象」と捉える先行研究を批判し、逆に守護領国制の展開過程における重要な一階梯であると説いた[12]。そして領主層の一揆結合を積極的・肯定的に評価するために「国人一揆」という概念を提起したのである[13]。

福田氏によれば、国人一揆は四種類に分類できるという。第一は合戦における一時的な集団、第二は一族一揆、第三は当時「国人」と呼ばれた在地領主による恒常的な地縁的結合体（狭義の国人一揆）、第四は一国的な規模で国人が結集する国一揆である[14]。氏は第三のタイプを中心に多数の国人一揆を検出し、個々の一揆の性格を史料に即して具体的に明らかにした。氏の作業によって、在地領主の一揆が中世後期社会において広範に展開していたことが判明し、その研究の重要性が認知されるにいたったのである。

しかし福田氏の問題意識は「かかる一揆的結合を封建制度の進展・封建的主従関係の深化という歴史的指向の中でどのように位置づけたらよいのか」[15]というものであった。要するに、氏は上部権力と在地領主との主従関係に焦点を絞って議論を展開したのであり、当然のことながら逃散や土一揆といった農民闘争を視野に入れていない。「農民の日常的な年貢減免や夫役排除の戦い」が「弱小領主たる国人層を上に向かって戦わせ」たとする従来の学説[16]に比べると、「一揆論」としての広がりに乏しいことは否めない。「国人一揆」概念の提起は、一面では議論の幅を限定することにもつながったのである[17]。

福田氏らの研究に対する佐藤和彦の「国人一揆が、いずれも領主権力内部の問題としてあつかわれ、在地構造の変化との関連が不鮮明」[18]という批判は、まさに前述の弱点を鋭く突いたものであった。福田氏の方法論を突き詰めれば、国人一揆の歴史的役割を究明するにあたって土一揆などの分析は不要、ということになる。これでは国人一揆研究を「一揆論」として深めることはできない。その点、農民闘争との関連に注意を喚起する佐藤の視角は、荘家の一揆や土一揆との接点を作る上で有効であるといえよう。

けれども、「領主制の展開につれて、在地支配の強化をもくろむ在地領主と、これに抗して成長をとげる農民諸層との間の矛盾はいかに深刻化していったかを追究していく中で、国人一揆の階級的本質を解明することが必要」[19]と説く佐藤の研究は、結局「領主制論」的な国人一揆研究の動向に回収されざるを得ない[20]。

以上、一九五〇～六〇年代の国人一揆研究を概観した。右に見たように、福田豊彦氏の「国人一揆」概念の提唱によって「国人一揆研究」という研究分野が確立した。福田氏は領主層の一揆の反権力的側面を強調する通説を批判し、これを荘家の一揆や土一揆などの「農民闘争」から切り分けたのである。「国人一揆」と「農民闘争」が明確に区分されたことで、国人一揆は必然的に「領主制論」的な立場から検討されることになった。階級闘争（一揆）としての普遍性、農民闘争との共通性よりも、領主層固有の結合形態を解明することが研究目的となっていくのである。国人一揆研究の方向性は、その初発から決定づけられていたといえよう。

（3）『中世政治社会思想』上巻による転回

一九六〇年代後半から、中世法制史研究の進展にともない、公的な法秩序に対置される在地の法慣行がクローズアップされようになった。この新しい研究動向は、国人一揆研究にも大きな影響を与えた。

笠松宏至氏は、すでに鎌倉時代から在地領主による局地的な裁判権が幕府裁判から自立した形で成立していたことを指摘し、「公方」の法と「地下」の法の競合関係を論じた[21]。藤木久志氏は、上部権力の裁判権（国法）を相対化するものとして「近所の儀」と呼ばれる在地の法秩序の存在を指摘した。[22]また勝俣鎮夫氏は、「六角氏式目」や「相良氏法度」の分析を通じて、戦国大名の裁判権の基底に、領主層の衆議・談合によって構成される「在地裁判権」があることを論究した。[23]

極論すれば、それまでの研究では「法」とは国家権力が定めるものとされ、一揆が権力の「法」にどう対応するかというところに議論の焦点があった。だが、勝俣氏らの研究は、一揆自身が法制定の主体となり得ることを明らかにした。ここに研究史の転回がある。久留島典子氏が的確に指摘するように、権力と一揆との対立関係という旧来の図式に代わって、「地域権力としての一揆」という存在が浮上してきたのである。[24]

こうした清新な研究成果を踏まえて一九七二年に刊行されたのが、かの有名な『中世政治社会思想』上巻（岩波書店）であった。同書には幕府法・武家家法・家訓・置文などとともに既知の一揆契状が網羅的に収録されたので、多くの人が手軽に一揆契状を概観することが可能になった。詳細な頭注・補注も付されており、史料集としての有用性は極めて高い。以後の国人一揆研究の基盤を提供したといえる。

だが、それにも増して研究史的に重大であったのは、石母田正が本書のために書き下ろした長大な「解説」であろう。石母田はこの「解説」において、文字通り「中世政治社会思想」を縦横に論じており、今日の研究段階から見ても間然するところがない。清水克行氏は、勝俣氏らの法慣習に関する研究成果を積極的に導入した「習俗論」的な研究として、「解説」を高く評価している。[25]

確かに石母田は、国人一揆における構成員の平等や、合意形成を重視する価値観、契約の思想などに言及している。これらは国人一揆のみならず、他の一揆にも通底する要素であり、「一揆論」的な研究といっても大過あるまい。

しかし反面、石母田は「一揆」という在地領主の形成する「連合体」は、法制定の主体であるとともに、一つの権力の主体であった。その権力は、一揆がその構成員にたいしてもつ独自の命令権または「沙汰」権であり、この集団はたんなる「一味同心」や「水魚の思」という理念だけによって結合しているのではない[26]とも述べている。つまり石母田の議論は、理念や正当性観念という社会史的な問題群を意識しつつも、権力論に主眼を置いているのである。

そのことは石母田の「解説」の論理構成をたどることで、より明瞭に理解される。もともと『中世政治社会思想』の上巻は、「武家の政治社会思想の基本史料」を網羅するという方針で編集されている。石母田はこれに照応する形で、「中世在地領主法」の発展段階を家訓・置文→一揆契状→戦国家法という流れで示したのである。

こうした論理展開は、幕府法と在地法を対蹠的に配置したという意味で、当時の研究水準を抜きん出ていた。だが一方で、石母田の研究視角は一揆契状を「領主制論」的な枠組みの中に閉じこめてしまうことにもなった。石母田の構想の骨格は、「在地領主制」の内部構造の発展に連動して「在地領主制」の内部を規制する法規範も発展していく、というものである[27]。その論理は極めて明晰だが、すべては在地領主の所領支配と関連づけて説明され、他の論点は捨象されてしまった。わずかに「民間慣習」として惣掟への言及が若干ある程度である。

領主制論の提唱者である石母田の国人一揆研究が、在地領主の土地所有の問題を軸に展開するのは不可避の事態であったと思われる。そして石母田の「解説」はその画期性ゆえに、その後の研究史を大きく規定していくのである。

（4）　勝俣一揆論の登場

石母田が切り拓いた国人一揆研究の新たな路線を引き継ぎ、研究史の流れを確定させたのが勝俣鎮夫氏である。私見によれば、勝俣氏の著名な論文「戦国法[28]」は、三つの柱から成り立っている。

第一の柱は「無縁」論である。一揆構成員たる個々の領主が血縁・地縁・主従の縁など諸々の「縁」を断ち切り、「無縁の場」をみずから創出することによって、はじめて「縁」を超越した「共同の場」である一揆を形成し、個々の成員の平等性と自立性を確保することができたという。そして身分の上下がある個々の領主を「平等」とみなすことを可能とした要因として、勝俣氏は一揆契状の作成をあげる。起請文形式の一揆契状を作成し、違犯の有無を判定する保証者として仏神を呼び込むことで、「無縁」という日常を超越した関係が生まれるのである。こうした「無縁の場」の創出は、寺院の集会など他の一揆にも見出されると勝俣氏は指摘している。

第二の柱は「平和団体」論である。勝俣氏は「在地領主は、構造的にもたらされた極めて激しい領主間対立を克服するため、相互の紛争を「縁」にもとづく自力で解決する手段を放棄し、紛争解決を目的とする新しい「平和」団体を創出」したと説く。すなわち、国人一揆を、自力救済を否定し「理非」の判断に基づいて領主間紛争を解決するための領主連合として捉えるのである。この議論の影響力も大きく、以後の研究では、国人一揆の自力救済否定の側面が追究されることになる（次節第2項参照）。

第三の柱は「一揆専制」論である。勝俣氏によれば「衆議の決定の絶対化およびそれにもとづく個々の領主の力の結集たる集団権力の発動なくしては、一揆それ自体が存立し得ない」という。それまでは一揆といえば、「反権力」「自立」「平等」「共同」といったイメージが大きな比重を占めており、一揆の「専制支配」を指摘した勝俣説のインパクトは大きかった[29]。

しかも勝俣氏は「一揆の絶対性＝大名の絶対性というかたちに誓約者自らが一八〇度転換させる」ことによって大名権力が形成されると述べ、戦国大名権力成立への展望を示した。これは権力が一揆を弾圧し解体させるという「一揆敗北論」的な思考様式から訣別したという意味で、一揆論の大きな転換であった[30]。

要約すると、国人一揆の結成目的は内部における自力救済の否定（「平和」）であり、それを一揆成員たる個々の領主に遵守させるには衆議の絶対化（「一揆専制」）が必要であり、集団の意志決定に絶対性を与えるためには諸々の縁を断ちきること（「無縁」）が求められた、ということになる。

右記の勝俣氏の見解は今日まで通説の地位を譲っておらず、まさしく国人一揆研究の段階を画す学説だったといえる。その特色として、一揆の理念を明らかにした「無縁」論の提唱など、社会史の展開の素地を作った点があげられよう。しかし全体的に見れば、領主支配の発展段階を追跡するという論理構成になっていることが分かる。よって勝俣氏の「戦国法」は、広い意味では石母田領主制論の延長線上に捕捉可能なのである。

（5）社会史的一揆論の台頭

しかし、その後、勝俣氏の関心は国人一揆にとどまらず、他の一揆にも向かう。国人一揆の法がある種の正当性を帯びていることに気づいた勝俣氏は、考えをさらに押し進め、中世民衆の正当性観念に迫っていく。その萌芽は早くも一九七九年の論文「地発と徳政一揆」において見られる。

この論文の中で勝俣氏は、土一揆が理非をこえて徳政を要求する際の論拠の一つとして、「一味同心にもとづく「一揆」という要求主体の形態」[31]そのものをあげている。この想定はのちに、一揆の決定は神の意志に基づくという呪術意識の発見へと結実する。

勝俣氏の一連の研究は中世一揆論に大きな影響を与えた。入間田宣夫氏は、百姓の申状が、寺僧集団の起請文や在地領主層の一揆契状と同じく、「一味神水」という神秘的な儀式と分かちがたく結びつけられた文書であることを明らかにした[32]。この画期的な研究が、勝俣氏らの「在地領主法」研究の成果から着想を得たものであることはいうまでもない。加えて入間田氏は勝俣氏の「地発と徳政一揆」を巧みに引用して、自説を補強している。

さらに一九八一年、日本中・近世史の研究者による共同研究を経て、『一揆』全五巻（東京大学出版会）が刊行された。収録された論考の中には、笠松・勝俣氏らの社会史的な研究に触発されたと思しきものが少なくない[33]。中でも、本書の視角から注目されるのが千々和到氏の論文「中世民衆の意識と思想」（第4巻所収）である。

千々和論文は、起請文がどのようにして作成され、また利用されるかという実態を明らかにし、そこから中世人の意識を探った好論だが、ここで千々和氏が論点の一つとして提示しているのは、起請文の神罰と一味神水の関係である。入間田氏と同様、千々和氏も勝俣論文を念頭に置いていたと考えられる。国人一揆が決起に際して一揆契状という起請文形式の文書を書くという事実は、以前から知られてはいたが、勝俣氏の研究によって初めて明確な歴史的意義を与えられ、以後の研究史では大きな論点となったのである。

さて『一揆』全五巻に収載された諸論文に共通する特徴として、起請・金打《きんちよう》・閉籠・逃散（柴を引く）・嗷訴など、一揆という行動様式そのものへの関心が指摘できよう。すなわち、一揆を結ぶには定型化された一連の手続き（「作法」）を踏む必要があり、そうした神秘的な儀式を経ることで、一揆は理非を超えた正当性を獲得するという認識である。

そして、この発想の源流に、勝俣氏の国人一揆論があることは疑いない。「無縁の場」という非日常的な状況を設定することで、一揆は日常的な諸々の制約を超越して絶対性を獲得するという勝俣氏の基本的構想は、すでに前掲論文「戦国法」の段階で表明されている。

従来の研究史整理では、「社会史への方向性」の中から『一揆』全五巻が登場するという漠然とした理解が示されてきた[34]。しかし、『一揆』全五巻に見られるような「習俗論的な一揆論[35]」は、明らかに勝俣氏の国人一揆論に端を発するのである。

勝俣氏自身も国人一揆研究で得られた成果を他の一揆にも敷衍して総合的な一揆論の構築に乗り出した。それが研究史上に燦然と輝く金字塔『一揆』（岩波書店、一九八二年）である。この本が着目しているのは、一味神水、満寺集会（大衆僉議）における裹頭・変声、百姓一揆における蓑笠といった「変身」の「作法」である。勝俣氏はこうした呪術的行為の分析を通じて、「日本の歴史の基層に生きつづけた集団心性」を追究している。

もちろん右の書には、勝俣一揆論の起点である国人一揆研究の成果も含まれている。しかし国人一揆から戦国大名権力への展開という前掲「戦国法」の論旨が確認されるにとどまり、「領主制論」的な視点は希薄である。一方で国人一揆と寺院集会の共通性など、多種多様な一揆の底流を探るという問題意識が強く打ち出されている。その結果、すべての一揆に共通する要素として指摘されたのが「一揆の作法」と呼ぶべき特異な習俗であり、その背後にある正当性観念・平等意識・変革思想であった。

ただし先述したように、右のごとき社会史的発想の萌芽は前掲「戦国法」に見出すことができる。すなわち、国人一揆研究においても社会史的研究の可能性は開かれていたのである。

（6）孤立する国人一揆研究

では、勝俣氏の『一揆』は、その後の一揆研究にどのような影響を与えたのだろうか。酒井紀美氏は、同著によって「一揆研究全体は社会史の方向へと大きく舵を切ることになる」と評価している[36]。確かに全体的な傾向としては、酒井氏が指摘する通りであろう。

土一揆を例に取ると、徳政論の活性化を受けて一九八〇年代以降、研究が急速に進展する[37]。この新しい土一揆論が既存の議論と区別される最大の特徴は、土一揆を中世農民闘争と捉えた上でそれを階級闘争史の中に位置づけるという前提条件をいったん外した点にある。「人民の闘争の歴史を明らかにする」といった問題意識を先行させるのではなく、土一揆の行動様式を史料に即して具体的に解明するという研究手法が採用されたのである。

そうした志向性を顕著に示しているのが酒井紀美氏の論文「中世後期の在地社会」（一九九四年）であろう[38]。

酒井氏は室町期に頻発した土一揆（徳政一揆）を網羅的に検討し、「路地を塞ぐ」などの行動パターンを析出している。これはまさに「社会史研究」（清水氏にいわせれば「習俗論」）の手法である。

けれども、このような研究手法・研究成果は、勝俣一揆論の基点であった国人一揆研究には必ずしも反映されなかった。他の一揆の研究が社会史の方向へと大きく舵を切るのを後目に、国人一揆研究は「領主制論」的視角に基づいて独自の進化を遂げたのである。

その一つの理由として、「在地領主法」研究という形で社会史研究の先鞭をつけた藤木氏や勝俣氏の関心の移行が指摘できるだろう。領主間の「近所の儀」を発見した藤木氏が次に村落間の「近所の儀」に着目したことに象徴されるように、藤木・勝俣両氏は領主の研究から村や町の研究へと軸足を移していく[39]。

では勝俣氏らの成果を継承して、国人一揆研究を進めた後続の研究者の研究視角は、どのようなものだったのだろうか。〝勝俣以後〟の代表的論者である小林一岳氏と久留島典子氏の所説を検討してみよう。

小林氏は藤木氏の研究手法に学び、「実力による当知行を行う時の行動様式＝作法」[40]の抽出を試みている。この点で小林氏は社会史的手法に無関心であったとはいえない。だが、氏が明らかにしたのは、「苅田狼藉」や「城郭を構える」など、悪党による当知行の作法であって、〈一揆の作法〉に関する言及はない。氏の問題関心はあくまで「在地領主の階級的結集の持つ意味」を「当知行をキーワードに考えてみる」ところにあり[41]、そのことは「当知行保全システム」という国人一揆への評価に端的に示されている。

要するに小林氏は「所領支配」という領主層固有の問題に照準を合わせており、「領主制論」的な視角から国人一揆（小林氏曰く「領主一揆」）を論じている。このことは氏の研究史整理が、国人一揆論を「石母田在地領主制論」の延長上に理解し、また、そのような方向性を是認するものであることからも明白である[42]。小林氏には「一揆論」的な視座から国人一揆を検討するという姿勢が欠落しているのである。

久留島典子氏の論文「領主の一揆と中世後期社会」（註1参照）も、「領主制論」的な立場からの議論といえよう。久留島氏は領主の一揆の結成について「所領・知行の維持保全が最終目的」と明言し、「所領を保全するという領主としての基本的属性」の問題を主軸に立論している。実際、氏はこの論文と通史『一揆と戦国大名』（講談社、二〇〇一年）によって、「領主の一揆」と「所領保全」をキーワードに国人一揆研究と戦国大名研究の接続に成功している。氏の研究は、「在地領主法」研究以後の研究史を、いわば集大成した内容になっているのである。

しかしながら、石母田氏や勝俣氏の研究から派生した社会史的な一揆論の成果は、久留島論文にはほとんど取り入れられていない。久留島氏が石母田・勝俣両氏から受け継いだ論点は、もっぱら地域権力論である。いわゆる〈国人一揆から戦国大名へ〉という領主支配の歴史的展開が主題に据えられているのである。

次節で詳述するように、酒井紀美氏は久留島氏の一揆研究に対する違和感を隠していないが、その原因は根本的には右に述べたような研究史の事情にある。勝俣氏は論文「戦国法」において、一揆の「絶対性」を指摘したが、酒井氏の土一揆研究は、「絶対性」の要因を探る試みである。絶対性を支える「作法」、ひいては心性や法思想を明らかにしようとする。これに対して久留島氏の国人一揆研究は、「絶対性」の展開を追うものである。一揆の絶対性が大名の絶対性へと展開していく過程を究明することが眼目である。乱暴に分類すれば、前者は社会史であり、後者は社会構成体史ということになろう。

このように、現行の土一揆研究・国人一揆研究は、ともに「在地領主法」研究に起源を持つものだが、その方法や認識は懸隔している。このようなすれ違いが生まれたのは、一つには使用する史料の性格の違いが影響していると思われる。記録史料から個別的な事例を収集し、そこから法則性を浮かび上がらせることで「作法」を復原するという手法は土一揆研究に適用しやすい。一方で、国人一揆研究の場合は一揆契状という「成文法」の分析が中心になるので、社会史的な研究手法はあまり馴染まない。

とはいえ、一揆契状を用いて社会史的研究を行うことが不可能なわけではないことは、『一揆』全五巻や勝俣氏の『一揆』が証明している。社会史的な国人一揆研究が進まない根源的な要因としては、やはり「領主制論」の桎梏を想定すべきであろう。〈領主にとっての一揆の意味〉を検討の基軸に置くならば、領主層とは異なる階層によって結成された一揆を参考にする必要性は薄い。いきおい、荘家の一揆や土一揆との比較という視点は失われることになる。[43]農民闘争と領主結合を分離する思考様式は今も生きているのである。

久留島氏の研究により、国人一揆論は家中論へと発展的に解消された。それはいわば、国人一揆研究が「在地領主研究」の中に吸収されるという方向性の終着点であった。近年も国人一揆はしばしば研究対象とされているが、そこでの扱いは、「在地領主研究」の一部というものでしかない。[44]「領主制論」的な研究視角の隆盛と、[45]「一揆論」的な視角の停滞という著しい対照が、現在の研究状況の特徴である。

（7）小括

農民闘争研究から分離する形で始まった国人一揆研究は、領主制の展開過程を明らかにするという問題関心を当初から胚胎しており、別種の一揆との「一揆」としての共通性を探るという指向性は微弱であった。

勝俣鎮夫氏による一連の一揆研究を契機に、社会史的な一揆論が隆盛するが、国人一揆研究には社会史的な手法は浸透しなかった。勝俣氏の主張のうち、〈国人一揆から戦国大名へ〉という部分だけが切り取られ、国人一揆研究は「領主制論」的な研究視角を堅持したまま地域権力論として深化していった。このため国人一揆が「一揆論」の主要な研究対象となることはなく、もっぱら在地領主研究の〝道具〟として扱われたのである。

第三節　国人一揆研究の課題と本書の視角

既述のように、国人一揆研究には二つのアプローチがある。一つは「領主制論」的視角、もう一つは「一揆論」的視角である。前節で詳述したように、研究史においては前者の方向性が卓越している。

むろん「領主制論」的国人一揆研究の成果は多大であり、そうした研究手法そのものを否定するつもりはない。しかし領主制論や在地領主論の立場から国人一揆を検討した場合、在地領主の存在形態の解明こそが〝目的〟となる以上、「一揆」は〝手段〟として後景に退かざるを得ない。やはり一揆という行動様式そのものを検討対象とする「一揆論」的視角も必要なのである。そこで、以下ではより具体的な課題を提示していきたい。

(一)　地域権力論の相対化

近年、明清史の岸本美緒氏が、日本史研究者の一揆への接近方法を二種類に大別している。すなわち、一つは「闘争内容」への関心、今一つは「秩序形式」への関心である[46]。

いわゆる「階級闘争史観」に基づく研究は前者にあてはまるだろう。これに対して、勝俣氏に代表される一九七〇年代以降の国人一揆論においては、秩序形成の側面に注目する後者の観点が優越し、従来の階級闘争的な一揆観を相対化することに成功した。

その反面、後者の視点が強調された結果、一揆概念は拡張の一途をたどることになった。日常的に存在する集団も「一揆」とみなされるようになったからである。「秩序形式」を解明しようという問題関心を突き詰めれば、一揆を「社会集団」(社団)として捉えるという視角に帰結する[47]。日本中世において社会集団の最小単位は家(イエ)であるから、イエ権力内部の一揆的構造として「一門評定」や「家中」に注目が集まるのは論理的必然であった。[48] かくして前節で述べたように、国人一揆論は家中論へと収斂することになる。

酒井紀美氏はこうした研究の弊害として「一揆」概念の氾濫を指摘している。すなわち、「今や、目的を持って集まった集団ならすべて一揆だというように、拡大の一途をたどっている。それに伴い、一揆論で展開される論点も多様なものになった」と批判し、権力論・社会集団論への傾斜に警鐘を鳴らしたのである。[49] しかし社会集団論的な方法の問題点はそれだけに収まらない。

右の研究手法が活発化した結果、国人一揆研究は地域権力論の一分野として位置づけられるようになった。戦国期の地域権力については、①守護権力からの展開を重視する考え方と、②「国人による在地領主制から、国人一揆に代表される地域権力形成の運動を媒介にして、戦国大名成立を説く立場」[50]があるが、国人一揆研究はもちろん②の方向に展開した。ここで一つ問題になるのは、この②の議論から生み出される国人一揆のイメージは、極めて自生的かつ専制的なものだという点である。

これは、一九七〇年代の「在地領主法」研究がもともと国家・中央の法秩序の対極に存在する在地の法秩序の検出を志していたことに淵源を持つ。[51] このため当時の研究を読み返してみると、国人一揆が上部権力（公権力）から自立した自己完結的な地域権力として語られている傾向が目立つ。端的な例をあげると、「一揆専制」論の提唱者である勝俣氏は国人一揆を「上部権力の保証を必要としない、それと無関係な私的な自立権力」[52]と評している。ここに「領主制論」的な視角の限界を見て取ることができよう。

かかる見方は以後の研究史でも踏襲され、小林氏は国人一揆を「国家をも相対化しうる〝自律的〟な在地の社会集団」[53]と表現している。そして氏の研究においては、国人一揆の在地支配が議論の中心となり、国人一揆と上部権力との関係は軽視されてしまうのである。これは研究史に内在する根深い問題といえる。

筆者は「室町幕府—守護体制」論や「戦国期守護」論（前掲①の議論）には与しておらず、むしろ下からの規定性を重視する立場（前掲②の議論）を採っている。しかし、だからといって、上部権力との関係を捨象して良いとは思わない。というより、国人一揆の主体性・自律性は、上部権力との交渉の場においてこそ発揮されると考える。こうした観点が今後の国人一揆研究には求められよう。

一揆契状を分析する際にも、この問題は付きまとう。先述した通り、一九七〇年代の国人一揆研究には「在地領主法」という分析概念が導入された。これは一揆契状を、在地領主層による地域支配のための領主間協約＝「法」（在地法）と捉える視角である。この手法は国人一揆研究に革新的な成果をもたらしたが、一方で論点の限定化を招いた。

その典型的な例が、「人返法」への過剰な思い入れであろう。領主階級が封建的土地所有を介して農民支配を維持発展するための装置として国人一揆を見たため、国人一揆研究において領主―百姓関係に関心が集中し、一揆契状の人返規定が長らく農民土地緊縛法として理解されてきた。現実には、一揆契状の人返規定は主人―被官という主従関係を律することがほとんどなのだが[54]、「領主制論」的な枠組みに規定され、領主―百姓関係以外の研究は手薄になってしまったのである[55]。

加えて、上部権力との関係性が等閑視されているため、一揆契状の対外発信の側面も十分に検討されていない。この点は、入間田氏の「百姓申状」研究などと著しい対照をなしている。

この問題に関連して、一揆契状の軍事的条項への関心も薄い。福田氏が説く通り、国人一揆には一時的な軍事集団としての性格が強い一揆も少なくないが、恒常的に機能する地域支配権力としての性格を重視する研究姿勢が一般化する中で、こうした一揆は注目されなくなった。軍事同盟的な一揆契状は検討の対象から外れていったのである。

（２）社会史研究の成果の摂取

それでは、「一揆論」としての国人一揆研究とは、具体的にどのように進めていけば良いものなのだろうか。

清水克行氏が指摘するように、古典的な一揆研究は、闘争の主体の性格を究明せんとする「主体論」としての性格を強く持っていた(56)。だが一揆の「主体」に着眼した場合、たとえば国人一揆と荘家の一揆とでは、「主体」の社会的・経済的階層が異なるため、単純な比較は難しい。そもそも「主体」を厳密に見極めようという研究史の方向性が、農民闘争研究の分節化（荘家の一揆研究、土一揆研究、国人一揆研究、一向一揆研究）を生んだのである。論点の分散により、個々の議論が精緻化する一方で、相互の交流は途絶え、研究の分断が進行した。したがって、こうした古典的な研究手法を採用することはできない。では、どうするか。

この点で参考になるのが、前項で紹介した酒井氏の地域権力論批判である。酒井氏は「村」や「町」などの日常的・恒常的な社会集団をも「一揆」とみなす〝構造論〟的な一揆研究に苦言を呈し、一揆研究を〝運動論〟として再構築することを提案している。

酒井氏の「一揆という非日常的な結合と、日常的に維持されている集団とを区別して考えることが重要である(57)」という提言に対し、久留島典子氏は「既存の一揆観に引き戻す主張のように私には受け止められ、そこからより豊かな歴史事象をとらえる視角が生まれるのかという疑問を感じている(58)」と危惧を露わにしている。

なるほど〝日常的な結合は一揆ではない〟という酒井氏の主張が、議論の幅を狭める危険性を孕んでいることは事実である。一揆の日常的な性質をあえて否定する必要はないように思われる。ただ〝忘れられた論点〟ともいえる〈国人一揆の非日常性〉に改めて注意することには一定の意味があると筆者は考える。

この論争を考える上で留意すべきことは、酒井氏の土一揆研究が古典的なそれとは異なる、という事実である。前節でも言及したように、氏の研究手法は一揆という行動様式そのものを研究対象とする習俗論的なものであり、古典的な「主体論」とは一線を画している。[59]そのことは酒井氏が「まず、一揆は成員の起請文を軸にして生み出される非日常的なものだという観点から、徹底して峻別してみてはどうだろう」と述べていることからもうかがえる。よって、酒井氏の習俗論的手法を国人一揆研究に導入することは、必ずしも「階級闘争史観」への回帰にはつながらないだろう。

勝俣氏は、ある目的達成のために結ばれた諸集団をすべて一揆という語で表現しては一揆の本質を定義できないと論じ、「特定の手続きや作法にしたがって結成され、それに応じた特殊なメンバーのありかたをしめす集団が本来的な一揆であったと考える[60]」と明言している。日常的（社会集団）か非日常的（階級闘争）かという形で対立軸を設定するから議論が混線するのであって、〈一揆の作法〉を基準に弁別すれば紛れは少ない。勝俣氏の議論を部分的に借用するのではなく、その根幹を踏まえることが重要である。

以上の検討により、「一揆論」という文脈の中で国人一揆を捉えるには、やはり「作法」という切り口が有効であると思う。

実際問題、国人一揆研究には社会史的視点がほとんど活かされていない。これは根本的には「領主制論」的視角の徹底に起因するが、より直接的な原因は勝俣氏の「平和団体」論・「一揆専制」論に帰する。石井紫郎氏が「中世から近世への巨大な転換を、一揆の構造自体から説明しようというもの[61]」と的確に評しているように、勝俣氏の議論は戦国大名、さらには近世の統一権力に連なる性質を国人一揆の中に見出すという志向性を有する。このため論理的要請として、国人一揆の先進性・合理性が前景化されるのである。

勝俣氏の一揆論や藤木氏の「惣無事令」論などの「平和」論の総括を企図した村井章介氏の一九八六年の報告「中世の自力救済をめぐって[62]」では、一揆の「無事」から秀吉の「惣無事」へという見取り図が提出されている。村井報告においては、在地社会（主に村落）における相殺観念・衡平観念に基づく自力救済的な紛争解決慣行

（民衆の「平和」）と、国人一揆による専制的な自力救済否定（権力の「平和」）が対比的に描き出された。

こうした研究動向の結果として、「自力の村」論が数々の「作法」を素材に具体的かつ躍動的に描き出した村落像に比し、地域権力論が説く領主間結合の構造と機能は、抽象的で甚だ無味乾燥に映ることになった。ここに勝俣「平和団体」論の刻印が色濃く残る国人一揆研究の限界が集約的に表れているといえよう。

藤木氏や酒井氏の研究に見えるように、一九八〇年代以降の習俗論の主戦場は村落であり、国人一揆研究は社会史研究との結合を果たしていない。これからの国人一揆研究には、社会史的手法を摂取して〈一揆の作法〉を具体的に明らかにすることが必要なのではないだろうか。

（3）一揆契約論の展開

前項では社会史研究の成果を摂取することの重要性を指摘した。だが習俗論の手法を国人一揆研究に機械的に適用するだけでは問題の解決にはならない。

これまでも国人一揆研究には社会史的検討が部分的に試みられてきた。その努力が必ずしも実を結ばなかった原因は、勝俣氏の「無縁」論に依拠しすぎたという事に尽きる。

誤解を恐れずにいえば、勝俣氏の「無縁」論とは、日常社会における諸々の制約を一揆が超越できる根拠を、神降ろし、あるいは神への変身といった呪術的行為に求める行論である。つまり、神と一体化しているからこそ、世俗的な規制を無視することが正当化されるという論理を用いている。

こうした発想は社会史研究の通弊でもある。特に「社会史ブーム」の時代には、現代の常識では理解することが難しい習俗を呪術的・宗教的観念によって安易に説明する傾向が強く、「シンボリズム（象徴）」や「境界」といった言葉で煙に巻く彼らの研究態度は社会史に疑問を持つ研究者たちからしばしば批判を浴びてきた(63)。

もちろん一揆の結成に「無縁」の思想が関わっていることは間違いない。しかし、ことさらに呪術観念を持ち出し、それのみによって一揆の正当性観念を説明しようとする安直な研究姿勢は問題であろう。一種の「未開」性を抱えた前近代社会を近代的な価値観で裁断することは危険である、とは社会史研究者の常套句であるが、かといって中世人の思考はしばしば現代人の常識を超えるので「合理的」に説明がつかなくても良いのだ、と開き直ってしまっては、単なる思考停止である。

一揆研究における呪術観念の多用。この問題を史料論の立場から表現すると、起請文研究への偏重、ということになる。社会史研究においては、「従来の古文書学的な関心とは異なり、中世民衆の行動や、その行動を規定する意識を探るための史料」[64]として、起請文が注目された。この結果、一揆契状についても起請文としての側面に関心が集まり、豊富な成果が生まれた。その意義は高く評価されて然るべきだが、一揆契状を「起請文」としてのみ捉えることは妥当ではない。なぜなら、こうした研究手法は、一揆論を神仏の問題に帰着させがちだからである。無闇に「怪力乱神」を語るのではなく、古文書学的手法に則った、〝地に足の着いた〟一揆論が必要であると思う。

筆者は先に国人一揆研究と社会史研究との接合を提案したが、それは呪術観念による事象説明と同義ではない。現代人の常識を超えた珍奇で神秘的な習俗だけが中世人の行動を規定していたわけではなく、より広い視野で中世人の行動様式全般を捉える必要がある。

さて、一揆論においては、「一味神水」という〈一揆の作法〉の神秘性に目を奪われがちであったが、一揆が「一揆契約」という形で具現化することにも注意を払う必要がある。一揆契約も中世的契約の一形態である以上、「契約」としての側面から一揆を捉えていくべきである。そしてすべての契約状が起請文形式をとるわけではないことを考慮すれば、一揆契状を神仏の問題、中世人の信仰心の問題に収斂させて事足れりとする姿勢は許

されない。一揆契約は神への誓約である以前に、人と人との契約なのである。(65)

そもそも中世の「契約」もまた、一種の「作法」である。人のつながりを「契約」の視点から読み解くという研究は、一九八〇年代の「社会史ブーム」の中で盛んに行われた。主人—下人間、領主—百姓間の人間関係などにメスが入れられ、儀礼化された合意の回路の存在が明らかになった。清水氏はこれらの研究を「互酬論的支配論」と総称しているが、(66)要するに、従来は「支配—被支配」関係として理解されていたものを「契約」関係として読み替える試みであった。

この「互酬論的支配論」は、いわゆる「階級闘争史観」を真っ向から否定するものであり、階級対立の深刻さを無視した牧歌的な歴史像として厳しく批判された。だが「互酬論的支配論」は権力による支配を美化していたわけではない。それはたとえば、百姓の逃散を合法的な闘争と位置づけた入間田氏の議論に明瞭であろう。「互酬論的支配論」の本質は、武力革命以外の穏健な闘争を日和見主義として斥けるような教条的・硬直的な歴史理解を批判し、支配を受け容れながらも支配者との交渉を通じてしたたかに「権利」を獲得していく中世民衆の主体性を「契約」の中に見出していく点にある。

本書では右の「互酬論的支配論」の手法に学びつつ、「一揆論」ならぬ「一揆契約論」に取り組みたい。研究の現況を見ると、一揆契約に関する研究は極めて乏しい。勝俣氏は国人一揆研究に「契約」という論点を提起したが、契約という角度からの検討は、勝俣氏の先駆的な問題提起以後、それほど深められたように見えない。これは一つには、主従契約や領主—百姓間の「契約」などとは異なり、領主間契約はあまりに可視的であるがゆえに、考察の対象にならなかったからと推察される。

だが、以上述べてきたように、中世契約論の観点から一揆契約を捉え直すことは、国人一揆研究の進展に不可欠な作業である。「無縁」論に基づく国人一揆の結合論理や行動様式に関する研究が手詰まりを見せる中、改めて法制史的接近が求められているのである。

（4）本書の構成

本書は三部構成をとった。その概要と各章の意図を簡単に記しておく。

第一部「〈領主の一揆〉の構造と機能」には三本の論考を収めた。この第一部では、〈領主の一揆〉の構造と機能を考察する。一揆の構造と機能を分析するという社会集団論的な問題意識は、一九七〇年代以降の国人一揆研究の方向性を基本的には継承するものである。しかし単なる追随ではなく、地域権力論への過度の傾斜という研究史上の問題点を修正しながら自説を展開していきたい。

たとえば、一九七〇年代以降の国人一揆研究は、一揆契状を「在地法」と捉え、その分析を中心に国人一揆の実態解明を志向したため、一揆契状を残さなかった国人一揆への目配りが不足していた。そこで第一章「伊勢北方一揆の構造と機能」では、一揆契状を残さなかった伊勢北方一揆の検討を行う。

伊勢北方一揆は上部権力との接触の際、「談合」や「連判」といった〈一揆の作法〉を行っており、これまでの研究史では触れられることの少なかった〈国人一揆と上部権力との関係〉を考える上で絶好の素材である。在地支配という領主の基本的属性に規定された国人一揆の固有性への拘泥を思い切って捨て去り、視座の転換を図ることで、新たな側面が見えてくるだろう。

第二章「隅田一族一揆の構造と展開」では、戦前の武士団研究以来の重厚な研究史を有する隅田一族一揆をとりあげる。『中世政治社会思想』上巻には隅田一族等連署起請文が「一揆契状」の一種として収録されているが、この史料は隅田八幡宮の供料注文の末尾に付加された神文（罰文）であり、厳密にいえば、「一揆契状」の文書様式と相違する。このような曖昧な「一揆契状」判定は、一揆契状を起請文としてのみ理解する研究態度がもたらした弊害に他ならない。

よって、隅田一族一揆もある意味〝一揆契状を残さなかった国人一揆〟であり、「在地領主法」研究という従来の分析視角からの検討は困難である。数多く残された一族連署状の史料的性格を実証的に明らかにすることが求められよう。

また、隅田一族一揆に関わる史料の多くは、隅田八幡宮の神事に絡むものであり、「一味神水」という誓約の儀式に注目してきた従来の研究とは異なる形で結集の場を考察するための好個の材料といえる。本章では、氏社に集う隅田一族による祭祀の運営方法を検討することで、一揆の結集のあり方を浮き彫りにする。

第三章「松浦一揆研究と社会集団論」では、最も著名な国人一揆である松浦一揆に関する論争の経緯を確認し、国人一揆研究の新たな地平を切り拓くための指針を示す。

松浦一揆は多数の内容豊かな一揆契状を残したことで研究者の注目を集めてきたが、一揆による相論処理の具体的な様相が史料から判明する稀有な一揆でもある。そのため、当初は一揆契状の分析が中心だった松浦一揆研究も、次第に一揆の連署押書状の検討へと移っていく。こうした実証研究を踏まえつつ、本章では研究史に伏在する問題点を析出していく。松浦一揆研究が抱える問題は、国人一揆研究全体が抱える問題でもある。本章の議論を経ることで、第二部の諸論考の意味をより深く理解していただけると考える。

第二部「〈領主の一揆〉と一揆契状」は三章からなる。この第二部では、第一部とは反対に、一揆契状の古文書学的考察が議論の中心となる。前項で述べたように、「一揆契約」の締結を〈一揆の作法〉と捉え、「一揆契約論」を展開していきたい。すなわち、一揆契状という文書がどのような場で作成され、どのような形で機能するかという問題を掘り下げて考察する。

既述の通り〈一揆の作法〉の分析は従来の習俗論でも行われてきたことであるが、そこではもっぱら「一味神水」という特異な儀式の神秘性に議論が集中し、研究成果の偏在が著しい。これまで顧みられることの少なかった「契約」という〈一揆の作法〉に目を向けることで、国人一揆研究に新生面を開きたい。

第四章「奉納型一揆契状と交換型一揆契状」は、一揆契状の類型論を展開することで、一揆が結成される〝場〟に関する旧来の学説に対して再検討を迫ったもの。

一九九〇年代以降の国人一揆研究を主導した小林・久留島両氏の研究を「一揆契約論」の観点から見た場合、注目されるのは〈一対一の一揆契状〉への論及である。往々にして〈一対一の一揆契状〉は在地支配に関する記述に乏しいので、「在地領主法」研究では軽視されてきた。これに光を当てた両氏の研究の功績は大きい。しかし「領主制論」的視角による限り、〈一対一の一揆契状〉は「一般的な一揆契約に至る展開過程の最も初期の段階」（小林）、「一対一の同盟関係は本来一揆とはいえない」（久留島）といった評価に陥りがちである。要するに「在地領主法」的な一揆契状こそが一般的かつ正統的であり、〈一対一の一揆契状〉はそこに到達する以前の原初的な形態として位置づけられてしまうのである。本章では右の学説を克服するために、「領主制論」的視角を棚上げして「一揆契約論」を展開する。

第五章「親子契約・兄弟契約・一揆契約」と第六章「契約状と一揆契状」では、第四章の議論を踏まえて一揆契状の発生論に着手する。先述のように一揆契状は、起請文研究でとりあげられることはあっても、契約・契約状研究の文脈で検討されることは滅多になかった。そもそも中世の契約・契約状じたいが、日本法制史研究において組上に上ることが少なかったのである。日本中世における「契約」とは一体何なのか。この命題は容易に解けるものではないが、一揆契状の契約状的要素を析出することは一つの突破口になるのではないかと考える。したがって第五章・第六章での「一揆契約論」は、中世契約状の研究にも裨益するであろう。

第三部「戦国大名・惣国一揆への展開」は二章からなる。この第三部では、国人・侍の一揆の戦国期への展開を考察する。久留島氏の提起により、領主の一揆は戦国期には戦国大名（家中）ないしは惣国一揆（同名中）へと展開するという見通しが定着した。とはいえ、展開過程の具体的な様相は必ずしも明らかになっていない。戦国期は地域的偏差が大きいため、全面的・網羅的な検討を行う用意は筆者にもまだないが、なるべく多くの地域・事例に目配りすることで、解明の糸口を付けたい。

第七章「領主の一揆と被官・下人・百姓」は、一揆契状など領主間協約に見られる従者・百姓関係の条項を再検討することで、〈領主の一揆〉と被官・下人・百姓との関係を捉え直したもの。特に研究史の厚い「人返」規定を中核に議論を展開している。第1項で指摘したように、「人返」規定の研究は、「領主制論」的視角への固執が災いして、非常に偏った評価がなされてきた。先入観を排し史料を丁寧に解釈することで、従来とは異なる理解が可能となるだろう。

第八章「乙訓郡「惣国」の構造」は、未だに見解の一致を見ない惣国一揆論を再検討し、論争の決着への道筋をつけたもの。戦国期に京都近郊の乙訓郡において結成された、いわゆる「乙訓郡一揆」の関係史料を洗い直すことで、「惣国一揆」概念の再定義を図る。

惣国一揆研究の最大の争点は、一揆の担い手、すなわち構成主体をどの階層に置くかという点にある。論争が混迷を深めた要因としては、「一揆」とは何かという根本的な問題を詰めずに議論が進んだことがあげられる。研究史において「惣国一揆」と規定された諸運動には地域社会の各層が何らかの形で関わっている。したがって見方によっては、領主層が主体にも見えるし、また百姓層が主体にも見える。はたまた領主層と百姓層の〝統一戦線〟にも見える。

不毛な水掛け論を回避するには、一揆の行動様式に注目すべきだろう。すなわち、〈一揆の作法〉を遂げている階層に限って構成主体と認定することで、一揆の輪郭を明確にできるはずである。人々が何となく寄り集まっていれば一揆、という考え方では、一揆概念は拡散していく一方であり、「特定の手続きや作法にしたがって結成」されているか否かを重視する勝俣一揆論の原点に立ち返ることが求められている。

むろん、このことは非日常性と日常性を峻別することを意味しない。むしろ、運動の諸局面を動態的に観測することで、非日常的な決断によって生み出された一揆が日常的な集団へと転化していく瞬間を切り取ることができると思う。

終章「南北朝～室町期の戦争と在地領主」では、第一部から第三部までの成果を踏まえ、〈領主の一揆〉をはじめとする中世後期の在地領主の存在形態を、「非常時対応と危機管理」という観点から論じた。

(1)　「国人一揆」概念の問題点については、第一部第一章で詳述する。なお「一揆」の定義に関しては、行論の都合上、「ある目的達成のために構成員の平等を原則に結ばれた集団と、その共同行動」という久留島典子氏のそれに便宜的に従う（久留島「領主の一揆と中世後期社会」『岩波講座日本通史』第9巻、中世3、岩波書店、一九九四年）。ただし本書は、序章から終章までの全体の議論を通じて一揆概念を再定義することを企図しているため、終章において筆者独自の概念規定を提示する。
(2)　菊池浩幸・清水亮・田中大喜・長谷川裕子・守田逸人「中世在地領主研究の成果と課題」。
(3)　西島太郎「中世後期の在地領主研究」（中世後期研究会編『室町・戦国期研究を読みなおす』思文閣出版、二〇〇七年）。
(4)　酒井紀美「中世一揆論の軌跡を追って」（『日本歴史』七〇〇、二〇〇六年）。
(5)　戦前の研究史については、関幸彦『武士団研究の歩み』第I部（新人物往来社、一九八八年）を参照。
(6)　鈴木良一「純粋封建制成立における農民闘争」（渡部義通編『社会構成史体系』第一部・日本社会構成の発展、日本評論社、一九四九年）。ただし鈴木が農民闘争の順調な発展を想定していたわけではなかった点は留意されて良い。鈴木説においては、名主武士はみずからの階級的利害のために農民を一揆に利用した挙げ句、最後には農民を裏切って土一揆を敗北に導いた存在として描かれる（いわゆる名主裏切り＝土一揆敗北論）。もとより、この鈴木の見解は、中世社会変革の担い手として在地領主を重視する石母田領主制論に対するアンチテーゼの意味合いを持っていた。当然、「領主制論」の側からの反発は激しく、国人一揆研究の展開のあり方も、鈴木説に対する反動という潮流に影響されている面が少なからずあるように感じられる。

（7）永原慶二「東国における惣領制の解体過程」（『永原慶二著作選集』第二巻、吉川弘文館、二〇〇七年、初出一九五二年）。このような領主の一揆への低評価は、一九五〇年代の研究では、在地領主制の基本的・典型的な発展形態として「守護領国制」が措定されていたことに基づく。「一揆」という存在形態は在地領主制の〝傍流〟と考えられていたのである。

（8）川添昭二「今川了俊の南九州経営と国人層――永和三年十月一揆神水契状の分析を中心として――」（『九州史学』一〇、一九五八年）、瀬野精一郎「松浦党の変質――松浦党の一揆契諾について――」（同『鎮西御家人の研究』吉川弘文館、一九七五年、初出一九五八年）、峰岸純夫「上州一揆と上杉氏守護領国体制」（同『中世の東国』東京大学出版会、一九八九年、初出一九六四年）。

（9）川添前掲註（8）論文。

（10）稲垣泰彦「応仁・文明の乱」（同『日本中世社会史論』東京大学出版会、一九八一年、初出一九六三年）、同「土一揆をめぐって」（稲垣前掲書、初出一九六五年）。

（11）永原慶二「国一揆の史的性格」（『永原慶二著作選集』第四巻、吉川弘文館、二〇〇七年）五〇七頁。

（12）福田豊彦「国人一揆の一側面――その上部権力との関係を中心として――」（同『室町幕府と国人一揆』吉川弘文館、一九九六年、初出一九六七年）。

（13）すでに川添昭二氏が前掲註（8）論文にて「国人一揆」という術語を用いていたが、川添は明確な概念規定を行っていない。研究用語として定立する意識は乏しかったと判断される。

（14）福田前掲註（12）論文、二二二・二二三頁。

（15）福田前掲註（12）論文、二二一頁。なお福田氏らの所説の理論的前提であった守護領国制論は一九七〇年代には破綻を宣告されるが、上部権力との関係、とりわけ「組織化」の部分を重視する問題視角じたいは、政治史研究の一環としての国人一揆研究へと引き継がれる。小国浩寿「足利尊氏と平一揆」「鎌倉府基氏政権期の守護政策と平一揆」（同『鎌倉府体制と東国』吉川弘文館、二〇〇一年、ともに初出一九九五年）を例示しておく。

(16) 永原前掲註(7)論文、三八四頁。

(17) 福田氏が第三のタイプ（恒常的な一揆）を中心に検討を行ったのも、封建制の歴史的展開という氏の問題意識に由来する。領主層の一揆に関する研究が〝構造論〟として独自の方向へ展開する端緒は福田氏によって開かれたのである（第三節第2項参照）。ただし一方で、福田前掲註(12)論文は「一揆結合の中で増幅された領主層の身分的平等観と契約の思想」の重要性を指摘している。後述する社会史的一揆論の台頭を考えると、福田氏の先見性は高く評価されるべきであろう。

(18) 佐藤和彦「国人一揆の史的性格」（同『南北朝内乱史論』東京大学出版会、一九七九年、初出一九六七年）二八二頁。

(19) 佐藤前掲註(18)論文、二八三頁。

(20) ただし、佐藤に典型的に見られるような百姓層の一揆との関連性という問題意識は、惣国一揆研究に受け継がれる。第三部第八章を参照。

(21) 笠松宏至「中世在地裁判権の一考察」（同『日本中世法史論』東京大学出版会、一九七九年、初出一九六七年）。

(22) 藤木久志「戦国法の形成過程」（同『戦国社会史論』東京大学出版会、一九七四年、初出一九六七年）。

(23) 勝俣鎮夫「六角氏式目の所務立法」（同『戦国法成立史論』東京大学出版会、一九七九年、初出一九六七年）、同「相良氏法度の一考察」（勝俣前掲書、初出一九六八年）。ちなみに笠松・勝俣氏らの研究の前提であり、「在地領主法」研究の嚆矢となった論文は、石井進「一四世紀初頭における在地領主法の一形態」（同『日本中世国家史の研究』岩波書店、一九七〇年、初出一九五九年）である。

(24) 久留島典子「地域権力と村落」（『展望日本歴史11　室町の社会』東京堂出版、二〇〇六年）八頁。

(25) 清水克行「習俗論としての社会史」（中世後期研究会編『室町・戦国期研究を読みなおす』思文閣出版、二〇〇七年）二一三頁。

(26) 石母田正「解説」(『日本思想大系21　中世政治社会思想・上』岩波書店、一九七二年)五九八頁。
(27) 石母田前掲註(26)論文、五八八頁。
(28) 勝俣鎮夫「戦国法」(勝俣前掲註23書、初出一九七六年)。
(29) 酒井前掲註(4)論文、七一頁を参照。ただし勝俣氏の議論以前に、石井進「一揆契状」(前掲註26書)が一揆契状の中に「ある種の専制的支配が表現されている」ことを指摘している(五四六頁)。勝俣氏の「一揆専制」論は石井の慎重な議論からさらに一歩踏み込んだものといえよう。
(30) ちなみに前掲註(2)論文は勝俣説と久留島典子説(後述)の相違を強調するが、「一種の自己否定」という勝俣氏独特のレトリックを除けば、両説は親近性が強いように思われる。
(31) 勝俣前掲註(23)書、一〇六頁。
(32) 入間田宣夫「逃散の作法」(同『百姓申状と起請文の世界』東京大学出版会、一九八六年、初出一九八〇年)。
(33) 坂田聡「一揆と一味同心」(福田アジオ編『結衆・結社の日本史』山川出版社、二〇〇六年)も同様の研究史理解を示している(三三頁)。
(34) 酒井前掲註(4)論文、六九頁。清水前掲註(25)論文、二二二頁。
(35) 清水前掲註(25)論文、二二二頁。
(36) 酒井前掲註(4)論文、七〇頁。
(37) ただし『一揆』全五巻や勝俣の『一揆』によって長足の進歩を遂げたのち、土一揆研究はしばらく停滞し、再び活況を呈するようになるのは一九九〇年代に入ってからである。田中克行「村の「半済」と戦乱・徳政一揆」(同『中世の惣村と文書』山川出版社、一九九八年、初出一九九三年)二二七頁を参照。
(38) のちに「徳政一揆と在地の合力」と改題して酒井紀美『日本中世の在地社会』(吉川弘文館、一九九九年)に収録。
(39) 勝俣鎮夫「戦国時代の村落」(同『戦国時代論』岩波書店、一九九六年、初出一九八五年)、藤木久志『戦国の作法』(平凡社、一九八七年)。国家的な法と対峙する在地の法慣習を解明するという問題関心に照らせば、研究対象が領主から「民衆」へと移行するのは必然だったといえる。

(40)　小林一岳「鎌倉～南北朝期の領主一揆と当知行」(同『日本中世の一揆と戦争』校倉書房、二〇〇一年、初出一九九二年）一九〇頁。

(41)　小林前掲註(40)論文、一七八頁。

(42)　小林前掲註(40)書、一四・一五頁。この点については、海津一朗「書評　小林一岳著『日本中世の一揆と戦争』」(『歴史評論』六三二号、二〇〇二年）も参照のこと。

(43)　もっとも京都近郊の領主の場合、土一揆に与同することもあり、在地領主研究においても土一揆の分析は本来的には不可欠のはずである。しかし在地領主の所領支配の展開を重視する「領主制論」的な分析視角においては、こうした側面は見逃されがちである。早島大祐「京都西郊地域における荘園制社会の解体」(同『首都の経済と室町幕府』吉川弘文館、二〇〇六年）三一六～三一八頁を参照。

(44)　田中大喜「在地領主結合の複合的展開と公武権力」・菊池浩幸「室町・戦国期在地領主のイエと地域社会・国家」(『歴史学研究』八三三、二〇〇七年）など。これらの研究が、国人一揆を領主結合の一形態として捉え、領主間の一般的な協力関係と区別せずに一緒に括るのは、一揆の特質を読み解くという問題意識が最初から欠如しているためである。

(45)　なお田中氏や菊池氏は「領主制論」の超克を目指し、「在地領主論」という方法論を提唱しているが、在地領主の存在形態の解明を目標としているという点で、広義の「領主制論」的視角と評価し得る。少なくとも、一揆という行動様式の意義を問う「一揆論」的な視角とは無縁の考え方といえるだろう。「在地領主論」の詳細については、前掲註(2)論文を参照。

(46)　岸本美緒「動乱と自治」(村井章介編『「人のつながり」の中世』山川出版社、二〇〇八年）二二八・二三七頁。ただし筆者は、岸本氏とは違って、『一揆』全五巻と勝俣の『一揆』(岩波書店、一九八二年）の方向性を二項対立的には理解していない。清水氏が説くように、両者を〈一揆の作法〉に注目した「習俗論的な一揆論」として一括して捉えた方が実態に即していると思われる。

(47)　日本史研究における社会集団論は、フランス近世史研究者の二宮宏之が提唱した「ソシアビリテ（社会的結合）」論の影響を明らかに受けている。いうまでもなく二宮は日本におけるアナール学派・社会史の紹介者であるが、二宮の「ソシアビリテ」概念は自発的結社のみならず、家族集団や村落共同体、職能団体や都市社団まで含む社会関係一般に適用された。日本中世史研究において、一揆が自発的結社というよりは、むしろ血縁・地縁集団や職能集団といった所与の共同体的枠組みとの類似性の中で理解されてきたことは、二宮学説に起因する部分が少なくないように思われる。この点に関しては深沢克己「友愛団・結社の編成原理と思想的系譜」（深沢克己・桜井万里子編『友愛と秘密のヨーロッパ社会文化史』東京大学出版会、二〇一〇年）四頁を参照のこと。

(48) 小林一岳「一揆の法の形成」（小林前掲註40書、初出一九八七年）一四四頁、久留島前掲註(1)論文、一三一頁。

(49) 酒井前掲註(4)論文、七三・七四頁。

(50) 久留島前掲註(1)論文、一〇五・一〇六頁。

(51) さらにいえば、勝俣氏らの「在地領主法」研究の発想の根底に、「領主制論」に内在する「辺境理論」的な要素があったと考えられる。「領主制論」においては、社会の封建的進化は辺境＝在地において始まるという理解がある。川岡勉『室町幕府と守護権力』（吉川弘文館、二〇〇二年）一〇頁参照。

(52) 勝俣前掲註(28)論文、二四一頁。

(53) 小林前掲註(40)書、一三・一四頁。

(54) 菊池浩幸「戦国期人返法の一性格」（『歴史評論』五二三、一九九三年）。

(55) 久留島氏など近年の研究においては、そうした見方は修正されつつあるが、「在地法」という枠内で一揆契状を把握している限り、研究に偏りが出るのは避けられない。

(56) 清水前掲註(25)論文、二一九頁。

(57) 酒井前掲註(4)論文、七四頁。

(58) 久留島典子「中世後期の社会動向——荘園制と村町制——」（『日本史研究』五七二、二〇一〇年）六〇頁。

(59) 清水前掲註(25)論文、二二〇・二二二頁。清水氏は「〝主体〟への注目から〝習俗〟への着目へという視座の転換」と要約するが、闘争の内容・目的への注目から、闘争の形態・様式への着目へ、という形で理解することも可能であろう。

(60) 勝俣前掲註(46)書、三頁。
(61) 石井紫郎「中世と近世のあいだ」(同『日本人の国家生活』東京大学出版会、一九八六年)一一一頁。
(62) 村井章介『中世の国家と在地社会』(校倉書房、二〇〇五年)に収録。
(63) 清水前掲註(25)論文、二二七頁参照。社会史研究に対する批判の一例としては、下向井龍彦「書評　上杉和彦『日本中世法体系成立史論』」(『史学雑誌』一〇八―八、一九九九年)をあげておく。
(64) 千々和到「「誓約の場」の再発見」(『展望日本歴史9　中世社会の成立』東京堂出版、二〇〇一年、初出一九八三年)二八八頁。
(65) 綾部恒雄は、血縁集団や地縁集団と明確に区分するため、結社に対して、共通の利害や関心に基づく「約束」を紐帯原理とする「約縁集団」の呼称を与えている。綾部の定義によれば、約縁集団すなわち結社は、なんらかの共通の目的・関心をみたすために、一定の約束のもとに、基本的には平等な資格で、自発的に加入した成員によって運営される、生計を目的としない私的な集団であるという。一揆もまた、「約束」すなわち契約を紐帯原理としているという点で、この「約縁集団」の一類型と捉えることができよう。綾部恒雄「刊行にあたって」(同監修『結社の世界史』全五巻、山川出版社、二〇〇五~〇六年)参照。
(66) 清水前掲註(25)論文、二二三頁。

第一部

〈領主の一揆〉の構造と機能

第一章　伊勢北方一揆の構造と機能

はじめに

序章で詳説したように、国人一揆に関する研究蓄積は膨大である。その研究は戦前に遡り得るが、国人一揆の構造や機能に切り込む研究は一九五〇年代後半から本格化した。この時期の主な論点は、一揆成立の主要因を、「上からの契機」（上部権力による編成）、「下からの契機」（農民闘争の抑圧）のいずれと見なすかというところにあった。

瀬野精一郎氏らは一揆の成立を上部権力からの編成という視点から描いた(1)。これに対して、下からの農民闘争に規定された側面を重視したのが佐藤和彦氏らである(2)。瀬野氏と佐藤氏との間の論争は夙に知られている。しかし、この二項対立的な議論は次第に行き詰まってきた。

一九七〇年代以降、中世法制史研究の進展にともない、一揆契状を在地領主法として捉え、在地法の発展過程の中に位置づける所論が登場し、国人一揆研究の閉塞状況を打ち破った(3)。ここにおいて、国人一揆は〝上〟からでも〝下〟からでもなく、領主層の主体的意思によって結成された、領主間紛争を解決するための領主間協約、領主連合（「平和団体」）とみなされるにいたった。

こうした議論を受けて小林一岳氏は、鎌倉～南北朝期の多様な領主間結合を、「領主一揆」として一括して捉え、その本質を「当知行保全システム」（対外的な「戦争」機能と対内的な「平和」機能を兼備した権力体）と定義した。[4] 国人一揆の構造と機能を大胆に論じており、国人一揆研究の現時点での到達点と位置づけられる。

このように研究史を整理してみると、国人一揆論は小林説の登場によってほぼ完成したかにも見える。しかし問題点が残されていないわけではない。

第一に、小林氏は一揆の自律性を過度に強調しているきらいがある。[5] 国人一揆はたとえ上部権力に編成されていないにせよ、上部権力と無関係ではいられない。したがって国人一揆と上部権力との関係を把握する必要があるのだが、小林説においては〈上部権力による一揆の構造化〉と〈一揆による自律の危険性〉という両者の対立の構図で片づけられてしまっている。上部権力と一揆との宿命的対立関係を措定する氏の視角を採用した場合、室町期までしか説明できず、戦国期以降は検討の対象外とならざるを得ない。すなわち「家中」成立への展望を見通せず、「一揆敗北論」へ先祖返りする危険性すらあるのである。国人一揆と上部権力との関係を具体的に捉え直すことが課題となろう。

第二に、「国人一揆」という学術用語が指し示す範疇は依然として曖昧である。語の本義としては「国人」の一揆結合ということになるが、[6] そもそも「国人」とは何か、という問題がある。史料上に出てくる「国人」が意味する内容や範囲を確定しないままに「国人」という研究概念が成立したため、研究史上、さまざまな混乱が生まれた。

しかし一九八〇年代以降、こうした研究状況に変化が見られるようになった。石田晴男氏は史料用語としての「国人」が「外様・奉公衆・一般御家人を含む重層的な諸階層を含む広範な幕府の御家人層」を指すと述べ、さらに守護と奉公衆（幕府御家人）が共同で段銭徴収に当たっている事実を指摘した。そして「このような国人の役割は、守護と国人の対立という観点からは理解できず、両者の協力によって幕府の支配が貫徹するという観点をもってしてはじめて理解できるのである」[7]と論じた。石田氏の研究を受けて伊藤俊一氏は、南北朝内乱終結後、守護役に国家的性格が付与され「公事」と称されるようになり、この「公事」を負担する者が「国人」と呼ばれた、と説いた。[8]

石田・伊藤両氏の研究成果を踏まえると、史料用語としての「国人」とは、守護被官と明確に区別される存在であり、かつ守護の分国支配に協力する権利と義務を有する者たち、すなわち幕府や守護からの役を負担する責任者のことである。[9]両氏の研究は、従来は社会構成体論・領主制論の立場から把握されてきた「国人」概念を政治的・国家的身分として再定義したところに大きな意義があったといえよう。

右の理解に従えば、「国人」でない在地領主は当然存在することになる。事実、従来「国人一揆」と呼び慣わされてきた一揆の中には、「国人」とは定義できないような群小領主によって形成された一揆も含まれていることが指摘されている。[10]

その観点からすれば「国人一揆」という言い方は誤解を招く恐れがあり、現在の研究段階に照らすと学術用語としてはやや不適切といえる。そうした理由もあってか小林一岳氏は「国人一揆」に代わって、「領主一揆」という概念を提唱した。[11]しかし小林氏の議論は、結局のところ領主制論の枠内で行われており（序章第二節を参照）、幕府権力による身分編成に注目する新しい研究動向は十分に踏まえられていない。領主層内部の身分的な階層性が明確になった以上、「国人」身分より下の階層に位置する群小領主（侍身分）によって構成された一揆の性格を、「国人」によって構成された一揆との比較の中で究明する必要がある。

以上の二つの問題を考える上で、次に紹介する北伊勢の北方一揆は、貴重な検討素材であると考える。第一に、守護一色氏や醍醐寺三宝院、幕府管領細川勝元など諸権力との関わりを史料上見出すことができる。第二に、北方一揆は〝「国人」以下〟の領主によって結成された一揆であり、しかも近くには「十ヶ所人数」という「国人」

北

の一揆的結合が存在しており、これを併せて考察することで、「国人」の一揆と〝「国人」以下〟の一揆との関係を考察することができる。よって、本章では北方一揆の検討を通じて国人一揆論を再考していきたい。

第一節　十ヶ所人数と北方一揆

(一)　十ヶ所人数

まず先行研究を整理しておく。「十ヶ所人数」と「北方一揆」に関しては飯田良一氏の専論がある。(12) 以下、飯田氏の研究を参照しつつ説明していきたい。

「十ヶ所人数」とは朝倉・海老名・横瀬・佐脇・疋田・富永・南部らの諸氏を指す。これは、後述する一色氏泊浦発向事件の際に醍醐寺が作成ないし入手したと思われる「伊勢国十ヶ所人数・北方一揆人数注文」から判明する。(13) すなわち朝倉備後、(14) 海老名信濃、横瀬二郎、朝倉兵庫、佐脇、疋田三郎、富永筑後、南部の八名の名がある。南部氏以外の氏族については、足利氏の根本被官およびこれに類する者で、かつ北伊勢三郡（桑名・員弁《いなべ》・朝明《あさけ》）に所領を持っていることが飯田氏によって明らかにされている。(15)

また宝徳二年（一四五〇）正月から享徳四年（一四五五）正月までの間に成立したことが福田豊彦氏によって考証されている「永享以来御番帳」によれば、(16) 幕府奉公衆二番衆に朝倉兵庫助・海老名信濃入道・疋田三郎・富永筑後入道、五番衆に朝倉備後入道が所属していた。(17) 前出の一色氏泊浦発向事件は享徳元年ないし二年のことと推定されているので、(18) 人数注文の「十ヶ所人数」諸氏と番帳の諸氏が同一人物であることは疑いなく、事件当時、「十ヶ所人数」の大半は幕府奉公衆として活動していたことが分かる。

そして「十ヶ所」とは伊勢内宮領「朝明郡十ヶ所」（茂福《もちぶく》御厨《みくりや》、柿散在《かきさんざい》、長井国方《ながいくにかた》、柿郷、弘永荘、霜野御厨、徳光御薗、宇頭尾、太子堂、福永郷）のことであり、ここを知行する者たちのことを「十ヶ所人数」といった。彼らは幕府奉公衆として守護使不入などの特権を得ていた。したがって「十ヶ所人数」とは北伊勢の幕府奉公衆の一揆的結合ということができよう。飯田氏によれば、その結束は天文年間まで維持されたという。

（2）　北方一揆

一方、北方一揆についてだが、先掲の伊勢国十ヶ所人数・北方一揆人数注文によれば、員弁・朝明両郡の地名を名字とする大木・田能村・多胡・蘇原・梅津（梅戸）・萱生・伊坂氏らが構成員である。後掲の北方一揆連署書状には彼らに加えて宇佐美氏の名もあり、彼ら八氏が主な構成員だろう。後述するように、彼らは奉公衆たる十ヶ所人数の諸氏と比べて小規模な領主だったと思われる。

では北方一揆の立場と動向はどのようなものだったのだろうか。「花営三代記」によれば、応永二十九年（一四二二）、北方一揆が関・雲林院・長野氏ら伊勢の有力国人と一緒に、伊勢参詣途上の足利義持を饗応したことが分かる。[19]北方一揆の政治的地位の高さがうかがえよう。すなわち「北方一揆」という集団は、一揆全体として一個の直勤御家人（幕府直臣）＝国人に匹敵する身分を有していたと考えられる。

また応永三十一年九月、幕府は伊勢国員弁郡山田御厨地頭職の遵行を「一揆中」に命じている。[20]これについて飯田氏は「この時期伊勢守護は不設置であり、直接在地の「一揆中」に沙汰付が命ぜられたものであり、この一揆は北方一揆と考えられる」と推定しているが、[21]筆者も同意見である。また石田晴男氏は「この遵行は、長野氏・関氏が両使遵行を行っている例からみて、両使遵行に准ずる遵行であろうと考えられる」と述べている。[22]ここでも北方一揆は長野氏や関氏と同様の政治的役割を果たしているのである。久留島典子氏は「一個の直勤御家人と変わらない動きを示している」と論じている。[23]その意味で北方一揆という法人格は「国人」とみなすことができる。

さらに応仁・文明の乱以降、北伊勢は長野・北畠・一色の三つ巴の抗争となり、その過程で北方一揆は解体したと飯田氏は説く。確かに「北方一揆」の名は以後、史料上に見いだせなくなるので、首肯できる見解である。

さて北方一揆の性格をどのように規定すれば良いだろうか。議論の分かれ目になるのは、梅戸右京亮が文明十六年（一四八四）に奉公衆として見える点、文明年間以降に梅戸氏が幕府関係者と接触していることが史料に散見される点、「長享元年九月十二日常徳院殿様江州御動座当時在陣衆着到番帳」に梅戸右京亮・萱生弥三郎の名が見える点などである。

飯田氏はこれについて、「彼らが奉公衆に加わったことは、北方一揆として一括され、幕府と結びついていた在地領主間の、力の差が表面化したことであり、有力な者は身分的にも上昇、個別的、直接的に幕府に把握されたということである。いいかえれば、一揆に亀裂が生じたことを意味する。恐らく北方一揆は文明年間に解体したと思われるのである(24)」と説いている。

これに対して石田氏は、梅戸・萱生氏が幕府奉公衆であることを根拠に、北方一揆を「複数の奉公衆・御家人集団」と評価する。しかしながら、「文安年中御番帳」（文安元年五月～文安六年正月に作成）および「永享以来御番帳」に梅戸・萱生氏が登場しないことを考えると、飯田氏に分があるように思われる。梅戸・萱生氏の奉公衆化は北方一揆の崩壊と軌を一にしていたと見るべきである。

以上、十ヶ所人数および北方一揆について概観したが、ここにあげた情報だけでは両者の性格を明らかにするには不十分である。そこで次節では、飯田氏が分析した「醍醐寺文書」収載の一色氏泊浦発向関係史料をとりあげる。

第二節　一色氏泊浦発向関係史料の再検討――軍勢催促と出兵――

この事件の発端は、伊勢北半国守護一色義直が九鬼愛如意丸の知行する志摩国泊浦の代官職を競望したことにある。泊浦の荘園領主である醍醐寺三宝院がこれを拒否したため、これに怒った義直は泊浦発向のため伊勢国中に軍勢を催促した。十ヶ所人数と北方一揆は泊浦に出兵したが、醍醐寺座主・三宝院門跡で幕府顧問も務める義賢の抗議により撤兵した。[25]

以上が事件の大まかな経過である。右記のように醍醐寺三宝院に関わる事件なので「醍醐寺文書」に関連史料が相当数残されており、十ヶ所人数と北方一揆の政治的位置、そして両者の関係を考察するには絶好の材料である。

まず「醍醐寺文書」に現存する関連史料を掲げておく。

○十月二十八日兵部卿法眼御房（親秀）宛て（朝倉備後入道）常英書状[26]
○十一月日勢州北方一揆御中宛て（細川）勝元書状案[27]
○十一月十一日兵部卿法眼御房（親秀）宛て（海老名）信濃入道誓誉書状[28]（後掲書状④）
○十一月十二日兵部卿法眼御房（親秀）宛て（朝倉備後入道）常英書状[29]（同書状⑤）
○十一月十六日安富筑後殿（智安）宛て北方一揆連署書状[30]（同書状⑥）
○十一月十八日兵部卿法眼御房（親秀）宛て（朝倉備後入道）常英書状[31]（同書状⑦）
○十一月二十二日海老名信濃殿（誓誉）御宿所宛て（兵部卿法眼）親秀書状案[32]
○某書状案[33]

以上八点である。

最初に注目したいのは十ヶ所人数と北方一揆の出兵状況である。十一月十二日の朝倉備後入道常英書状に「一騎つゝしたて〈仕立〉候」、また十一月十一日の海老名信濃入道誓誉書状には「守護方志摩へ勢遣候子細候、預二合力一候へと、自二京都一以レ状被二申下一候間、巨細不レ存候て、不二事問一、一騎被レ立候」とあるように、十ヶ所人数の構成員はそれぞれ一騎ずつ派遣したことが分かる。

これに対して北方一揆は、十一月十六日の北方一揆連署書状によれば「若党一人致二合力一候」とあり、一揆全体で若党一人を派遣したにすぎなかった。

飯田氏は両者を比較して、十ヶ所人数と北方一揆との間に「在地領主としての力の差を見ることが出来る」と主張する[34]。確かに実力差があったのは間違いないが、それだけの問題なのだろうか。

一色義直の軍勢催促について十月二十八日常英書状は「泊浦を可レ責候とて、自二一色殿一、国中へ状を被レ廻候ニついて、悉かせ〈悴〉者お一人宛被レ立候」「我も守護之事に候間、人を立候」、十一月十六日の北方一揆連署書状は「自二守護殿様一、御太儀之由蒙レ仰候之間、若党一人致二合力一候」と表現している。明らかに一色氏は守護としての立場に依拠して、「京都」から「国中」に対して軍役を賦課している。この軍勢催促が守護職権に基づく公的な性格を持っていたことは疑いない[35]。したがって、この軍役賦課の対象になっているのは、守護役の負担義務を持つ「国人」身分の者たちに他ならない[36]。

一口に国人といっても、経済的・軍事的な力量には格差があるが、そういった実力とは無関係に、一律に「かせ者＝若党」を一人出すよう一色氏は命じているのである[37]。だから、実力うんぬんは本質的な問題ではない。実際、十一月十二日常英書状によれば、常英の親類で守護一色氏の被官である網島次郎は「かせ者二人、野伏三人」を派兵しており、実力に関わりなく守護被官には国人よりも重い義務が課せられていたことが分かる。

朝倉常英は十月二十八日の書状で醍醐寺に出兵の経緯を説明する際、「国之事候間、我々も其分に西村を一人立候」と述べている。この「国之事」とは、川岡勉氏が述べるところの「守護の国成敗権」（「国之儀」）に該当しよう。[38]すなわち朝倉氏や海老名氏のような幕府奉公衆は、京都で「御家人」として将軍家に奉仕する一方で、「国」においては守護の「国」支配に協力すべき「国人」だったのである。[39]そして北方一揆も「国人」の義務である〝被官一人の派兵〟を果たしているということは、北方一揆は全体で一個の「国人」として扱われていることを表す。その意味では朝倉・海老名らと対等な立場にいるのである。ただし逆にいえば、個々の一揆成員は「国人」ではなく、それ以下の身分ということになる。

よって、十ヶ所人数と北方一揆における出兵のあり方の違いは、確かに実力差の現れでもあるが、より直接的には「国人」と〝「国人」以下〟という身分差を反映しているものと思われる。のちの章で詳論するように、一揆の統合原理を考える時、この〝身分の壁〟という前提条件に留意する必要がある。

第三節　醍醐寺の撤兵要請とその返答の伝達経路

飯田氏は史料の検討の結果、「北方一揆に対する醍醐寺、細川勝元からの働きかけが、十ヶ所人数の朝倉を通じて行われていることは、当然のことながら北方一揆が、十ヶ所人数の下に位置することを示している」と結論づけている。果たして本当にそう断言できるだろうか。醍醐寺がどのようにして十ヶ所人数と北方一揆に対して撤兵要請を伝えたのか、そして十ヶ所人数と北方一揆がどのようにして醍醐寺に返答したのか、その伝達経路を史料から復元することで、[40]飯田説の再検討を試みる。

（一）十一月八日〜十一日

まず十一月十二日の朝倉常英書状には「去八日御状、十日拝見仕候」とある。つまり醍醐寺の兵部卿法眼親秀は十一月八日に書状を朝倉常英に送り、常英がそれを見たのは十一月十日だったのである。この常英宛ての親秀の書状を便宜的に書状①とする。

次に十一月十一日の海老名誓誉書状には「朝倉備後方へ御状、今月十一日到来候」とある。すなわち親秀は朝倉常英に対して書状を認めるとともに海老名誓誉宛ての書状も作成したが、誓誉に直接送るのではなく、書状①と一緒に常英に送り、常英の手から誓誉に渡してもらったのである。常英を通じて誓誉のもとに到来したのが十一月十一日である。この誓誉宛ての親秀の書状を書状②とする。

また十二日常英書状には「就レ中細川殿御状、同十一日御中間ニかせ者相副候て、梅津方へ遣候」とある。親秀が常英に対して書状①と書状②だけでなく、「細川殿御状」を送り、十日に「細川殿御状」を受け取った常英は、十一日に醍醐寺の中間にみずからの悴者を付けて、「細川殿御状」を北方一揆の梅津氏に手渡すのを手伝ったことが分かる。後述するが、この中間は「助房」という者であった。常英自身が北方一揆に宛てて書状を作成した形跡はないので、悴者は道案内程度の意味で中間「助房」に付けてやったものと考えられる[41]。

この「細川殿御状」の案文と思われるのが、醍醐寺に残る細川勝元書状案である。これには「若合力事被レ申候者、両方共ニ不レ可レ有ニ領掌一候」と中立を要請するとともに、九鬼愛如意丸が没落した時は「内々」に扶持するよう依頼している。勝元は醍醐寺からの要請を受けて、この書状を作成したのであろう。この「細川殿御状」を書状③とする。

(2)　十一月十一日〜十六日

朝倉常英から他の十ヶ所人数への伝達であるが、十二日の朝倉常英書状に「仍十ヶ所海老名信濃入道・同名兵庫助・横瀬次郎・疋田三郎、在国候之間、私へ御状通申遣候、海老名方ハ以レ状被レ申候、残方々ハ略候、御門跡様御扶持と存候ハて、一騎つゝしたて候、やかて可㆓召返㆒之由申候」とある。

十ヶ所人数のうち伊勢に在国していた海老名信濃入道誓誉・海老名兵庫助・横瀬次郎・疋田三郎は常英から醍醐寺の意向を伝えられ、常英に対して醍醐寺からの「御状」に従う旨を述べた。親秀の書状②を常英から受け取っていた海老名誓誉は十一日、返書として親秀宛ての書状を作成し「泊浦之事、御門跡（義賢）様之御領にて候ける、心得申候、則遣候者之事、可㆓召返㆒候」と醍醐寺の意向に従う旨を述べている。これが先ほどから出てきていた十一日誓誉書状である。これを書状④とする。

また朝倉兵庫・横瀬・疋田は醍醐寺への返事を口頭で常英に伝え、常英がこのことを十二日に書状に書き、これを送ることで親秀に彼らの返事を伝えたのである。

そして二十二日親秀書状によれば「十一月十一日御状、自㆓朝倉備州御方㆒、預㆓御伝達㆒」とある。つまり海老名が作成した書状④は常英を介して親秀のもとに届けられたのである。

さて一方の北方一揆であるが、前に述べたように、醍醐寺の中間と常英の悴者は書状③を梅津氏に手渡そうとした。梅津氏は北方一揆の指導者格だったのであろう。しかし十二日の常英書状によれば「梅津入道隠居仕候て、か様御公事等をハ、大木方被㆑申候由申候間、大木方へ付候」という。つまり梅津入道は「自分は隠居しているので、そのような公的な用件は大木殿にいってくれ」といって受け取ろうとしなかったので、醍醐寺の中間と常英の悴者は書状③を北方一揆の大木に渡したのである。

大木氏の反応は「一揆中談合仕候て、御返事、直細川殿可㆑被㆑申之由被㆑申候、少も緩怠之儀ハ候ハしと念比大木申候」、すなわち大木は「一揆中で談合してご返事します。すぐに細川殿に申し上げます」、さらには「決して御返事に時間をかけません」と述べたのである。朝倉常英は醍醐寺からの書状①の返事として、以上の経過を書き上げた。これが右に複数回にわたって紹介した十二日の常英書状である。これを書状⑤とする。この書状⑤

で常英は親秀に対し三宝院義賢への「御披露」を頼んでいる。

（3）　十一月十六日〜二十二日

一方、北方一揆は談合の結果、細川勝元の奉行人の安富筑後守（智安）に宛てて、「撤兵承知を勝元様に御披露していただきたい」と記した連署書状を作成した。これを書状⑥とする。以下に掲げる。

【史料1】　北方一揆連署書状（書状⑥）

就二勢州・志摩弓矢之事一、御書被レ下候、畏拝見仕候了、抑自二守護殿様一、御太儀之由蒙レ仰候之間、若党一人致二合力一候之処、堅被二仰出一候間、早々可二召返一候、以二此旨一預二御披露一候者畏存候、恐惶謹言、

十一月十六日

民部《多胡》丞実久（花押）
勘解由《宇佐美》左衛門尉祐永（花押）
左近《田能村》将監盛仲（花押）
沙弥《大木駿河入道》智観（花押）
紀四郎《萱生》実次（花押）
太郎《伊坂》左衛門尉之実（花押）
左衛門次郎満実（花押）

進上　安富（智安）筑後殿

梅津が署名していないのは、彼が隠居しており、上部権力との政治交渉（「御公事」）には関わらないことになっていたからだろう。また右史料に見える宇佐美の名前が伊勢国十ヶ所人数・北方一揆人数注文では漏れていた点からは、醍醐寺による情報収集の限界が読みとれる。なお、右史料に見える「御書」とは書状③（細川勝元書状）を指す。

そして十八日常英書状には、「北方一揆中自二細川殿一之御返事申候、自二伊坂太郎左衛門方一、以二さい侍さと申僧一参候間、則上進上申候」とある。北方一揆の伊坂太郎左衛門之実は「さい侍者」を使者として、常英に書状⑥を渡したのである。常英は「すくに御返事可レ申候由候、而ゆ断仕候処、只今もたせ参候間、以二飛脚一申上候」、すなわち飛脚に書状⑥と副状（十八日常英書状）を託し、兵部卿法眼親秀に送った。この副状を書状⑦とする。書状⑥と書状⑦を受け取った醍醐寺（親秀→義賢）は、おそらく書状⑥を細川勝元奉行人の安富筑後守に示したものと思われる。書状⑦への返事はわざわざ書かなかったのであろう。

さて書状④と書状⑤を常英から受け取った兵部卿法眼親秀は、十一月二十二日に誓誉への返書⑧と常英への返書⑨を作成。おそらく返書⑧と返書⑨は朝倉常英に送られ、⑧は常英から海老名誓誉へと渡されたと思われる。なお返書⑧の案文として醍醐寺が作成・保管したものが、「醍醐寺文書」に残る、前述の十一月二十二日海老名誓誉宛て親秀書状案であろう。以下に掲げる。

【史料2】　兵部卿法眼親秀書状案（書状⑧の案文）

（端裏書）「朝倉備州并海老名方へ御返事案」

十一月十一日御状、自二朝倉備州御方一、預二御伝達一候、則披露申候、抑《就》御門跡領泊浦御代官職事、欲レ及二弓矢一候、就レ其敵方御合力事、為二御門跡領一上者、御合力之人体被二召返一之由御申御悦喜候、自レ元無二御等閑一事候、幸御在国事候、便宜事者被レ入二御心一候者、尚々可レ為二御悦喜一之由可レ申旨候、委細朝倉備州定而御物語可レ被レ申候哉、恐々謹言、

十一月廿二日　　親秀判

海老名信濃殿御宿所

御返報

表1　泊浦撤兵一件の経緯

日付	事項
11月--日	細川勝元、醍醐寺の要請を受けて、北方一揆宛て書状(書状③)を作成、醍醐寺に交付。
11月８日	醍醐寺、朝倉備後入道常英宛て書状(書状①)・海老名信濃入道誓誉宛て書状(書状②)を作成。
11月--日	醍醐寺、中間に書状①②③を持たせ、朝倉常英に届けさせる。
11月10日	朝倉常英のもとに書状①②③が届く。常英は書状①を読む。
11月11日	朝倉常英、書状②を在国の海老名誓誉のもとに届ける。誓誉は書状②を読み、返事(書状④)を書く。
	朝倉常英、醍醐寺の意向を在国の朝倉兵庫・横瀬次郎・疋田三郎に伝える。
	醍醐寺の中間と朝倉常英の悴者、書状③を梅津入道に届けるも大木方へ届けるよういわれる。
11月--日	海老名誓誉、書状④を朝倉常英に託す。
11月--日	朝倉兵庫・横瀬次郎・疋田三郎、醍醐寺への返事を朝倉常英に言付ける。
11月--日	醍醐寺の中間と朝倉常英の悴者、書状③を大木駿河入道(沙弥智観)へ届ける。
11月12日	朝倉常英、書状①の返事(書状⑤)を書く。常英、書状④と⑤を醍醐寺に送る(醍醐寺中間が運ぶ)。
11月16日	北方一揆、書状③の返事(書状⑥)を書く。伊坂の使者のさい侍者が書状⑥を常英に手渡す。
11月18日	朝倉常英、書状⑥の副状(書状⑦)を作成。⑥と⑦を醍醐寺に送る(飛脚が運ぶ)。
11月22日	醍醐寺、④の返事(書状⑧)と⑤の返事(書状⑨)を作成。

書状①＝11月８日朝倉備後殿(常英)御宿所宛て(兵部卿法眼)親秀書状。ただし現存せず。
書状②＝11月８日海老名信濃殿(誓誉)御宿所宛て(兵部卿法眼)親秀書状。ただし現存せず。
書状③の案文＝「醍醐寺文書」11月日勢州北方一揆御中宛て(細川)勝元書状案
書状④＝「醍醐寺文書」11月11日兵部卿法眼御房(親秀)宛て(海老名)信濃入道誓誉書状
書状⑤＝「醍醐寺文書」11月12日兵部卿法眼御房(親秀)宛て(朝倉備後入道)常英書状
書状⑥＝「醍醐寺文書」11月16日安富筑後殿(智安)宛て北方一揆連署書状
書状⑦＝「醍醐寺文書」11月18日兵部卿法眼御房(親秀)宛て(朝倉備後入道)常英書状
書状⑧の案文＝「醍醐寺文書」11月22日海老名信濃殿(誓誉)御宿所宛て(兵部卿法眼)親秀書状案
書状⑨の土代＝「醍醐寺文書」某書状(11月22日朝倉備後殿御宿所宛て親秀書状カ)案(書状⑧案文の紙背にある)

親秀が朝倉・海老名の書状を義賢に披露し、義賢の意向を朝倉・海老名に伝えていること、海老名宛て書状は朝倉常英に託されたことが良く分かる。

なお、この文書の紙背に書かれた書状案に「御状之趣幷海老名信濃殿御状」とあり、この紙背文書は、返書⑨(朝倉宛て)の土代《どだい》と思われる。この書状⑨によると、書状④⑤を醍醐寺にもたらしたのは「西行坊之助房」であった。西行坊とは伊勢国朝明郡にある醍醐寺三宝院末寺の金剛寺内の坊舎と推測される。(42)「助房」というからには、法体の下部であろう。書状⑤の返事である書状⑨も、「委細助房定而被ㇾ申候哉」とあることから、「助房」が運搬したようである。

このように醍醐寺―朝倉常英間の書状のやりとりは、醍醐寺の中間「助房」が担ったことが見て取れる。十八日には朝倉常英が書状⑥⑦を飛脚に運ばせているが、これは助房が北方一揆の返事を待つことなく、すでに伊勢を出発していたからだろう。助房が醍醐寺からの返書を携えて伊勢に再下向するのを待たずに、常英は飛脚を用いたのである。

だいぶ煩雑になったが、本節で検討した情報伝達経路を時系列に沿って整理すると、表1のようになる。

第四節　十ヶ所人数と北方一揆の関係

以上のように細かく分析すると、十ヶ所人数と北方一揆の性格が浮かび上がってくる。

十ヶ所人数は、醍醐寺からの撤兵要請に対して相互に密な連絡をとりあっている。ここから彼らが強固に結びついていることが読みとれる。しかし、共同歩調をとりつつも、各々が独自の判断で撤兵していることに留意する必要がある。これは、彼らが奉公衆＝国人として、自己の責任に基づいて守護の軍勢催促に応じたためであろう。(43)個々人が出兵・撤兵の権限を持っているのであり、各々が完全に独立した存在であったことを示唆する。

なお飯田氏は、朝倉常英が十ヶ所人数内で中心的な立場にあったことを主張する。確かにその可能性もあるが、常英の役割を特筆することには慎重でありたい。常英は醍醐寺との交渉の窓口になったにすぎず、撤兵の判断は各々が行っている。また朝倉兵庫や海老名ら他の十ヶ所人数が二番衆であるのに対し、朝倉常英は五番衆であり、常英は伊勢朝倉氏の中で傍流の可能性もある。常英の役割は、本質的には醍醐寺との関係が深かったことに起因するはずで、常英の主導性をどこまで論じられるかは心許ない。十ヶ所人数の人々の自立性と平等性は明白であり、むしろ彼らの水平的な連絡網を評価すべきであろう。

ところで朝倉常英以下の十ヶ所人数が、守護公権に基づく軍勢催促に背いてまで醍醐寺の要請に素直に従ったのは、どうしてだろうか。幕府の最有力者である管領細川勝元が醍醐寺支持を公言したことも作用しているだろうが(44)、より根本的には、十ヶ所人数が醍醐寺の扶持を受けていたことに起因すると考えられる(45)。だからこそ醍醐寺は伊勢国人全般ではなく十ヶ所人数にのみ撤兵要請したのだろう。

残念ながら醍醐寺と十ヶ所人数の主従関係の具体相は不明である。ただ、醍醐寺三宝院が伊勢神宮法楽寺を末寺化しており、十ヶ所人数が伊勢神宮内宮領の「十ヶ所」を所領としていることから考えて、伊勢神宮を通じた関係が想定される(46)。

加えて、十月二十八日の常英書状の「在国仕候も、御門跡様（義賢）被レ仰ニ御扶持一候にて候」、十一月十一日の誓誉書状の「尚々国候共、御門跡様之可レ致ニ奉公一候」という表現から、京都においても、醍醐寺と十ヶ所人数の間には扶持―奉公の関係が存在したと思われる。彼らは在京義務がある奉公衆であるから、醍醐寺との接点は多かっただろう。

次に北方一揆であるが、彼らは撤兵の可否を談合によって決定している。おそらく出兵も一揆中の談合によって決したのであろう。大木駿河入道智観は「御公事」の窓口にすぎず、指導者的立場ではあろうが、一人で決定を下せるわけではなかった。この集団による意志決定は、十ヶ所人数とは対照的で、北方一揆はまさしく「一揆」であったといえよう。また常英への使者派遣は大木ではなく伊坂が行っており、一揆成員による役割分担が考えられる。

そして十ヶ所人数と北方一揆の関係については、飯田説の誤りは明らかである。

第一に、確かに北方一揆に対する醍醐寺・細川氏の働きかけに十ヶ所人数の朝倉常英は介在しているが、十ヶ所人数の海老名・横瀬・疋田に対する醍醐寺の働きかけにも常英は関与しており、この事実から「北方一揆が十ヶ所人数の下に位置」しているとはいえない。

第二に、親秀書状（書状②）を海老名誓誉に届けたのは常英であるが、細川勝元書状（書状③）を北方一揆に手渡したのは醍醐寺の中間「助房」であって、決して常英ではない。常英は北伊勢の地理・情勢に不案内だったと思われる使者「助房」のために、自分の倅者をつけてやったにすぎない。

第三に、細川勝元は常英に対して、「北方一揆を撤兵させろ」と命じたわけではない。細川勝元は直接、「勢州北方一揆御中」宛てに書状を発給したのであり、北方一揆も細川氏奉行人に返書を直接宛てている。この過程で常英のやった事といえば、倅者の提供や飛脚の派遣など、書状授受の手助けでしかない。

確かに常英が醍醐寺と密接な関係を有していたこと、常英が十ヶ所人数内において対醍醐寺の窓口として活動したことはうかがえる。しかし朝倉常英ないし十ヶ所人数が、北方一揆を従えていたと考えることはできない。撤兵するか否かを彼ら自身の「談合」によって決定していることからも分かるように、北方一揆は高度の自律性を備えていた。

朝倉常英と十ヶ所人数との親疎を象徴するのは、細川勝元書状を手渡す時である。常英は梅津が北方一揆の指導者であることは知っていたが、梅津がすでに隠居しており現在の指導者が大木であることは知らなかった。常英が北方一揆の内情を把握しきれていないことは歴然としている。その常英が北方一揆を掌握できていたとは考えがたい。だからこそ醍醐寺は、北方一揆を味方につけるために、北方一揆宛ての細川勝元書状を必要としたのである。常英は現地の事情通として協力しただけだった。

梅戸・萱生ら員弁・朝明両郡の中小領主は、京都で幕府奉公衆として活躍することはできず、伊勢国においても「国人」たり得なかった。しかし彼らは「北方一揆」として結集することで、一揆全体として、直勤御家人身分（幕府直臣）と「国人」の地位を獲得した。北方一揆は〈幕府との直結〉を根拠に、「十ヶ所人数」を構成する近隣の幕府奉公衆と対等に渡り合ったのである[47]。

第五節　北方一揆と上部権力の関係

最後に北方一揆と、守護一色氏・醍醐寺・管領細川氏という諸権力との関係を考察する。

まず北方一揆が守護一色義直の軍勢催促に応じたのは、「国人」としての義務を果たすためであり、彼らは決して守護被官的存在ではない。

また醍醐寺は、直接的にも間接的にも北方一揆に影響力を持っておらず、守護の軍勢催促を覆すには、幕府管領の権威を必要とした。

撤兵を実現した細川勝元にしても、北方一揆に対して強く臨むことはできず、むしろ一揆を尊重していることが分かる。そのことを明瞭に示すのが文書様式である。

【史料3】　細川勝元書状案（書状③の案文）

（端裏書）「勢州北方一揆案」

三宝院御門跡領伊勢志摩内泊浦御代官九鬼愛如意丸事、自二守護一可レ有二退治一之由其聞候、若合力事被レ申

候者、両方共ニ不レ可レ有ニ領掌一候、雖レ然彼愛如意事、令ニ没落一、自然其辺憑申候者、内々可レ被レ加ニ扶持一之
条可レ然候、恐々謹言、
十一月　日　　勝元
勢州北方一揆御中

純然たる書状であり、「恐々謹言」や「御中」といった書札礼から一揆への配慮がうかがわれる。これは勝元の働きかけが非公式ルートであることを示していよう。

比較参照のために、幕府が一揆に正式な形で命令を下す場合に発給される文書を左に示す。

【史料4】細川持之管領奉書

筑前国所々・豊前国事、大内新介教弘当知行之処、大内孫太郎(教幸)以下残党、号レ帯ニ御教書一、相ニ語太宰少弐(教頼)一、
致ニ乱入一、追ニ放被官人等一云々、甚不レ可レ然、不日令レ合ニ力教弘一、可レ被レ抽ニ忠節一之由、所レ被ニ仰下一也、
仍執達如レ件、
嘉吉元年閏九月廿六日　　右京大夫（花押）
北高来一揆中(48)

嘉吉元年（一四四一）、嘉吉の乱で将軍足利義教が暗殺されると、その混乱に乗じて、大内教弘の兄・教幸が筑前の少弐教頼と提携して筑前・豊前の大内教弘領に侵攻した。そこで幕府は、大内教幸や少弐教頼を治罰の対象とし、肥前国の北高来《たかき》一揆（別の史料では「高来北方一揆」とも呼ばれている）に軍勢催促を行ったのである。文書様式は管領奉書であり、当該期に守護や国人に発給された幕府軍勢催促状と同じ様式である(49)。

さて史料3と史料4を比較すると、今回の細川勝元の行動は幕府全体の意思を体現した公式の権限行使ではなく、彼の独断によるものであることが推測される(50)。このため勝元は北方一揆に命令はできず、書状によって「守

護方に合力しないよう」中立を要請するのが精一杯であった。ともあれ、北方一揆が守護の一色義直からも幕府の最有力者である細川勝元からも一定の距離を保っており、出兵か撤兵かという自己決定の権利を留保していたことは間違いない。

「北方一揆」というまとまりを作るメリットは、一揆を構成する領主たちの側に存在するのであって、上部権力にとって積極的に一揆を組織する理由はなかった。幕府―守護は所与の前提としての一揆を、遵行命令や軍勢催促という形で〝利用〟したにすぎない。(51) したがって〈上部権力編成説〉では説明がつかない。

ただし「北方一揆」という名称は上部権力が付与したと考えられる。北方一揆の側が単に「一揆中」と名乗るだけで「北方一揆」と自称していないのも、「一揆」「北方一揆」「勢州北方一揆」と外部からの呼び方が一定しないのも、そもそも「北方一揆」という呼称が、上部権力による便宜的なものであるからと思われる。要するに〝伊勢の北方に存在する一揆〟程度の意味しか持たない名称だったのである。

だが逆に見れば、幕府はその程度にしか一揆を把握できていないわけで、一揆の〝掌握〟に程遠いことは明瞭だろう。(52) 守護が軍勢催促をして、管領が守護の頭越しに撤兵要請をするという命令系統の混乱がそれを物語っている。そして政治諸勢力の競合の隙を突く形で、一揆は自律性を維持した。換言すれば、上部権力との多元的チャンネルを確保し、〝保険〟をかけることが、一揆の存立を担保していたのである。(53)

おわりに

本章では、伊勢守護一色氏の泊浦発向事件を主な素材として、「国人」身分に達していない群小領主によって構成された北方一揆が、一揆全体としては「国人」として扱われており、その「国人」身分を根拠に、守護一色氏や管領細川氏という上部権力、そして十ヶ所人数という周囲の奉公衆勢力からの一定の自律性を獲得したことを指摘した。

一揆に参加している個々の構成員の身分は低くとも、「一揆」という組織全体は重んじられる――こうまとめてしまうと、「何を当たり前のことを」と思われるかもしれない。だが、この〝当たり前のこと〟が国人一揆研究において、どこまで自覚的に意識され、どれほど積極的に主張されているか、筆者は甚だ懐疑的である。

一揆構成員にとって、一揆の意義の根本はここにこそあるのではないか。その意味で、一揆の反権力的側面を強調する見方も、逆に上部権力による編成を偏重する見方も、ともに一面的である。

序章で述べたように、「階級闘争史観」においては、権力と一揆の対立関係（階級矛盾）ばかりが論じられた。石母田・勝俣氏以降の「在地領主法」研究はこれを克服するかに見えたが、国人一揆による在地支配に関心が集中し、上部権力と国人一揆との関係については研究が深められてこなかった。たとえば、小林一岳氏の「当知行保全システム」論では、国人一揆の構造が極めて自己完結的なものとして描かれている。結局、小林氏は国人一揆〈領主一揆〉の構成員の社会経済的属性を解明せんとする「領主制論」的な分析視角に今なおとらわれてしまっているのである（この点については終章も参照）。

しかし本章で見たように、〈領主の一揆〉は周囲との関係を遮断して所領支配（小林氏の言葉を借りれば「当知行保全」）に専念することなどできない。守護権力や寺社権門、幕府高官など外部の権力と否応なく関わりを持たされ、政治的性格を帯びざるを得ない。というより、〈領主の一揆〉はもともと上部権力との協調を前提にしたシステムなのである。〈領主の一揆〉の反体制的（体制離脱的）性格を強調するのは問題である。

これまでの研究史では、上部権力による編成を重視する議論が守護領国制論から室町幕府―守護体制論へと展開する一方で、一揆の自律性を強調する議論は国人領主制論から「一揆専制」論へと展開し、双方の流れは交わることなく独自に発展を遂げた印象を受ける。以下では、この二つの流れを統合すべく、私案を提示したい。

北方一揆は「室町幕府―守護体制」[54]に積極的に参入していき、その体制下での地位上昇を志向した。権力と一揆、中央と地域との対立関係を自明視しなければ、体制への参加は〝権力への屈服〟として非難されるべきものではなく、逆に北方一揆の〝達成〟と評価されなければならない。そして、このような性格は、在地領主層の一揆全般に共通するものと考えられる。[55]〈領主の一揆〉を上部権力との政治的交渉の主体として位置づけることで、国人一揆論の新たな展望を拓くことができるのではないだろうか。[56]

ただし、愚見を全面的に主張するには、他の一揆の事例も具体的に検討することが必須となる。この問題については次章以降で引き続き論じていきたい。

（1）川添昭二「今川了俊の南九州経営と国人層」（『九州史学』一〇、一九五八年）、瀬野精一郎「松浦党の変質」（同『鎮西御家人の研究』吉川弘文館、一九七五年、初出一九五八年）、福田豊彦「国人一揆の一側面」（同『室町幕府と国人一揆』吉川弘文館、一九九六年、初出一九六七年）。

（2）佐藤和彦「国人一揆の史的性格」（同『南北朝内乱史論』東京大学出版会、一九七九年、初出一九六七年）など。

（3）藤木久志『戦国社会史論』（東京大学出版会、一九七四年）、勝俣鎮夫「戦国法」（同『戦国法成立史論』東京大学出版会、一九七九年、初出一九七六年）、村井章介「在地領主法の誕生――肥前松浦一揆――」（同『中世の国家と在地社会』校倉書房、二〇〇五年、初出一九七五年）、勝俣鎮夫『一揆』（岩波書店、一九八二年）など。

（4）小林一岳「鎌倉～南北朝期の領主一揆と当知行」（同『日本中世の一揆と戦争』校倉書房、二〇〇一年、初出一九九二年）一九三・一九四頁。

（5）小林前掲註(4)論文。この点については、久留島典子「領主の一揆と中世後期社会」（『岩波講座日本通史』第9巻、中世3、岩波書店、一九九四年）一二八頁でも批判されている。

（6）福田前掲註(1)論文、二二一頁。

（7）　石田晴男「室町幕府・守護・国人体制と「一揆」」（『展望日本歴史12　戦国社会』東京堂出版、二〇〇一年、初出一九八八年）一一〇頁。

（8）　伊藤俊一「南北朝～室町時代の地域社会と荘園制」（同『室町期荘園制の研究』塙書房、二〇一〇年、初出一九九三年）六七頁。なお伊藤氏は、御家人のみならず寺社本所領荘園の代官・沙汰人も幕府から「国人」とみなされていたことを強調しており、以後の研究史においても、この点が重視されている。しかし伊藤氏が「国人」呼称が使われた具体例として掲げたのは、東寺の膝下荘園たる山城国下久世荘の沙汰人である。京郊荘園の事例をどこまで一般化できるかは疑問が残る。やはり基本的には、「国人」の大半は幕府御家人であったと見るべきではないだろうか。西岡の幕府御家人と久世荘の沙汰人との関係については第三部第八章も参照。

（9）　なお石田説に対しては、小林氏が「一揆とは上部権力によって組織化された軍事編成体であるとする上からの組織化論」と批判を加えている（歴史学研究会日本中世史部会運営委員会ワーキンググループ「「地域社会論」の視座と方法」『歴史学研究』六七四、一九九五年、三六頁）。石田氏が一揆編成における畿内権力および中央の政治情勢の影響を過度に強調しているのは事実だが、石田説はかつての〈上部権力編成説〉の単なる復活ではない。石田氏の研究で重要なのは、守護と国人の関係を「国人の守護被官化」という主従制（守護領国制）の論理で考えず、「守護と国人の共同支配」、つまり守護の統治権的（あるいは領域的・公権的）支配、軍政官としての側面に注目した点にある。この点は室町幕府権力論の最新の研究である吉田賢司『室町幕府軍制の構造と展開』（吉川弘文館、二〇一〇年）でも看過されているので、注意を喚起しておきたい。守護吏務観に則る石田氏を「守護権力を過大評価している」研究者とみなすのは誤解である。

（10）　峰岸純夫「中世社会と一揆」（同『中世社会の一揆と宗教』東京大学出版会、二〇〇八年、初出一九八一年）六五頁。東国を支配する鎌倉府においては、「国人」と「一揆」が身分的・儀礼的に区別されていたことを指摘している。吉田賢司「「主従制的支配権」と室町幕府軍制研究」（『鎌倉遺文研究』二六、二〇一〇年）に代表されるように、近年の研究では、政治的身分である「国人」の範疇に国人領主から土豪・小領主にいたるまでの大小さまざまな規模の在地勢力が内包されたことを強調する傾向が強い。揚言するまでもなく「国人」身分に属する在地領主の社会経済的な規模は一様ではないが、一方で「国人」身分を得ていない在地勢力の動向を追うことも重要であると考える。本章はそのささやかな試みである。

(11) 小林前掲註(4)論文。小林氏のいう「領主」とは、具体的にどのような身分階層・存在形態を指しているのか、概念規定がいささか漠然としている。久留島前掲註(5)論文は、公家・寺社などの荘園領主以外の「領主」＝年貢公事の収取者・領域的支配者がみずからの「家」を基盤に結ぶ結合を、「領主の一揆」と定義している（一〇六・一〇七頁）。

(12) 飯田良一「北伊勢の国人領主」（『年報中世史研究』九、一九八四年）。

(13) 「醍醐寺文書」（『醍醐』八二二号）。

(14) 『大日本古文書』は「朝倉侍従」と読み、飯田氏もこれに従っているが、東京大学史料編纂所架蔵写真帳『醍醐寺文書』六函、七九丁の同文書の文字を確認したところ、「備後」と読むべきであることが分かった。

(15) 飯田前掲註(12)論文、八七・八八頁。

(16) 福田豊彦「室町幕府の奉公衆(一)」（福田前掲書、初出一九七一年）三八頁。

(17) 「永享以来御番帳」（『群書類従』第二十九輯）一五六〜一六一頁。

(18) 稲本紀昭「伊勢国国人長野氏関係史料集・上」（『三重大学教育学部研究紀要』三五、一九八四年）九一頁。享徳二年十二月三十日に細川勝元が醍醐寺に対し「棚橋法楽寺領志摩国所々」の知行を認めているところから見て（細川勝元管領奉書、『醍醐』二六九二号）、享徳二年が最も可能性が高いか。なお一連の史料から、細川勝元が管領に在職していた時期の事件であることは確実である。後掲註(44)を参照のこと。

(19) 「花営三代記」応永二十九年九月十九日条。なお、この饗応が彼ら国人の伊勢国内での政治的地位を幕府が確認する場でもあったことが、矢田俊文「室町・戦国時代と北畠氏」（藤田達生編『伊勢国司北畠氏の研究』吉川弘文館、二〇〇四年、二六〜二八頁）、山田雄司「足利義持の伊勢参宮」（『皇學館大学神道研究所紀要』二〇、二〇〇四年）などによって指摘されている。

(20) 応永三十一年九月二十六日沙弥道端（畠山満家）管領施行状（「実相院文書」『四日市市史』第七巻、史料編古代・中世、三一八頁）。

(21) 飯田前掲註(12)論文、九四頁。

(22) 石田前掲註(7)論文、一一三頁。
(23) 久留島前掲註(5)論文、一一九頁。福田前掲註(1)論文、二四一頁も参照のこと。
(24) 飯田前掲註(12)論文、九五頁。北方一揆に参加していた諸氏のその後の活動については、飯田良一「北伊勢の国人領主」(『四日市市史』第十六巻、通史編古代・中世、一九九五年)、鶴崎裕雄「東海地方国人一揆の諸様相——宗牧『東国紀行』を史料として——」(有光友學編『戦国期権力と地域社会』吉川弘文館、一九八六年)を参照のこと。
(25) 厳密には醍醐寺三宝院の末寺である大神宮法楽寺(伊勢神宮祭主の大中臣氏の氏寺)の所領であったようである(年未詳・三宝院門跡領志摩国泊浦文書目録、『醍醐』八二三号などの史料による)。
(26) 「醍醐寺文書」(『四日市市史』第七巻、史料編古代・中世、二九八号)。
(27) 「醍醐寺文書」(『四日市市史』第七巻、史料編古代・中世、三〇四号)。
(28) 「醍醐寺文書」(『醍醐』八四三号)。
(29) 「醍醐寺文書」(『醍醐』二八七〇号)。
(30) 「醍醐寺文書」(『醍醐』二〇三三号)。
(31) 「醍醐寺文書」(『醍醐』一八九一号)
(32) 「醍醐寺文書」(『醍醐』一〇〇一号(一))。『大日本古文書』は「観秀」と読むが、東京大学史料編纂所架蔵写真帳『醍醐寺文書』八函乾、一一八丁の同文書の文字を確認したところ、「親秀」と読めそうである。「満済准后日記」には「兵部卿法橋親秀」という人物がしばしば登場している。この親秀は満済や義賢の供奉・使者などを数多く務めている。また『醍醐』一九一九号・醍醐寺掟書案に「兵部卿法印親秀」なる人物が出てくる。この史料は年次未詳だが、『醍醐』が推定するように、内容から文明元年六月以降のものであることは間違いない。したがって、朝倉常英らと交渉した「兵部卿法眼」はこの親秀のことと考える。要するに応永～永享…法橋→享徳…法眼→文明…法印と昇進したわけである。
(33) 「醍醐寺文書」(『醍醐』一〇〇一号(二))。
(34) 飯田前掲註(12)論文、九九頁。

(35)　この点につき吉田賢司氏は「「守護公権」に基づく軍勢催促（命令）ではなく、援軍要請（依頼）に近いもの」と、筆者の見解を批判している（吉田賢司「室町幕府の守護・国人連合軍」、吉田前掲註9書、初出二〇〇九年、一七三頁）。吉田氏がこのような主張を展開するのは、応永末期に幕府の軍事編成が幕府—直属国人、幕府—守護—一般国人の二系列に分化したと考えているためだが、筆者は氏の実態認識に疑問を持っている。この点については拙稿「室町期の守護と国人」（『東京大学日本史学研究室紀要』一七、二〇一三年）で反論しているので、本書では繰り返さない。

(36)　守護は将軍の「上意」をともなわない独自の軍事動員においても、奉公衆を含むすべての分国内国人に命令を下すことができた。川岡勉「中世後期の守護と国人」（同『室町幕府と守護権力』吉川弘文館、二〇〇二年、初出一九八六年）一六七頁。

(37)　吉田氏の議論は多岐にわたるが、主張の根幹は、幕府直属国人は守護を媒介せず幕府に直結しているため、守護は幕府から特別に指揮権を付与された時しか、直属国人に命令を下すことができない、という点に尽きる。この理解には多々疑問があり、前掲註(35)拙稿で批判を加えた。

(38)　川岡勉「室町幕府—守護体制の変質と地域権力」（川岡前掲註36書、初出二〇〇一年）九五頁。市川裕士「安芸守護山名氏の分国支配と地域社会」（『史学研究』二七九、二〇一三年）四頁も参照のこと。

(39)　もっとも足利義政期には、守護と在国奉公衆の対立傾向がしばしば見られる。今岡典和・川岡勉・矢田俊文「戦国期研究の課題と展望」（『展望日本歴史11　室町の社会』東京堂出版、二〇〇六年、初出一九八五年）二〇九頁を参照のこと。

(40)　本節での分析にあたって、山田邦明『戦国のコミュニケーション』（吉川弘文館、二〇〇二年）から大きな示唆を得たことを附記しておく。

(41)　むろん常英が醍醐寺の撤兵要請に従うことを北方一揆に視覚的に明示する効果はあっただろう。しかし悴者に交渉の権限があったとは認めがたい。なお、この悴者のような役割を果たす者のことを、当時「案内者」と呼んだ。百瀬今朝雄「段銭考」（宝月圭吾先生還暦記念会編『日本社会経済史研究　中世編』吉川弘文館、一九六七年）一八・一九頁、伊藤俊一「南北朝～室町時代における東寺修造勧進の変容」（伊藤前掲註8書、初出一九九九九年）四〇一・四〇二頁を参照。

（42）東京大学史料編纂所架蔵影写本「三宝院文書」三十七（請求番号3071.62-3-43）一一丁に「伊勢朝明郡山村金剛寺内西行坊」と記された断簡がある。山村金剛寺西行坊の下部なら、北方一揆と接点があっても良さそうであるが、常英から悴者を付けてもらっていることを考慮するに、現地の情勢には疎かったようである。伊勢に来て日が浅かったのだろうか。

（43）飯田氏は十ヶ所人数の一族中に守護一色氏の被官となっている者がいることから、十ヶ所人数の被官化の傾向を想定するが（飯田前掲註12論文、九八頁）、奉公衆＝国人が諸上部権力と取り結んだ多元的関係の一つと見るべきであろう。たとえば川岡氏は「一五世紀前半期の国人層は守護に一元的に結びついていたのではなく、幕府、守護あるいは荘園領主等と多元的に結びつく契機をもっていた」と（前掲註39論文、二〇七頁）と明快に論じている。また久留島典子氏も「各領主の家は、御家人、守護被官、一揆などとして上部権力と多元的な関係を結んでいた（中略）このような構造を根本的に規定するのは、上部権力に一元的に結びつくことだけでは所領の保全が達成されないという状況であった」と的確に指摘している（久留島前掲註5論文、一三〇頁）。

（44）書状⑨において、兵部卿法眼親秀は朝倉常英に対し「此在所事御当知行候御証文等管領御披見候て、御門跡御理運之由被申候」と述べている。

（45）飯田前掲註(12)論文、一〇〇頁。

（46）この点につき、桜井英治氏から「十ヶ所人数は足利満詮の旧臣であり、満詮の死後は、満詮の子息である義賢と主従関係を持ったのではないか」とのご指摘を受けた。満詮の男子は皆、僧籍に入っており、誰も跡を継がなかったため、満詮の遺臣がその後どうなったのかは判然としない。満詮の近習が足利義量に仕えるようになったことが「看聞日記」「康富記」などから知られる程度である。ただ、『御前落居記録』五六号（桑山浩然校訂『室町幕府引付史料集成』上巻、近藤出版社、一九八〇年）からは、満詮旧臣と満詮遺族との間に何らかの交流があったことが想定され、桜井氏の推定にも蓋然性はある。今後の課題としたい。

（47）こうした事例は、ほぼ同時期の他地域においても見られる。宝徳二年（一四五〇）五月、管領畠山持国は同文の管領奉書を「関東奉公方面々中」と「武州・上州白旗一揆中」に送っている。少なくとも書札礼においては、白旗一揆が在関東の幕府奉公衆（京都扶持衆）と同格に位置づけられていたといえよう。宝徳二年五月二十七日沙弥徳本（畠山持国）管領奉書（「遠野南部家文書」『新編埼玉県史』資料編五、八二五号・八二六号）参照。ちなみに小林一岳氏は、白旗一揆が幕府に参陣の請文を提出していることから、幕府と一揆の関係は「請文という契約関係」にすぎないとし、一揆の主体性を強調する（小林一岳「中世関東における一揆と戦争」小林前掲註4書、初出一九九四年）。一揆の自主的な判断で幕府からの軍事動員に応じているのは確かであろうが、吉田賢司氏が明らかにしたように、幕府からの軍勢催促に対して請文で応諾するのは一般的な手続きであり、何も一揆に限ったことではない（吉田前掲註9書、一二四・一二五頁）。そのような意味での幕府からの独立性は他の国人にも見られるものであり、一揆の特性として過度に強調することには疑問を感じる。むしろ白旗一揆が、幕府から京都扶持衆と同格に位置づけられていることこそが重要であろう。

（48）　嘉吉元年閏九月二十六日細川持之管領奉書（「佐々木文書」、山口隼正「佐々木文書――中世肥前国関係史料拾遺――」『九州史学』一二五、二〇〇〇年、五五頁）。

（49）　吉田賢司「足利義政期の軍事決裁制度」（吉田前掲註9書、初出二〇〇六年）三〇二・三〇三頁参照。

（50）　この事件で細川勝元が醍醐寺を支持し、一色義直を牽制する側に回った要因として、細川氏と一色氏の政治的対立が想定できる。永享十二年五月、将軍足利義教の命令で一色義貫を誅殺した細川持常（細川讃州家当主）は、恩賞として義貫の分国であった三河を獲得した。一色義直は義貫の嫡男であり、のちの応仁・文明の乱では三河を奪回すべく細川成之（持常の養子）と争った。このように細川讃州家と一色氏は三河守護職をめぐって敵対関係にあり、細川京兆家当主の勝元は当然ながら同族の讃州家を支援する立場にあった。新行紀一「十五世紀三河の守護と国人」（『年報中世史研究』四、一九七九年）二六・二七頁、末柄豊「細川氏の同族連合体制の解体と畿内領国化」（石井進編『中世の法と政治』吉川弘文館、一九九二年）一五〇頁参照。なお、嘉吉の乱以後に生じた幕政運営の混乱（上意不在を契機とした大名間の権力抗争）については、川岡勉「守護権力の変質と戦国期社会」（川岡前掲註36書、初出一九九九年）一二五頁を参看されたい。

（51）　中央と地域社会との結びつきを論じるにあたって、吉田氏は「守護支配から独立的な地域や勢力」（吉田前掲註9書、三六六頁）を重視する。そのことじたいには異論はないが、こうした地域や勢力があたかも幕府の政治的意図（守護権力の牽制）の結果として出現したかのように論じている点に問題がある。この問題を克服する上で参考になるのが大薮氏の見解である。大薮氏は室町期の伊勢国の政治状況を検討した上で、「伊勢国においてはある程度の範囲を治め、遵行し、軍勢催促に応じてくれる存在であれば、守護でなくても幕府としては問題なかったのである。北畠氏や長野氏・関氏は幕府により政策的に配置された勢力ではない。伊勢という畿内近国であっても、在地状況に強く影響されて知行権が成立していたのである」と明言している。大薮海「室町時代の「知行主」」（『史学雑誌』一一六―一一、二〇〇七年）五四頁参照。中央と地方との多元的結びつきは、幕府の志向性ではなく地方の側の事情に規定されているのである。したがって吉田氏の批判を受けてもなお、筆者は本章の論旨を変更する必要を感じていない。後掲註(53)(54)も参照。

(52)　ちなみに室町期の関東に存在した武州南白旗一揆の場合も、鎌倉府が単に「南一揆」「武州南一揆」と称するのに対し、幕府は「当国南白旗一揆」と呼んでおり、名称が一定していない。幕府と鎌倉府が白旗一揆の掌握をめぐって対立関係にあり、ゆえに両者ともに掌握できていないという状況を反映していると思われる。拙稿「白旗一揆と鎌倉府体制」（佐藤博信編『関東足利氏と東国社会』岩田書院、二〇一二年）一五五・一五六頁を参照。

(53)　吉田説においては「権力編成の系列化」の名の下に、独占的・排他的な指揮系統が想定されている。よって原則として、守護は幕府直属国人に命令できず、また幕府は守護を介さずには一般国人に命令できない、ということになり、（吉田氏の意図を超えて）二系列の区別が実態以上に評価されてしまう。しかしながら本章で見たように、現実には多様な勢力が国人・一揆に政治的影響力を及ぼしているのである。吉田氏の二元的理解で幕府・守護・国人三者の関係の実相を把握することは難しいと評価せざるを得ない。前掲註(43)参照。

(54)　「室町幕府―守護体制」については、田沼睦「室町幕府・守護・国人」（同『中世後期社会と公田体制』岩田書院、二〇〇七年、初出一九七六年）、石田前掲註(7)論文、川岡前掲書などを参照のこと。川岡氏の「室町幕府―守護体制」論に関しては、守護による権力編成を過大評価しているという批判が根強く、近年では吉田賢司氏が「二系列化」論（前掲註37参照）を提唱し、川岡説の克服に精力的に取り組んでいる。しかしその試みは成功しているとは言い難い。この点については前掲註(35)拙稿を参照。

(55)　応永十一年の安芸国人一揆や応永～永享期の信濃大文字一揆に見られるように、「国人」の一揆の場合は一揆全体として「守護」に準ずる扱いを受けており、規模の差こそあれ、一揆を結成することで上部権力から厚遇を得られる点は変わらない。

(56)　この点で、近年の市沢哲氏の議論は示唆に富む。一揆契状にしばしば見られる「公方」への忠誠を誓う文言は従来、〈上部権力による一揆編成〉の証拠として扱われてきた。しかし市沢氏は、忠誠を誓うべき「公方」を複数の候補の中から、一揆メンバーの合意に基づき選び取っている点に着目し、「誰の裁定を受け入れるか、誰の味方として軍事行動するかは、一揆の外に立つ上級権力が決めることではなく、一揆の側が決めることであった」と読み替えている。上部権力と一揆との協調関係を〈上部権力編成説〉へと収斂させるのではなく、その中に在地の主体性を見出すことが重要であると筆者は考える。市沢哲「一四世紀政治史の成果と課題」(『日本史研究』五四〇、二〇〇七年)二三・二四頁を参照。なお、この問題に関しては終章で詳論する。

〔補注〕　本章の校正中に大薮海「中世における地域権力の支配構造」(『歴史学研究』九一一、二〇一三年)が公表された。本章の内容と一部関わりを持つが、本章に反映させることはできなかった。併せてご参照いただきたい。

第二章　隅田一族一揆の構造と展開

はじめに

紀伊国伊都郡隅田荘および同荘を拠点とする在地領主隅田氏に関しては、恵まれた史料状況を背景に、戦前から多くの研究が蓄積されてきた。特に国人一揆研究の観点からは、隅田八幡宮への信仰を精神的紐帯とする隅田一族による一揆的結合が注目を集め、「一族一揆」の典型と評価されるにいたった。しかし、その一方で、重厚な研究史の壁に阻まれ、次第に研究が停滞していった。

こうした研究動向に一石を投じたのが、久留島典子氏の論考である。(1) 久留島氏は、近世において隅田一族の末裔たちが家の由緒を確立するために史料の書写や系図の取りまとめ、自家に関わる文書の収集を行った事実を重視する。すなわち、現存する隅田荘関係文書が、これらの「歴史研究・編纂」を経て成立したものであることに留意し、隅田荘関係文書の形成過程を丹念に検証したのである。その結果、隅田家文書と葛原家文書はともに隅田一族の庶流たる葛原氏に伝来したものであり隅田本宗家の家蔵文書は現存しないこと、隅田葛原氏の系図は信憑性に疑問があることなど、多くの新事実が明らかになった。

このように久留島氏は、実証よりも理論や議論を先行させてきた先行研究を批判し、それらが依拠してきた史料の性格を再検討することで事実関係の解明を進めた。その上で、鎌倉期から地域的連合体としての「隅田党」

が成立しており、これが南北朝期の隅田一族一揆の直接的な前提になった、と論じてきた通説に疑問を呈した。氏は徹底した史料批判の成果に基づき、むしろ南北朝期以降の政治的諸状況の変化が隅田一族一揆の結合形成において大きな意味を有していたことを説いている。

しかし久留島氏の論文は、隅田荘関係文書の史料的性格の解明という基礎作業を中心的な課題に据えたため、隅田一族一揆の内部構造と、その歴史的展開については必ずしも詳述していない。

本章では、久留島氏の研究成果に学びつつ、南北朝期から戦国期にいたる隅田一族一揆の存在形態を動態的に捉えていきたい。

第一節　隅田一族一揆の成立

（一）「隅田党」という虚構

本章冒頭で述べたように、一般に隅田一族の一揆は「一族一揆」として定義される。これは、彼らが「隅田一族」と称しているからであるが、(2)彼らのすべてが藤原姓隅田氏としての血縁関係にあったわけではなく、異姓を含み込んでおり、実質的には隅田荘を基盤とする領主層から成る地縁的な結合体であった。このため石井進は隅田一族一揆の構造を、「族縁的結合体たる一族一揆と、地縁的結合体との混合・中間的形態」と評価した。(3)

ところで、これまでの隅田氏研究においては、鎌倉期に「隅田党」という共和的集団が成立しており、これが南北朝期以降の隅田一族一揆の直接的な前提であるとする説が定説となっている。(4)

しかし、本当に鎌倉期に「隅田党」なる集団が成立していたのだろうか。まず確認しておきたいことは、「隅田党」という言葉が同時代史料には見えず、近世に入ってから出現する点である。久留島氏がいみじくも述べた通り、「隅田党」とは、「隅田氏関係の中世史料上の用語ではなく、隅田氏等の取り結ぶ関係に付与された研究上の名称」にすぎない。[5] したがって鎌倉期の隅田氏の一族結合を「党的結合」と評価できるかどうかは、慎重に考慮する必要がある。

そこで先学が隅田一族の「党的結合」の徴証と理解した事象を再検討してみよう。まずは二重名字についてである。佐藤三郎は鎌倉期以来の隅田一族の結合について、「形式的には家々の姓の上に隅田の二字を冠することによって示された」[6] と述べているが、隅田一族の諸氏が「隅田」の二字を冠するのは、最も早い史料でも弘和元年（一三八一）の長慶天皇綸旨である。[7] しかもこの南朝文書は検討を要する疑わしい史料である。これを除くと、二重名字の初見史料は、ぐっと時代が下って応永二十六年（一四一九）のものになる。[8] 少なくとも鎌倉期には二重名字が成立していなかったことは確実である。

次に、「隅田（須田）一族中」宛ての史料が登場するのも、元弘の乱の時からである。[9] その上「隅田庄人々」に宛てた文書もあり、[10] 隅田荘の領主層は必ずしも同族として認知されていなかったようである。さらにいえば、隅田一族の連署状が登場するのは南北朝期以降である。先学の挙証は不十分なものであり、鎌倉期においては「隅田一族」として結集する意識は極めて稀薄であったという他ない。

重時流北条氏の被官となることで「隅田党」が形成されたという井上寛司氏の主張[11] にも、明確な史料的根拠はない。隅田氏が六波羅探題・紀伊国守護・隅田荘地頭の重時流―普恩寺流北条氏の被官となったのは事実だが、そのことが一族結合を強化した徴証はない。

鎌倉期の隅田一族に関して、一族中による共同行動といった、のちの一揆の活動に直接つながるような現象は見出せない。隅田八幡宮における祭祀を通じて緩やかにつながっていたというのが実情であろう。石井進が喝破したように、「地頭あるいは守護として君臨していた大勢力である北条氏との結びつきを失った後にこそ、隅田荘域一帯の武士団の団結、集団組織の必要性が高まってきた」[12] と見るべきである。

（2）　葛原氏と隅田一族

前項においては、隅田一族一揆が、鎌倉幕府滅亡から南北朝内乱にいたる時期の、隅田荘の領主層をめぐる内外の状況の変化に対応するために成立したことを確認した。本項では、隅田一族一揆の代表的存在とされる葛原氏について考察する。

隅田本宗家は隅田荘地頭である普恩寺流北条氏の被官であったため、隅田氏惣領は六波羅探題の滅亡に殉じている。先学によれば、これ以後、隅田一族の惣領の地位は葛原氏に移行した、という[13]。つまり、隅田一族一揆は葛原氏を中核とする一揆と見られている。

しかし後で触れるように、先行研究の理解は葛原氏自身の主張を主な論拠としたものであり、議論の余地がある。加えて、傍証として提示されている他の論拠にも疑問が残る。ここで指摘しておきたい。

第一に、正平十年（一三五五）の隅田一族起請文で[14]、沙弥了覚（葛原三郎左衛門忠長）が筆頭に署名しているということがあげられている。これは『和歌山県史』の指摘であるが[15]、起請文に「次第不同」と記されている点から疑問が残る。署名順は地位の上下と無関係であると規定され、全構成員の平等という原則が謳われているのである。

第二に、正平九年（一三五四）の沙弥了覚（葛原忠長）の譲状に「一族中へ公方より給たる御恩は、了覚が分は、法師持つべし」とあることから[16]、佐藤三郎は「戦功に対する恩賞を一族に宛てて施す時は惣領が之を同族間に分配する」と述べているが、これは佐藤の誤読である。「一族中へ公方より給たる御恩」とは、隅田一族が幕府から新恩として給与された和佐荘地頭職のことである。紀伊国名草郡に所在するこの荘園は隅田の地から離れており、今回の地頭職給与以前には隅田一族と関わりがなかった。この地頭職を一族で分割した結果、葛原氏は地頭職の九分の一を獲得した。そして了覚は、自分の取り分である九分一地頭職を子息の「法師」に譲渡したにすぎないのである。[17] このような一族共同知行のあり方からは、むしろ葛原氏が他氏と横一線に並んでいることがうかがえる。

それ以前に、史料の残存状況の問題もある。隅田荘関係史料における葛原氏の登場頻度は圧倒的なので、後世の研究者は葛原氏を過大評価しがちである。だが久留島氏が解析したように、隅田荘関係史料の大半は葛原氏に伝来した文書なのである。近世における「歴史研究・編纂」というバイアスの要素も考えると、葛原氏が意図的に残した文書群を利用して葛原氏の立場を解明する際には、厳密な史料批判が求められよう。ここでは問題点を析出するにとどめ、次節で詳しく検討する。

（3）南北朝期の隅田一族と政所一族

隅田一族一揆は二つの集団によって構成されていたと考えられている。一つは史料上に「隅田一族中」として登場する集団であり、もう一つは「政所一族中」として登場する集団である。

最初に「隅田一族中」と「政所一族中」の構成員を、史料から検出してみると、「隅田一族中」は三二氏、「政所一族中」は一〇氏となる（表2・3）。

この「政所一族」とは、隅田荘の西に連なる相賀荘のさらに西隣に位置する高野山領官省符荘（政所荘）を本貫地とする荘官層である。[18] 同荘の荘官は「十人所司」と称された。その中核は「四荘官」と総称される高坊（惣執行上座）・亀岡（河北執行上座）・岡（河南執行上座）・田所（田所上座）の四氏であり、他の六人の「政所所司」とともに「寺家政所」を構成した。[19] 建武新政で隅田南荘が高野山領化すると、「四荘官」のうち高坊・亀岡の二氏、また「政所所司」のうち大野・小田・塙坂らが、官省符荘における拠点を維持しつつ隅田荘に進出した。[20] 彼ら隅田荘に進出した官省符荘の荘官層は、室町期以降「政所一族」と呼ばれるようになる。

山田	下	上田	竹内	隅田中	中山	垂井	兵庫	尾崎	小嶋	橋屋	森	西	池田	芋生	辻	野口	境原	下山	渋草	山井	中井
									○												
△		△			△	△							△		△			△	△	△	
○	○	○	○	○																	
		◎																			
◎		◎	◎	◎	△	◎	◎	◎		◎	◎	◎	◎	△	◎						
											○	○									
		◎	●																		
											○			○	○	○					
											○	○									
◎		◎	◎	△	◎	◎	◎	△		◎		◎	△	◎	△		◎	◎			
			◎											◎							
		◎	◎	□	◎	◎	◎	◎		◎			◎	◎	◎		△	◎			◎
		◎	◎				◎	◎										◎			
◎			◎		◎		◎			◎											
											○	○									
○		○	○	○	○	○	○	○		○			○	○	○			○	○		
○		○	○	?			○	○		○							○				

貞長

表 2　隅田一族連署状および一族名の出てくる主な注文

	出典	年月日	文書名	葛原	山内	小西	今西	谷	中島	東	岩蔵	隅田新
1	葛原46	1376.10.21	内検状〔断簡〕	○	○		○	○		○	○	
2	葛原50	1392.2.18?	隅田一族公方注文写			△						△
3	葛原51	1393.□.15	隅田八幡宮会料納日記	○	○	○	○	○	○		○	○
4	八幡22	1394.6.26	隅田八幡宮神用地証状	◎		◎						
5	隅田13	1415.9.17	隅田・政所一族定書	**◎**	◎	◎	◎	◎	**◎**			◎
6	葛原68	1416.12.2	和佐荘深田和村得分注文	○			○	○	○		○	
7	八幡26	1417.9.3	一族中田地寄進状	**◎**		**◎**						
8	葛原80	1418.11.17	隅田八幡宮六月会人数注文	○	○		○	?				○
9	葛原94	1420.9.5	御参宮料物日記				○	○	○		○	
10	隅田59	1425.11.1	隅田一族定文	**◎**	◎				**◎**			◎
11	八幡28	1426.3.	隅田一族田地寄進状	**◎**								
12	隅田58	応永頃か	新御堂修理田米定文	**◎**		**◎**			**◎**			◎
13	六坊17	1431.8.1	隅田八幡宮放生会助頭掟書	**◎**		◎						
14	葛原108	1440.8.10	助頭評定定書〔2名分欠〕	**◎**		◎						
15	葛原112	1449.3.9	借物出銭日記				○	○	○		○	
16	葛原132	1452.	隅田八幡宮御番定書〔下部欠〕	○			○	○	○			
17	葛原225	年未詳	公方茶出日記	○			○	○			○	○
18	隅田89	年未詳	隅田心経講頭役交名〔後欠〕			○			○			?
				忠満		道在						

註1：葛原＝葛原家文書、八幡＝隅田八幡神社文書、隅田＝隅田家文書、六坊＝六坊家共有文書。
　2：番号は『和歌山県史　中世史料編1』の史料番号。
　3：○＝「～殿」、◎＝署判、△＝署名のみ、●＝「一族中（花押）」、□＝筆軸印、?＝推定（確証はない）、代＝代官が署判。
　4：**◎**は、ほぼ同形の花押（と見られるもの）を指す。たとえば葛原氏の場合、5・7・10～14が同形（忠満の花押）。
　5：略記・凡例は表3も同じ。

表3　政所一族連署状および一族名の出てくる主な注文

	出典	年月日	文書名	小田	高坊	塙坂	亀岡	大野	松岡	政所中	南	政所新	相賀
1	八幡22	1394．6．26	隅田八幡宮神用地証状		◎	◎	◎						
2	隅田13	1415．9．17	隅田・政所一族定書	◎	◎	?	◎	◎	◎	◎	◎		
3	八幡27	1426．3．	政所一族田地寄進状	代	代	代	代	代		代	◎	代	代
4	葛原101	応永．4．7	隅田里神田廻状	△	△	△	△		△			△	
5	隅田89	年未詳	隅田心経講頭役交名〔後欠〕		○								

註：1には「行敏（花押）」とあり、2の応永22年(1415) 9月17日の隅田・政所一族定書の「高坊(花押)」とは花押の形が明らかに異なる。2の高坊は、応永25年以降、隅田八幡宮放生会の座次をめぐって葛原忠満と相論を行った高坊実敏と思われる。実敏は訴状の中で「祖父頼敏」と述べているので、頼敏―行敏―実敏という系譜を想定できる。ただ実敏の花押および2と同形の花押が見当たらないので、確かなことはいえない。

隅田本宗家の滅亡に加えて、政所一族の進出という事態が発生したことで、従来から隅田荘に居住していた領主たちは「隅田一族」という同族意識を強め、後述するように共同知行などの一揆的な行動様式＝〈一揆の作法〉を示すようになる。これを鎌倉期の隅田一族と区別するため、本章では一揆として捉える。

さて「隅田一族」と「政所一族」との関係については、「小隅田一族」と「政所一族」の総和が「隅田一族」であるとした佐藤三郎以来(21)、「隅田一族という血縁的な一揆から、高野山の政所一族と合わせた地域的な一揆へと変わっていく(22)」、「隅田一族は隅田一族と政所一族とに別れていることが分かる(23)」など、政所一族を（広義の）隅田一族に含める見解が支配的である。

これに対して、久留島氏は「隅田・政所一族の連合自体は、持続的な結合というよりはやはり何かの政治的な目的をもって形成された一時的なものという性格が強いようにみえる」と述べている(24)。このような見解の相違について、もう少し検討を加えてみたい。

まず、次に掲げる明徳五年（一三九四）の史料に注目したい。

【史料1】　隅田八幡宮神用地証状

隅田宮御神用の地、下山殿の分、しらいたに〈白井谷〉ある〈荒〉ゝによて、里神田の年貢を壱石弐斗八升入立申候処也、若しらいたにもと〈元〉のことく〈如〉さく〈作〉し候ハん時ハ、里神田を八一族の中ゑ返給へき者也、

明徳五年甲戌六月廿六日

高坊 行敏（花押）
はねさか 朝治（花押）
亀岡 源忠（花押）
上田 貞範（花押）
かつらはら 秀広（花押）
おにし 為安（花押）[25]

本史料は、久留島氏が「官省符荘（政所荘）に本拠をおく者たちが隅田荘関係文書に明確に姿を現す初見[26]」と述べるなど、先行研究では軽く言及されているにとどまる。しかし、署名のあり方に注目することで、より多くの情報を引き出せる。

この史料では、当初から隅田荘に在荘していたと思われる小西・葛原・上田の三名と、官省符荘から進出してきたと思われる高坊・塙坂・亀岡の三名の、合計六名が連署している。つまり、のちの「隅田一族」のメンバー三名と、のちの「政所一族」のメンバー三名が署名しているのである。

先述したように、隅田一族と政所一族では構成員の数に大きな開きがある。にもかかわらず、三対三という同数署名になっているのは、深い意味があると思われる。また後述するように、小西・葛原・上田はのちの「隅田一族中」における指導的立場にあった。

ということは、この時点ですでに、「隅田一族中」「政所一族中」とのちに呼ばれるような一揆が形成されて[27]おり、隅田側の代表者三名と政所側の代表三名の合議によって、下山氏の負担分を「一族の中」の共同知行地た

る里神田の年貢から立て替えることが決定されたと考えられよう。[28]

ここに見える「一族」とは、隅田一族と政所一族の連合としての、広義の隅田一族である。すなわち二つの一揆が連合した大一揆たる隅田一族一揆のことを指す。隅田一族一揆は隅田荘内に里神田という共有財産を持っていたこと、一揆成員がおのおの隅田八幡宮に上分米を納入していたことが本史料から分かる。

では隅田一族一揆という大一揆としてのまとまりは、どのような時に機能するのだろうか。史料1からは、隅田八幡宮の祭祀に関しては、隅田一族と政所一族が一体となって執り行っていることが推測される。隅田一族と政所一族に関しては南朝方として一緒に戦った事例が確認されており、[29]こうした共同軍事行動が右に見える大一揆の前提になったものと思われる。しかし南北朝期の史料からは、これ以上のことをうかがい知ることはできない。そこで次項では室町期の史料から、この問題の解を探っていきたい。

（4）　室町期の隅田一族と政所一族

隅田荘関係史料において初めて「政所一族」という語句が明確に出てくるのが、応永二十二年（一四一五）の隅田・政所一族定書[30]である。久留島氏はこの史料を隅田一族と政所一族の共同行動の事例として掲げ、史料1の延長線上に位置づけている。[31]

確かに本文書には、「隅田・政所御一族」とあり、隅田一族と政所一族の共同行動が見てとれる。けれども、「京への御使者の事、隅田は隅田にて御定め、政所は政所にて御定めあるべし」と規定されているように、隅田一族と政所一族が別々に使者を出す点に注意したい。両者は協調しつつも、あくまで独自の政治的意志を持った別個の一揆であり、この事案においては二つの一揆が結合して隅田一族一揆という、より大きな一揆を形成しているわけではない。そこに史料1との異同がある。

加えて、この定書は「もし下山殿安堵せらるる事候はば」とあるように、下山氏の所領訴訟問題に限定した内容であり、両一揆の恒久的な結合を定めたものではない。

両一揆の関係を探る上で、次の史料も重要である。

【史料2】　隅田一族中連署田地寄進状

奉二寄進一　水田之事

合壱段者、

在紀伊国伊都郡隅田庄霜草村内字土橋裏

右件水田者、依レ為二闕所下地一、雖二一族中当知行一、垂井御堂阿弥陀寺、依為被縁《マヽ》、永代令二寄進一処実証也、然而勤行不有《マヽ》可退転候者也、仍寄進状如レ件、

葛原（花押）

隅田一族中当三《サハクリ》　竹内（花押）

芋生（花押）

応永三十三年《一四二六》三月　日[32]

一揆がその内部で発生した闕所地を共同知行している点は、一揆の自律性を考える上でたいへん興味深い。こうした行動様式は在地領主の一揆たる国人一揆の特徴であり[33]、〈一揆の作法〉の一種といえる。また本史料に関して着目したいのは、「政所一族中」による同年月日・同文の寄進状が史料2とは別に存在する点である[34]。先行研究では、同一の寄進状をわざわざ別々に作成していると理解する向きもあるようだが[35]、これには従えない。応永三十三年三月の上田貞長の契状には、「隅田北庄内霜草土橋水田」二段を「垂井阿弥陀堂の免地」として段銭免除にすることが記されている[36]。すなわち「隅田一族中」から一段、「政所一族中」から一段寄進し、隅田一族

一揆全体としては合計二段を寄進したのである。

したがって、少なくとも名義上は、「隅田一族中」当知行の水田と、「政所一族中」当知行の水田が別々に存在したわけで、「隅田一族中」と「政所一族中」はしばしば共同歩調をとるものの、それぞれ独自の意志と財産を持つ別個の一揆であったといえよう。

やはり、隅田一族と政所一族の連合である隅田一族一揆は、祭祀など特別な場面でしか機能しないと考えられる。そこで次節では、隅田一族一揆の信仰の核である、隅田八幡宮の祭祀を検討し、その分析を通じて隅田一族一揆の構造に迫りたい。

第二節　隅田一族一揆の構造

(一)　応永の隅田八幡宮放生会座上相論

大一揆たる隅田一族一揆の構造を解明する上で格好の素材になると思われるのが、隅田荘の荘鎮守たる隅田八幡宮の最も重要な祭祀である放生会である。そして、この放生会の運営実態を知る上で大きな手掛かりとなるのが、応永の隅田八幡宮放生会座上相論である。この事件については、武士団研究や宮座研究の観点から多くの論文がとりあげているが、意外にも専論は乏しい。また、その数少ない専論にしても、一揆論という視点から史料を分析しているわけではない。そこで本節で改めて検討してみたい。

相論の経緯は、関連史料を網羅的に検討した丸山忠綱氏や木村安男氏の論文に詳しいが(37)、両氏の史料解釈と私見は一部異なるので、筆者の解釈を披瀝しておきたい。そこで両氏の案に修正を加えながら、相論の流れを表4にまとめてみた。

この相論は表4から分かるように、かなり複雑だが、一言で説明するならば、高坊実敏と葛原忠満が放生会の

表4　応永の隅田八幡宮放生会座上相論の経緯

年月日	事項	典拠
応永22(1415)	葛原忠満が隅田八幡宮放生会の次第が書かれた大札を削る。	葛原72・77
応永25(1418).6.-	高坊実敏が隅田八幡宮放生会の折には中門に出座すると主張、(大野の)守護所に訴える。	葛原72
6.27	折紙(高坊の訴状と口郡又守護代・草部主計の問状)が葛原らに届けられる。	葛原72
7.1	小西道在・葛原忠満・上田貞長、草部主計に対し、中門は伶人楽屋にて高坊の座敷は無く、高坊は僧別当として僧座に座敷を持っていると返答。	葛原89
7.6	再び折紙(証拠文書を持参せよとの召文)が葛原らの所に到来する。小西・葛原・上田の「両三人」は証拠文書を持って守護所に参り、申し開きを行う。	葛原72
7.22	隅田八幡宮の社僧・宮仕・承仕ら、高坊は僧別当として僧座の座上に着座してきたと証言。	隅田94
8.7	高坊実敏、「二番之座敷」である西庁南座の座上＝座頭には(葛原ではなく)自分が出仕すべきことを主張、守護所に訴状を提出する。	葛原72 葛原74
8.7	(草部主計)宴盛が小西・葛原・上田に対し高坊の訴えを伝えるために文書(高坊訴状の副状)を発給する。裁許が出るまでは葛原・高坊の双方が放生会に出仕しないよう命じる。	葛原90
8.-	葛原忠満が陳状を提出。	葛原75
8.13	葛原忠満、草部主計に書状を送る。	葛原93
9.11	高坊実敏が再訴状を提出、葛原方へ到来。	葛原76
10.-	葛原忠満が再陳状を提出。	葛原78
10.20	高坊実敏が三訴状を提出、葛原方へ到来。	葛原79
11.-	葛原忠満が三陳状を提出。	葛原81
応永26(1419).1.26	葛原忠満が草部主計に対し、上洛のための推挙を願う。	葛原87
2.11	伊都郡奉行の玉手入道道秀が葛原忠満に対し、高坊の訴状(目安状)3通を使者に託すとともに、大札を持参して上洛すべしとの「憑みて候者」の言葉を伝える。	葛原88
8.3	畠山氏在京奉行人の木沢蓮因・遊佐国盛が口郡守護代の遊佐孫四郎(国継)に、「隅田・政所并和佐、三ヶ所に在庄」する「一族之中宿老七八人」に上洛すべし、と伝達するよう命ずる。	葛原83
9.6	畠山氏奉行人の杉原氏が相論の論点を整理する。	葛原84
応永27(1420).8.-	畠山氏在京奉行人の木沢蓮因・遊佐国盛が、「一族等中」の「老者六人」の証言に基づき、西庁南座の筆頭席には葛原が着座すべしとの判決を下す。	葛原86

註1：葛原＝葛原家文書、隅田＝隅田家文書。
　2：典拠の番号は『和歌山県史　中世史料編1』の史料番号。
　3：人名比定に関しては弓倉弘年「室町時代紀伊国守護・守護代等に関する基礎的考察」を参考にした。

際に着座する場所をめぐって守護畠山氏の法廷で争った、ということになろう。具体的な争点は、庁座（後述）の座席の一つである西庁南座の筆頭席に高坊と葛原のどちらが座るのか、というものである。

この裁判では三問三答が行われているので、両者の主張は相当に込み入ったものになっているが、主張の要点を提示しておく。

まず高坊実敏の主張は以下のようなものである。祖父頼敏の出座および実敏自身の幼少時の出座という先例によれば[38]、自分が西庁南座の筆頭席に着座すべきである[39]。そのことは大札からも明らかであるが、葛原忠満が小西氏や上田氏らと談合して勝手に大札を削って証拠を隠滅してしまった。

次に葛原忠満の主張である。自分が代々西座南の座上に着座してきたのは、大札の内容を書き写した大草子（冊子）からも明らかである。文字が摩滅した大札を削ることは、一族の者たちが話し合って決めたことであり、その会合に何度も呼んだのに実敏は参加しようとしなかった。また、この大札を削ったのは、応永二十二年（一四一五）のことであり、今さらそのことを持ち出してくるのはおかしい。

右に見えるように、両者の主張は真っ向から対立している。この事件の関連史料の記述内容は、勝敗を争う裁判における発言である。よって、高坊にしろ葛原にしろ、真実を述べているとは限らない。当然、記載内容を鵜呑みにはできないが、利害が対立する両者の主張を突き合わせていくことで、隅田一族一揆における両者の立場を究明することができるだろう。次項以降で具体的な検討を行っていく。

（2）　座次相論に見る葛原氏の立場

この座上相論においてまず注目したいのが、放生会における葛原氏の立場と役割である。

葛原忠満は三陳状で「所詮此事は隅田の惣領、近江の番場にて失せてより此方、忠満代々相続仕来て、社家の事を毎事沙汰仕、座上にも毎年着座仕来て候[40]」と主張している。元弘三年（一三三三）、近江番場宿で六波羅探題北方の北条仲時とともに隅田惣領家当主が自害して以来、滅亡した惣領家に代わって葛原氏が代々「社家の事」、つまり隅田八幡宮の行事を沙汰しており、「座上」、すなわち西庁南座の筆頭席にも着座してきたというのである。

このことに関しては、忠満の再陳状にも「此座敷の事は、宮奉行の職に付て大草子・大札にも載り候て、忠満昔しより今にいたり候まで、代々相続仕り来りて候座上にて候[41]」と記されている。要するに、葛原氏は代々「宮奉行」の地位にあり、その立場から西庁南座の筆頭に着座していたというのである。この「宮奉行」とは、「社家の事」を沙汰する役職のことであろう。佐藤和彦は右の忠満の主張から「隅田葛原氏を中心とする一族連合」を読みとっている[42]。

さて隅田惣領家の滅亡後、惣領家が有していた「宮奉行」の地位は葛原氏が代々相伝してきたというのが、葛原氏の主張であるが、果たしてこれは真実なのだろうか。実は鎌倉期の隅田惣領家の譲状には「宮奉行」の語は見えないのである。第一節第2項で触れた沙弥了覚（忠満の祖父）の嫡子「法師」への譲状にも「宮奉行」の語はない。忠満の主張とは裏腹に、葛原氏が「宮奉行」の地位を確保したのはそれほど昔のことではない。それどころか、「社家の事」を沙汰する「宮奉行」なる役職が鎌倉期から存在していたかどうかも定かではない。

忠満の祖父である忠長（のちの了覚）が「葛原殿」と呼ばれてはいるものの、みずから「葛原」を名乗るのは忠満の父である忠氏からである[43]。また仮名・官途も、忠長の父・忠能が次郎兵衛尉であるのに対し、忠長は三郎左衛門尉であり、忠氏以降に三郎左衛門尉が定着する。ゆえに、忠氏の代をもって「葛原氏」という「家」が確立したと思われる。「葛原」という「家」を象徴する役職として「宮奉行」が浮上したのであろう。

葛原忠満の「代々相続仕り来りて候」という主張が、高坊実敏との座上相論において発せられたことを考慮すると、忠満の発言を額面通り受け取るべきではないだろう。

もう一つ注意したいのは、葛原忠満は、自分の「家」が「宮奉行」の地位を相続してきたと主張するのみで、隅田惣領家の地位を継承したとまではいっていない点である。隅田一族の氏神を祀る隅田八幡宮の行事を沙汰するのは、当然、隅田惣領家の仕事であったろうが、それはあくまで惣領家の多様な役割の中の一つにすぎない。

永享二年（一四三〇）には、隅田八幡宮の社僧六人が葛原忠満の非法を「御一族中」に対して訴えており[44]、一方の忠満は隅田右京亮に口入を依頼し、「今より以後の事は御一族中御意をそむき申まじく候[45]」と述べている。非法の内容を見る限り、宮奉行の職務とは、八幡宮の神物・神田の管理や社僧の指揮であって、隅田一族を統率する権限は帯びていないようだ。

右の事件を詳しく検討した久留島氏は、「社家の事[46]」に関する「忠満の権限があくまで衆中の一員としてのものであることを語っている」と結論づけている。葛原氏が隅田一族一揆の頂点に位置していたわけではないことは、この一事からも知れよう。

隅田八幡宮放生会における葛原氏の座次も見逃せない。前述の通り、葛原忠満は自分の家が代々、西庁南座の座上（座頭）に着座してきたと主張している。この座席は先行研究では「西座南の座上が「庁座」座衆の最も有力な家筋のすわる席だった」などと評価されているが[47]、史料では「二番之座敷[48]」「二番座上[49]」と表現されている。西庁南座の筆頭席は、庁座全体の席次の中では二番目と認識されていたのである。葛原氏が隅田一族一揆のトップとして君臨していたとは考えがたい。

（3）隅田八幡宮の祭祀組織

では隅田一族一揆が葛原氏を中心とする一族連合ではないとしたら、隅田一族一揆の構造をどのように規定すれば良いだろうか。この問題を考えるべく、視野を葛原氏に限定せず、放生会の座次全体を見ていこう。まず、八幡宮の祭祀組織と、放生会の座席の数を確認しておく。

【史料3】　隅田八幡宮桟敷注文

　　嘉吉元年八月十三日

八幡宮御サシキ御座饗下□□□□〔日記之事〕

　五十二人庁朝座　　五十二盃

　廿九人　神子座　　廿九□〔盃〕

　十六人　　僧座　　十六盃

（後略）(50)

神子座二九人と僧座一六人の内訳は詳らかではないが、他の史料から判断するに(51)、前者には八幡宮の神事を担当する神主や神子・禰宜などが、後者には仏事を担当する別当、供僧（社僧）、三昧僧、承仕・宮仕らが属していた、と見て大過ないだろう。

これに対して庁座の場合、その座上が「俗人共の着座仕候(52)」、「法体の者かなわず候(53)」などと表現されており、宗教者が出仕する神子座・僧座とは対比的な座敷であったことが分かる。庁座は御供頭・猿楽頭・相撲頭・御酒頭・伶人頭など、神事の物的準備を調える頭役を務める者たちが出座する場所であり(54)、また「一族出仕座敷(55)」でもあった。

今回の高坊と葛原の相論は庁座の座次に関するものである。隅田八幡宮の社僧・承仕・宮仕が連署した起請文には「高坊殿は僧別当にて御入候程に、僧座之座上に御座し、庁の四の座上に御出仕之事、代々承りも及ばず候、まして見申たる事無く候(56)」とある。高坊は「庁座」の「四の座上」を狙っていたのだが、葛原氏や社僧らは、

「代々法師」（前掲註38所引史料）で僧別当の高坊は「僧座」の座上に着すべきと考えていたのである。

続いて「四の座上」について考える。庁座の四つの座とは、隅田八幡宮元日朝拝差定から類推するに、西座南・西座北・東座南・東座北の四座を指すと思われる(57)。そして四座のそれぞれ筆頭の座席が「四の座上」であろう。一族の中でも有力な氏族が「四の座上」を占めたと考えられ、それがゆえに高坊氏はこの席を求めたのである。

それでは実際に「四の座上」に着座している氏族を見ていこう。康永二年（一三四三）書写の奥書を持つ隅田八幡宮神事帳によると、放生会では、西座南の座上は「葛原」、西座北の座上は「下司殿」、東座南の座上は「俗別当」、東座北の座上は「兵庫殿」であった(58)。

さて「下司殿」と「俗別当」とは誰のことであろうか。年欠・後欠の文書だが八幡宮庁座結番案によれば、「東南」の一番は「小西殿」、「西北」の一番は「上田殿」だという(59)。そして隅田一族交名案には、西南座の筆頭は「宮奉行葛原」、西北座の筆頭は「下司上田」、東南座の座上は「俗別当小西」、東北座の座上は「兵庫」とある(60)。少なくとも西南座・西北座・東南座の座上に関しては、それぞれ宮奉行の葛原氏、下司の上田氏、俗別当の小西氏という形で、三つの職を各々世襲する特定の家が固定的に占有していたと思われる(61)。

なお葛原忠満の再陳状（前掲註41史料）には「職人三人、其外一族にて会合候て評定仕たる」という記述が出てくるが、この「職人三人」とは葛原・小西・上田の三氏と考えられよう。

（4）小西・葛原・上田氏と高坊氏

葛原・小西・上田の三つの家は、隅田八幡宮に関わる重要な役職を世襲しており、また「庁の四の座上」を占めていた。三氏の立場をさらに詳しく探ってみよう。葛原氏については先に論じたので、残りの二氏について検討する。

まず小西氏だが、高坊実敏の訴状（註48史料）によると、実敏が西庁南座への着座を主張する根拠は、「祖父頼敏座敷次第不審間、就二宿老一嵩《（嶽カ）》山故小西入道相尋処ニ、自レ昔被レ定候大札面ニ、二番之座敷候上者、守二其旨一可レ有二出仕一由依レ被レ申」というものであった。この実敏の発言に従えば、故小西入道は座敷次第の決定に一定の影響力を持つ「宿老」であったことになる。葛原忠満は大札にはそのようなことは書いていなかったと反論しているが、忠満も小西入道の「宿老」としての地位と権威そのものは否定していない。

高坊の「隅田之小西入道・葛原入道・上田入道両三人」(62)という表現にも注意したい。あるいは長幼の序に基づくのかもしれないが、ともかくも小西道在は葛原忠満・上田貞長よりも重んじられていたとすら考えられる。隅田氏の祖である藤原忠延が補任されて以来、隅田氏惣領が相伝した職である隅田八幡宮俗別当職に小西氏が就いていることも一つの証左となろう。

小西道在・葛原忠満・上田貞長が口郡又守護代の草部主計（宴盛）に対して送った連署書状では、奥から小西、葛原、上田の順に署名している(63)。また草部主計（宴盛）が小西らに送った下知状では、小西殿、葛原殿、上田殿の順に充所を記している(64)。これらのことを併せて考慮すると、一族内で最も重んじられていた家は、やはり小西氏であろう。「二番之座敷」たる西庁南座の座上への着座を主張する葛原氏の一族内における序列は、小西氏に次ぐ「二番」だったと思われる。

隅田南荘下司たる上田氏の勢力の大きさについては、先行研究ですでに指摘がある。戦前に舟越康寿は、南北朝期以降の隅田党の統制権は葛原氏と上田氏が握っていたと主張している(65)。また高村隆氏は、南北朝期以降の隅田荘の勢力分布を次のように整理している。すなわち、隅田北荘においては葛原氏が隅田惣領家に代わる位置を継承し、隅田南荘においては上田氏が高野山から下司職に補任されて勢力を伸張し、北荘中筋地域では高坊氏を

中心とする政所一族が進出した、というのである。(66)

確かに上田氏は高野山との関係では隅田南荘下司として登場するわけだが、石清水八幡宮領である隅田北荘でも下司を務めていたと思われる。たとえば明徳五年（一三九四）の隅田荘中筋畠帳惣目録(67)では、上田貞範が高坊行敏と共に署判を据えている。また第一節第4項でも紹介したが、応永三十三年（一四二六）には「隅田北庄内霜草土橋水田」の段銭免除を「下司上田貞長」が決めている。上田氏の勢力は従来考えられていた以上に強大であった可能性がある。

隅田八幡宮俗別当・宮奉行・隅田荘下司。惣領家の消滅にともない、この三所職の掌握は、隅田荘を支配し隅田一族を統率する上で極めて重要な意味を持つようになったと思われる。したがって今回の相論において、当初より葛原が小西・上田両氏と共同歩調をとっているのも当然のことといえる。宮奉行葛原氏は隅田氏惣領として他氏の上に君臨していたわけではなく、むしろ当時の隅田一族は、俗別当小西氏・宮奉行葛原氏・下司上田氏による集団指導体制によって運営されていたのである。実際、本相論とほぼ同時期に発給された応永二十四年（一四一七）の田地寄進状でも、小西道在・葛原忠満・上田貞長の三名が署判を加えており、三氏が指導的立場にいたことを推測させる。(68)

これに対し政所一揆の代表たる高坊実敏はまず八幡宮僧別当職を買得し、隅田荘への影響力浸透を図った。(69)そして今回、葛原氏の西南座の座上を狙ったのである。このことから旧来の研究は、この相論を「政所一族中」の代表である高坊氏と「隅田一族中」の代表である葛原氏との対立、ひいては二つの一揆の対立とみなしてきた。(70)だが、右記のように葛原氏は隅田一族を一人で代表する第一人者的存在ではなかったし、高坊氏にしても相論の経緯を見る限りでは政所一族中の全面的な支持を受けていたとは思えない。(71)この相論から、隅田一族と政所一族の対立を過度に強調するのは不適切である。

（5）隅田一族一揆の階層構造

さて前掲の表4に見えるように、座次相論解決のため、応永二十六年八月に「隅田・政所并和佐三ケ所に在庄一族之中宿老七、八人」が証人として、京都の畠山満家の屋形に召喚された。これによれば隅田・政所・和佐三か所合わせて「宿老」が七、八名いたことになる。この「宿老」は翌年八月の畠山氏奉行人連署奉書では「老者六人」と表記されている[72]。

ここで注目したいのは、政所荘（官省符荘）に在荘している政所一族も「一族」とみなされている点である。よって宿老（老者）とは、大一揆たる隅田一族一揆の有力者であろう。そして彼らはそれぞれ隅田荘一揆・政所荘一揆・和佐荘一揆の代表者でもあった。

次に「宿老」を務めていた氏族を推定する。前出の「嶽山故小西入道」が「宿老」と呼ばれていた事実を想起されたい。小西氏が「宿老」である以上、葛原・上田氏も「宿老」であったろう。高坊氏も政所荘に在荘する宿老だったのではないか。

彼ら宿老の下には、どのような階層が存在していたのだろうか。葛原忠満の三陳状に「廿五人の地頭・其外名字のものどもにて御尋候はば、其隠れあるまじく候」（註38所引史料）とあるように、隅田八幡宮放生会には「廿五人の地頭」と呼ばれる人々が参加していた。戦前に佐藤三郎が指摘していることだが、隅田一族関係の起請文の署名者は二十数名〜三〇名程度であり、「廿五人の地頭」は一族連署状の署判者と対応していると推測される[73]。つまり「廿五人の地頭」とは、隅田一族一揆に参加している二十数家を指す。

ただし隅田一族一揆は、連署状署判有資格者たる「廿五人の地頭」のみによって構成されているわけではない。高坊実敏三訴状に、「庁之座衆既五十二人也、可ㇾ改二昔之掟一者不ㇾ限二実敏一人一、惣之一族中座衆等悉有二会合一、以二評議一可ㇾ削ㇾ札歟之処ニ、僅忠満矗肩之族計、押而可ㇾ削二大札一者歟、爰以奸訴之至[74]」とある。隅田一族一揆の意志決定は「庁之座衆」五二人の「会合」「評議」という〈一揆の作法〉に則って行われた。

この「庁之座衆」五二人とは、前掲の史料3から分かるように、「庁座」全出席者を指す。そして、「庁之座衆」が「惣之一族中座衆」と言い換えられていることから、「庁座」には一族全員が参加するという原則があったことが読み取れる。さらにいえば、「大札の衆共会合仕候間、高坊も此衆にて候により候て、面々より二三度呼び候へ共……」との忠満の発言からも明白なように、「政所一族中」の高坊も「惣之一族中」の一員だった。

さて、ここで重視したいのが、先ほどの三陳状の「其外名字のものども」という記述である。「廿五人の地頭」と「其外名字のものども」を合わせたものが、「庁之座衆」五二人と考えられ、「庁座」に集まる「惣之一族中」は「名字のものども」と意識されていたことが分かる。(75)

ここでいう「名字」とは、「隅田」の名字以外には考えられない。つまり、庁座の衆は自分の名字の上に「隅田」を冠しており、その限りにおいて「隅田一族」と主張し得たのである。よって高坊実敏ら「政所一族中」の人々も「隅田」を名乗っていたと考えられる。

以上まとめると、「隅田一族中」（狭義の隅田一族）における葛原氏の立場は、指導格ではあったが、他を圧するほどのものではなかった。そして隅田一族一揆は、宿老―地頭―惣之一族中（名字の者共）という階層構造を持っていたのである。

第三節　隅田一族一揆の展開

（一）　隅田一族と政所一族の一体化

隅田一族一揆においては、その内部に隅田一族と政所一族という二つの一揆的結合を抱えている点が、一般の国人一揆には見られない特徴といえる。そのため、隅田一族と政所一族との関係をどう捉えるか、ということが最大の問題になる。

この点については、第一節第3項で述べたように二つの見方がある。すなわち先行研究の一方には、「隅田一族」と「政所一族」を広義の「隅田一族」の部分集合と見て、両者の統合性や大一揆への包摂の側面を強調する見解がある。他方には、両者の独立性や応永の座上相論などに見られるような対立の側面を重視する見解がある。双方とも一面の真理を突いているが、両説を止揚する必要があると考える。

そこで隅田一族一揆の歴史的推移、時期的変遷を考究してみたい。結論を先取りしてしまうと、両一揆は時期が下るにつれて、連合・協調の色彩を徐々に強くしていくのである。つまり隅田一族と政所一族の一体化である。

まず久留島氏が指摘するように、応永の座上相論を境に一族の連署状が姿を消していく[76]。隅田荘における地域的結合にとって官省符荘の荘官層の隅田荘への進出は最大の画期であり、これに刺激を受けて隅田一族、政所一族が成立し、両一揆の緊張関係の中で連署状が次々と作成される。したがって一族連署状の減少は、隅田一族と政所一族との関係の安定化、隅田一族一揆の確立を表しているといえよう。

他には二重名字の登場が注目される。二重名字の初見は第一節第1項で述べたように、応永二十六年（一四一九）であり、奇しくも座上相論の時期である[77]。「惣之一族中」が集う「庁座」の座次をめぐる相論[78]は、いやがおうにも「隅田一族」意識を強めたであろう。そして十五世紀後半以降、隅田今西、隅田中、隅田境原など二重名字は広く見られるようになる。政所一族の松岡氏も「隅田松岡」と呼ばれている[79]。隅田荘に関わる領主層は「隅田一族」の一員であることを積極的に主張していくようになるのである。

これはやはり、隅田一揆と政所一揆の関係が安定化し、隅田荘・政所荘（官省符荘）の別なく、同じ「隅田一族」であるという認識が強まったからだと考える。区別・対立の側面より連合・協調の側面が優越してくるのである。座上相論はその意味で対立の頂点に位置していたといえる。

（2）「隅田名乗中」の成立

十五世紀後半以後の隅田一族関係史料には「同名」という語句が散見されるようになる。これは二重名字と関連しており、〈隅田同名中〉[80]とでも呼ぶべき擬制的一族集団が形成されてきたことを示している。

たとえば、「隅田葛原殿」宛ての畠山政長感状では、「南方凶徒」（南朝皇胤を擁立した畠山義就方か）の出張に対して、葛原氏が「同名高坊要害」に馳せ加わったことが賞賛されている。[81]つまり隅田一族の葛原氏と政所一族の高坊氏が、「隅田」という同じ名字を持つ者と認識されていたことになる。隅田一族と政所一族の共同軍事行動が両者の一体化を進める一要因となっていたと想定できよう。

とはいえ政所一族という枠組みが解消してしまったわけではなく、明応六年（一四九七）の亀岡久忠の寄進状には「政所亀岡久忠」と署名されている。[82]しかし、これを終見として、「政所」の名称は隅田一族関係の史料から姿を消すのである。政所一族が隅田一族一揆の中に強固に組み込まれていったことは間違いあるまい。

天文十二年（一五四三）、河内守護（総州家）の畠山在氏は「隅田庄名字衆中」に対して、隅田荘に賦課されていた国役段銭・臨時課役の免除を伝えている。[83]「隅田」の名字を名乗る者たち（名字の者共）によって構成される衆中組織、すなわち〈隅田同名中〉が形成されており、上部権力からも認知されていたのである。

これ以前にも隅田一族一揆は、畠山尾州家（政長流）・総州家（義就流）双方から「隅田一族御衆中」[84]「隅田衆中」[85]などと呼ばれており、十六世紀初頭には〈隅田同名中〉が成立していたと考えられる。これは、有名な近江国甲賀郡の山中同名中の成立とほぼ同時期である。[86]

天文二十三年（一五五四）には隅田一族の菩提寺である利生護国寺の治安を維持するため四二人が連署して法度を作成している。[87]ここでは「名字被官」と「寺被官」の統制に主眼が置かれているが、この「名字被官」とは「隅田庄名字衆中」の被官の意であろう。したがって連署者たちは「隅田庄名字衆中」と考えられる。この文書の署名者には葛原・上田・小西など隅田一族の構成員はもちろん、高坊・亀岡・塙坂・松岡・小田など政所一族の構成員も含まれている。彼らも「隅田庄名字衆中」の一員だったのである。

では、この「隅田庄名字衆中」の構造はいかなるものだったのか。「須田名字衆弐拾五人」という史料用語があることから、(88)組織の主要構成員は「廿五人の地頭」であったことが分かる。

先掲の利生護国寺法度の署名者数と開きがあるが、法度には地頭だけでなく「惣之一族中」構成員も署名したためだろう。法度に署名した氏族の数は二八氏であり、「廿五人」に近い。「惣之一族中」を主導する「廿五人の地頭」は、各氏族の代表一名から構成されていたと見られる。彼らは隅田荘地頭職を分有する存在であった（註73参照）。

この「須田名字衆弐拾五人」の枠組みは以後、中世を通じて維持された。近世初頭、隅田一族の末裔を称する「隅田組」一五名が和歌山藩に提出した、永禄〜天正期における隅田一族の活躍が記された「隅田党由緒書」によれば、隅田一族は「隅田弐拾五人」として軍事行動を共にしている。(89)彼らは基本的に対等な関係を結んでおり、「惣領家」のような優越者は存在しなかった。隅田一族の中には、宝徳年間に山城守護畠山持国《もちくに》のもとで山城国上三郡（久世・綴喜・相楽）の守護代を勤めた隅田佐渡入道など、畠山氏の有力被官となった者もいるが、(90)彼らが隅田一族の「惣領家」として君臨した形跡は見られない。守護権力の展開とは無関係に、「隅田庄名字衆中」の形成は進んだのである。(91)

ところで天正十八年（一五九〇）、岩倉池の灌漑工事完了に際して木食応其《もくじきおうご》が作成した書状の充所には「隅田名乗中」と「同地下人中」が併記されている。(92)この「隅田名乗中」が「隅田庄名字衆中」と同義であることは疑いない。しかし、より注目されるのは、「地下人中」の存在である。岩城卓二氏はこれを、「中世後半に成長してきた中小農民結合の姿であり、この事実から中小農民が荘内において隅田一族と拮抗するまでに成長を遂げていた」[93]と述べているが、概ね従うべき見解であろう。

もっとも「隅田家文書」や「葛原家文書」など隅田一族関係史料の中から、これ以前の「地下人中」の活動を見出すことはできない。とはいえ、この時期になって突然「地下人中」が発生したとは考えがたく、今まで「隅田名乗中」の影に隠れていた「地下人中」が、豊臣政権の進出にともなって歴史の表面に出てきたと見るべきであろう。

したがって「隅田名乗中」は、その成立当初から「地下人中」と関係を持っていたといえる。むしろ百姓層の台頭にともなう「地下人中」の形成が、「隅田名乗中」という同名組織形成の大きな要因であったと思われる。法度に見られる「名字被官」と「寺被官」の「曲事」も、「地下人中」の成立と無縁ではあるまい。戦国期社会においては、侍層は領主の被官であると同時に村落上層として村を代表する存在であるのが一般的であった[94]。「地下人中」の利害に左右される側面をも持つ被官層を統御するため、隅田荘の領主層は従来よりも強固な領主組織である「隅田名乗中」を結成する必要があったのである。

数多くの研究が指摘してきたように、近江国甲賀郡の山中同名中は在地法秩序を担う地域権力であった。在地裁判の史料は残されていないが、「隅田名乗中」もまた、利生護国寺法度などから垣間見えるように、単なる領主間の同盟・協約ではなく、村落・百姓支配への志向性を併せ持っていたと考えられる。南北朝～室町期の隅田一族一揆とは、その点で段階差が認められるのである。

おわりに

本章では、鎌倉期には「隅田党」と呼び得るような強固な族的結合が存在しないことを確認した上で、南北朝期以降の政所一族をも包摂した隅田一族一揆の構造を分析した。

まずは隅田一族一揆の中核とみなされてきた葛原氏の存在形態について考察した。「隅田一族中」において葛原氏は他氏に超越する惣領家的存在ではなく、小西氏や上田氏などと結んで集団指導体制をとっていた。しかも葛原氏は、隅田一族一揆においても「廿五人の地頭」の一員という立場から脱却することはできなかった。

さらに応永の隅田八幡宮座上相論の分析を通して、隅田一族一揆が、宿老―地頭―惣之一族中（名字の者共）という階層構造によって成り立っていたことを明らかにした。国人一揆の構造に関する学説としては、一味神水という神への誓約の儀式を経由することで構成員間の平等が実現したとする勝俣鎮夫氏の「無縁」論[95]や、惣領を中核とする一族結合の求心化を論じる田中大喜氏の「一門評定」論[96]があるが、これらの研究では多層的な隅田一族一揆の構造を必ずしも整合的に理解することができない。

先行研究の弱点は、一味神水と起請という「誓約の場」に注目した勝俣説にしても、家の一揆的構造に言及した田中説にしても、その考察が著しく抽象的なところにある。本章では、氏人が集い精神的連帯を確認する祭祀という具体的な場に肉薄することで、生活世界の日常性に根差した国人一揆の具体像を提示することができたと考える。

最後に本章では、中世を通じて大一揆たる隅田一族一揆の構造に変動がないとする静態的な観察にも批判を加え、十五世紀後半以降、隅田一族と政所一族の一体化が進み、同名中的な組織である「隅田名乗中」が成立したことを論じた。すなわち応永の座上相論を境に、両一揆は対立の側面よりも融和の側面が基調となっていき、政所一族の構成員も「隅田」の名字を名乗り始めるのである。これは侍層に主導される村落結合（「地下人中」）の成長に対応したものと考えられる。

南北朝・室町期の国人・侍の一揆から、戦国期の同名中・惣国一揆への展開過程は、一揆研究における最大の問題であり、本章で論じ残した点は多い。この点に関しては第三部で詳論したい。

（1）久留島典子「隅田荘関係文書の再検討――隅田葛原氏を中心に――」（『国立歴史民俗博物館研究報告』六九、一九九六年）。

（2）ただし彼らが「一揆」を自称した事例は見当たらない。しかし先行研究は、その一揆的性格に注目し「隅田一族一揆」と定義している。確かに〈一揆の作法〉を見出すことができるので（後述）、先学の見解に従い、本章でも「一揆」と捉える。

（3）石井進「家訓・置文・一揆契状」（『日本思想大系21　中世政治社会思想・上』岩波書店、一九七二年）五四〇頁。なお久留島典子「領主の一揆と中世後期社会」（『岩波講座日本通史』第9巻、中世3、岩波書店、一九九四年）は、一族でないがゆえに一族意識が強調された点を指摘する。

（4）佐藤和彦「国人領主制の形成過程――紀伊国伊都郡隅田荘を中心として――」（同『南北朝内乱史論』東京大学出版会、一九七九年、初出一九六八年）、井上寛司「紀伊国隅田党の形成過程」（『ヒストリア』六四、一九七三年）など。

（5）久留島前掲註(1)論文、二四頁。

（6）佐藤三郎「中世武士社会に於ける族的団結――紀伊隅田荘隅田一族の考察――」（『社会経済史学』八―三、一九三八年）一〇七頁。

（7）弘和元年十一月十二日長慶天皇綸旨（「土屋家文書」二〇五号、『高野山文書　旧高野領内文書』二、二二三頁）。「土屋家文書」所収の南朝文書の信憑性については、久留島前掲註(1)論文、二八頁を参照のこと。

（8）応永二十六年十二月日れいちん畠地売渡状（「芋生家文書」『橋本』二八一号）。「すたのいもう次郎殿」、すなわち「隅田芋生次郎殿」とある。ちなみに次に出てくるのは、宝徳三年七月十日上和佐荘地頭職売渡状案（「葛原家文書」『橋本』三四三号）である。

（9）正慶元年十二月五日六波羅軍勢催促状（「末永雅雄氏収集文書」『橋本』一四三号）。正慶元年十二月十九日六波羅感状写（「末永雅雄氏収集文書」『橋本』一四四号）。

（10）元弘元年九月二日北条仲時軍勢催促状（「隅田家文書」『鎌遺』三一五九〇号）。

（11）井上前掲註(4)論文、三四頁。

(12) 石井進「紀伊国隅田荘研究の課題」(前掲註1書) 四頁。
(13) 佐藤前掲註(4)論文など。
(14) 正平十年五月十八日氏人等起請隅田八幡宮供料注文（「隅田家文書」『橋本』一七九号）。注文の後ろに神文を備える。
(15) 『和歌山県史』中世（一九九四年）、第二章第二節、三六三頁。
(16) 正平九年六月三十日沙弥了覚譲状（「隅田家文書」『橋本』一七四号）。
(17) 久留島前掲註(1)論文、三七・三八頁。
(18) 舟越康寿「隅田党の成立と発展」(『経済史研究』二〇―四、一九三八年) 一二頁。
(19) 岩倉哲夫「高野政所一族の形成と動向」(『紀州史研究』五、一九九〇年) 四〇～四二頁。
(20) 増山正憲「紀伊国隅田荘における高野山の進出と在地領主の対応」(『高野山史研究』一、一九七六年) 三九頁。なお彼らの官省符荘での活動については、山陰加春夫「室町初期における荘園の再編―金剛峯寺領紀伊国官省符荘の場合―」(同『中世寺院と「悪党」』清文堂出版、二〇〇六年、初出二〇〇三年) などが参考になる。
(21) 佐藤前掲註(6)論文、一二一・一二二頁。
(22) 増山前掲註(20)論文、四〇頁。
(23) 佐々木勝「中世武士団とその祭祀―隅田党と隅田八幡宮―」(同『屋敷神の世界』名著出版、一九八三年、初出一九七六年) 二一〇頁。
(24) 久留島前掲註(1)論文、五〇頁。
(25) 「隅田八幡神社文書」(『橋本』二一八号)。表2-4、表3-1を参照。
(26) 久留島前掲註(1)論文、四九頁。
(27) 実際、明徳四年隅田八幡宮会料納日記（「葛原家文書」『橋本』二一七号）には、葛原氏や上田氏、小西氏ら隅田荘の領主からの納金項目のみならず、「政所の御分」という項目が計上されている。表2-3参照。また明徳五年の隅田荘中筋畠帳惣目録（後掲註67参照）は、「隅田分」と「政所分」を分けて記載しており、これも隅田一族と政所一族という二つの一揆の成立を物語っている。

(28) 隅田荘の「里神田」については、応永年間に亀岡・新・塙坂・小田・松岡・高坊ら政所一族が「隅田の面々」(隅田一族)と年貢等について交渉している。応永未詳年卯月七日隅田里神田廻状(「葛原家文書」『橋本』二三七号)、表3-4を参照のこと。

(29) 久留島前掲註(1)論文、四九頁。

(30) 応永二十二年九月十七日隅田・政所一族定書(「隅田家文書」『武家家法II』一三七号)。表2-5、表3-2を参照。

(31) 久留島前掲註(1)論文、四九頁。

(32) 「隅田八幡神社文書」(『橋本』二九七号)。表2-11参照。「サハクリ」は「捌くり」で、阿弥陀寺への寄進を仲介する担当者のことか。村石正行「中世の借用と預状の作成」(同『中世の契約社会と文書』思文閣出版、二〇一三年、初出二〇〇九年)七二頁参照。なお、三人で一揆を代表する方式は下松浦の五島一揆においても見られる。第三章参照。

(33) 同様の事例が、上松浦一揆においても見られる。この問題に関しては終章で詳論する。

(34) 応永三十三年三月日政所一族中連署田地寄進状(「隅田八幡神社文書」『橋本』二九六号)。表3-3参照。

(35) 日本大学中世史研究会「隅田荘調査報告」(豊田武編『高野山領荘園の支配と構造』巌南堂書店、一九七七年、初出一九六九年)四〇九頁。

(36) 応永三十三年三月日上田貞長契状写(「六坊家共有文書」『橋本』二九八号)。なお垂井阿弥陀堂に関しては勝田至「隅田荘中世地名考」(前掲註1書)七二頁を参照。

(37) 丸山忠綱「宮座における座次争論」(『法政大学文学部紀要』I、史学一、一九五四年)、木村安男「中世後期の守護裁判――紀伊国守護畠山氏の場合――」(『鳴門史学』四、一九九〇年)。

(38) 木村前掲註(37)論文は、高坊実敏が入座年齢を根拠に西庁南座の筆頭席を望んだ、と解釈するが(九頁)、一連の史料に登場する「臈次」とは「入座年齢順」という意味ではなく、「大饗の事(中略)ともに取候、臈次ハなく候」(後掲註41史料)といった表現から、大饗という儀式で盃を取る順番を指すものと判断される。そのことは、実敏がみずからの年臈ではなく、祖父頼敏の出座および実敏自身の幼少時の出座という先例を論拠にしていることからも明瞭だろう。応永二十五年十一月日葛原忠満三陳状案（「葛原家文書」『橋本』二七二号、東京大学史料編纂所架蔵写真帳「葛原家文書」七冊五六丁）によれば、放生会において小西道在・上田貞長・葛原忠満ら現役の「職人」たちは、隠居した「おやゝゝ《（親々）》の入道ども」より上座に着席しており、放生会の座次は年齢階梯制に基づいていない。木村氏の見解は、宮座研究に引き付けて史料解釈してしまったがゆえの誤読と見られる。

(39) 木村前掲註(37)論文は、高坊実敏が西庁南座の二番の座敷から筆頭の座敷への昇格を望んだと解釈するが（六頁）、後段で関説するように、高坊は西庁南座の筆頭席のことを「二番之座敷」と言い換えているにすぎない。

(40) 前掲註(38)所引史料。

(41) 応永二十五年十月日葛原忠満再陳状案（「葛原家文書」『橋本』二六九号）。

(42) 佐藤前掲註(4)論文、二二三頁。

(43) 久留島前掲註(1)論文、三一頁。

(44) 永享二年十二月七日隅田八幡宮社僧連署申状案（「葛原家文書」『橋本』三〇一号）。

(45) （永享三年）三月五日葛原忠満書状案（「隅田家文書」『橋本』三〇四号）。

(46) 久留島前掲註(1)論文、四〇頁。

(47) 埴岡真弓「紀伊国隅田庄における祭祀の史的展開――宮座の重層構造を通じて――」（『寧楽史苑』二六、一九八一年）一三頁。

(48) 応永二十五年八月日高坊実敏訴状案（「葛原家文書」『橋本』二六一号）。

(49) 応永二十五年九月日葛原忠満再陳状写（「葛原家文書」『橋本』二六八号）。

(50) 嘉吉元年八月十三日隅田八幡宮桟敷注文（「葛原家文書」『橋本』三二六号）。欠損部分は、本文書の案文（東京大学史料編纂所架蔵写真帳「葛原家文書」四冊四五丁）によって補った。

(51) 康永二年八月十五日書写・隅田八幡宮神事帳写（「葛原家文書」『橋本』一六四号）。

(52) 前掲註(41)史料。

(53) 前掲註(38)所引史料。

(54) 前掲註(47)埴岡論文、四・五頁。

(55) 前掲註(48)史料。
(56) 応永二十五年七月二十二日隅田八幡宮社僧等起請文案（「隅田家文書」『橋本』二五九号）。
(57) 前掲註(23)佐々木論文、二〇六頁。
(58) 前掲註(51)史料。
(59) 年月日未詳隅田八幡宮庁座結番案（「葛原家文書」『橋本』五一二号）。
(60) 年月日未詳隅田一族交名案（「葛原家文書」『橋本』五一一号）。
(61) 金子哲「村の誕生と在地官途」（勝俣鎮夫編『中世人の生活世界』山川出版社、一九九六年）三四二～三四五頁。
(62) 応永二十五年九月日高坊実敏再訴状案（「葛原家文書」『橋本』二六七号）。
(63) （応永二十五年）七月一日小西道在等連署書状案（「葛原家文書」『橋本』二五八号）。なお『和歌山県史』中世史料編一や『橋本市史』古代・中世史料は上田氏の名を「貞七」と読んでいるが、東京大学史料編纂所架蔵写真帳「葛原家文書」一冊二九丁を確認したところ、「貞長」と読むべきことが判明した。「長」の崩しは「七」に似ているので、誤読してしまったものと思われる。
(64) （応永二十五年）八月七日沙弥宴盛下知状（「葛原家文書」『橋本』二六二号）。
(65) 前掲註(18)舟越論文、八頁。
(66) 高村隆「室町期における在地領主制の展開――紀伊国伊都郡隅田庄を素材として――」（『史叢』一九、一九七六年）五五頁。
(67) 明徳五年六月二十六日隅田荘中筋畠帳惣目録（「隅田家文書」『橋本』二一九号）。
(68) 応永二十四年九月三日小西等一族中連署田地寄進状（「隅田八幡神社文書」『橋本』二五六号）。表2-7参照。小西・葛原・上田の署判のうち、葛原・上田の花押はそれぞれ忠満・貞長の花押である。したがって小西の花押も小西道在のものと考えられる。なおこの寄進状には三人の署名の他に、「一族中」と称して竹内氏が花押を据えている。小西・葛原・上田三氏による専制を規制するために、一族を代表する形で竹内氏が署判したとも推定されるが、他に類例がないため、確証はない。

(69) 増山前掲註(20)論文、四一頁。高坊氏は政所荘では「惣執行正上座御房」などと呼ばれ、また高野山の法会にも参加しており、僧官的色彩が強い氏族であった。高坊氏が僧別当の地位に就いたのは、上記の出自も関係していると思われる。岩倉哲夫「庁番殿原と政所一族」（『和歌山地方史研究』三四、一九九八年）一六頁を参照。
(70) 佐藤前掲註(4)論文、岩倉前掲註(19)論文、埴岡前掲註(47)論文など。
(71) 表4に見えるように、一族中の「宿老」は全会一致で葛原氏を支持している。
(72) 応永二十七年八月日紀伊守護畠山満家奉行人連署奉書案（「葛原家文書」『橋本』二八四号）。
(73) 佐藤前掲註(6)論文、一〇一・一〇二頁。なお「地頭」の呼称は、彼ら「廿五人」が隅田荘地頭職を分有していたことに起因すると思われる。（応永三十二年）卯月十三日沙弥道端（紀伊守護畠山満家）書状案（「隅田家文書」『橋本』一九四号）を参照。隅田一族は一族全体で「公方役」を納めており（久留島前掲註1論文）、隅田一族一揆は伊勢北方一揆と同様、一揆全体で一個の「国人」として把握されていたと考えられる。
(74) 応永二十五年十月日高坊実敏三訴状案（「葛原家文書」『橋本』二七〇号）。
(75) 前掲註(41)史料。
(76) 久留島前掲註(1)論文、四九頁。
(77) 今回の相論関係史料の中にも「隅田小西」という表現が見られる。応永二十六年九月六日隅田八幡宮庁座相論尋下条々事書案（「葛原家文書」『橋本』二七九号）。
(78) 応永末年には紀伊守護畠山氏による守護役の増徴に地域社会が反発し、紀伊国各地で荘家の一揆が勃発した。同時期に発生した隅田八幡宮の座次相論も、室町期荘園制の矛盾の顕在化という地域社会構造の変動に、その遠因を求めることができるかもしれない。伊藤俊一「紀伊国における守護役と荘家の一揆」（同『室町期荘園制の研究』塙書房、二〇一〇年、初出二〇〇二年）三五七〜三六〇頁参照。
(79) 岩倉前掲註(69)論文、三頁。
(80) 「同名中」とは、中世後期の畿内周辺に広範に見られる、同じ名字を名乗る武士集団のこと。血縁関係を核としつつも、時に非血縁の擬似的な親族関係を外郭に持つ結合である。他姓の者も包含しているため、自分の本来の名字の上に「同名」の名字を重ねる二重名字の形をとる。同名中の研究史については、湯浅治久「戦国期在地

領主と「惣国一揆」（同『中世後期の地域と在地領主』吉川弘文館、二〇〇二年、初出一九九三年）を参照。
(81)（文明二年カ）二月二十三日畠山政長感状（「唐招提寺文書」『橋本』三九四号）。年次比定は岩倉前掲註(69)論文、一九頁による。
(82) 明応六年八月十四日亀岡久忠田地寄進状（「隅田八幡神社文書」『橋本』四一三号）。
(83) 天文十二年九月十日畠山在氏判物（「隅田八幡神社文書」『橋本』四六七号）。
(84) 年未詳八月十八日遊佐順盛書状写（「土屋家文書」『橋本』四四四号）。
(85) 年未詳九月二十日畠山義英書状写（「土屋家文書」『橋本』四四一号）。
(86) 山中同名中に関する研究史は膨大だが、さしあたり長谷川裕子「土豪同名中の形成・構造とその機能」（同『中近世移行期における村の生存と土豪』校倉書房、二〇〇九年、初出二〇〇二年）を参照。
(87) 天文二十三年正月十八日利生護国寺法度起請文写（「隅田家文書」『武家家法Ⅱ』四三〇号）。
(88) 年月日未詳神事用途古日記控（「六坊家共有文書」二一号、『和歌山県史』中世史料編一）。
(89) 年未詳九月日坂合部新兵衛尉書上（「隅田家文書」一〇七号、『和歌山県史』中世史料編一）など類似の文書計三通が現存している。これらの由緒書の記述は基本的に一次史料と符合し、概ね信頼が置けることが藤田達生「兵農分離政策と郷士制度——和歌山藩隅田組を素材として——」（前掲註1書）によって論証されている。
(90) 弓倉弘年「室町時代紀伊国守護・守護代等に関する基礎的考察」（『和歌山県史研究』一七、一九九〇年）六一頁、久留島前掲註(1)論文（四〇頁）、藤田前掲註(89)論文（八六頁）など。また川岡勉「河内国守護畠山氏における守護代と奉行人」（同『室町幕府と守護権力』吉川弘文館、二〇〇二年、初出一九九七年）も参照されたい。
(91) 近江国甲賀郡の山中氏の場合も、本拠地である甲賀郡の支配と、細川京兆家という上級権力の後ろ盾を得て展開した摂津国闕郡の支配とが連動していないことが久留島典子氏によって明らかにされている。久留島氏はその理由として、在地に根を張る道俊系山中氏と、細川氏被官となり在地からの遊離傾向を示す為顕系（橘左衛門系）山中氏が、同族とはいっても本来は別の家であったことを指摘する。つまり山中一族においては、三方中・同名中といった領主連合に依拠しつつ地域支配を進める領主の姿（ヨコ系列の人的関係）と、上級領主権に連なる領主としての姿（タテ系列の人的関係）という領主制の二つの側面が完全に分裂してしまっているのである（久留島典子「甲賀山中氏に関する二・三の問題」、佐藤和彦編『中世の内乱と社会』東京堂出版、二〇〇七年）。隅田一族についても、同様の事情が想定できるのではないだろうか。

(92) 天正十八年三月十一日応其書状案（「隅田家文書」一七号、『和歌山県史』中世史料編一）。

(93) 岩城卓二「神社と近世地域社会」（前掲註1書）一二二頁。ただし、当時の史料における用法を踏まえるならば、「地下人中」には「出家（寺庵）」や「侍」も含まれると思われ、必ずしも「中小農民」には限定されないと解釈すべきだろう。拙稿「書評　長谷川裕子著『中近世移行期における村の生存と土豪』」（『史学雑誌』一一九―九、二〇一〇年）参照。

(94) 湯浅前掲註(80)論文、二二九頁。

(95) 勝俣鎮夫「戦国法」（同『戦国法成立史論』東京大学出版会、一九七九年、初出一九七六年）。

(96) 田中大喜「一門評定の展開と幕府裁判」（同『中世武士団構造の研究』（校倉書房、二〇一一年、初出二〇〇四年）。

第三章　松浦一揆研究と社会集団論

はじめに

第一章で述べたように、一九五〇年代後半から国人一揆の構造や機能に関する研究が本格化し、今なお中心的な論点と見なされている。

大規模で広域的な国人一揆の場合、その下部に小規模な国人一揆が存在することがある。いわば一揆の重層構造である。関東の白旗一揆や九州の彼杵一揆などにも重層的構造は見出せるが、(1)とりわけ有名なのは松浦一揆の重層的構造であろう。

松浦一揆とは、南北朝期以降、九州の西北端、「日本の多島海」と称される現長崎県、さらに佐賀県の西北部をも含む松浦地域を勢力圏とした領主層の一揆結合のことである。(2)松浦一揆が重層的構造を持っていたことは、古く戦前から指摘されている。(3)長沼賢海は数十家が参加する応安・永徳・嘉慶・明徳の一揆契諾を親一揆と捉え、より小規模な子一揆はその組織細胞にあたる、と主張したのであった。

瀬野精一郎氏はこの長沼の見解を踏まえて、松浦党の大一揆の一揆契状が今川了俊の政治工作に基づく軍事的契約であるのに対し、小範囲な地縁的関係によって結ばれた小一揆の一揆契状は具体的日常生活と直結した問題をとりあげていると指摘した。(4)単に規模が違うというだけでなく、質的相違、機能面での違いがあると論じた点に瀬野氏の独創性があった。この瀬野説に対しては、大一揆と小一揆の差異を強調しすぎていると多くの批判が寄せられたが(5)、大まかな傾向としては瀬野氏の述べる通りであることは衆目の一致するところである。

そして瀬野説を発展的に継承したのが村井章介氏の所論で、大一揆／小一揆、他発的一揆／自発的一揆という従来の二分法を修正し、松浦―下松浦―五島―青方といった四段階の規模で一揆が存在していることを指摘した。その上で、五島一揆とより小規模な青方一揆・宇久一揆などとの間に統属関係を見出し、ここから松浦一揆の重層性を論じた(6)。

さらに村井氏は、より低次の組織で解決困難な問題がより高次の組織に提起されるという一揆の重層構造は上位権力による裁定を求める志向性を内包しており、それゆえに一揆衆自身がひとりの超越的な主君を欲するようになる、という理解を示している(7)。すなわち村井氏は一揆の重層構造から戦国大名五島氏の成立を展望しており、氏の学説においては「一揆の重層構造」は核となる概念である。

村井説の意義は、混迷の度を深めつつあった松浦一揆の分類をめぐる論争に決着をつけたにとどまらない。異質性を強調する瀬野説とそれへの反論とを止揚して、異なる規模の一揆間における連関、つまりは重層性を主張した点で画期的であり、国人一揆研究に新たな視座を提供した。また氏は一揆契状が残らなかった上松浦地方においても、下松浦一揆と同様の一揆結合が存在していたことを明らかにした(8)。

村井氏は確言こそしていないものの、（大規模一揆である下松浦一揆は軍事的集団としての性格が強く、相対的に小規模な五島一揆は地域支配権力としての性格が強いという）両者の異質性を、両者の間での役割分担、機能分掌として理解しているように思われる。その意味で氏の研究は、同時期に展開された勝俣鎮夫氏の「一揆専制」論(9)と相俟って、〈地域支配権力としての一揆〉という研究史の流れを決定づけたといえよう（本書一八頁を参照）。

さて村井氏の研究以後も、松浦一揆に関する論文は数多く発表されているが、大筋においては村井説を踏襲しており、基礎的事実の指摘が中心であった。[10]松浦一揆の構造と機能に関して、村井説の大枠が否定されることは長らくなかったのである。

ところが一九九〇年代に入り、村井氏をはじめとする先行研究を真っ向から批判した研究が登場した。それが西村安博氏の議論である。西村氏は松浦一揆の実際の機能を明らかにすべく、具体的な相論の処理過程に注目した。その検討結果に基づき、「在地における専制的な合議機関・権力体」という一揆に対する従来の評価を批判し、一揆契状は一種の「スローガン的なもの」にすぎず、一揆の紛争解決機能は従来から在地に存在した「仲人制（中人制）」的なそれの域を出るものではないと論じた。また松浦党の一揆は重層的な構造を持っていなかったと断じ、村井氏の主張を否定した。[11]

西村氏以前にも、石井紫郎氏が国人一揆の「一味同心」（一致団結）や「多分之儀」（多数決制）を形式的なものにすぎないと論じたことがあるが、[12]石井氏の提起を正面から受け止め、史料の具体的な分析を通じて氏の論理的仮説を裏付けようと試みた点に西村説の特徴がある。

西村氏の見解に従った場合、松浦一揆のみならず、国人一揆全般のイメージが覆されることになる。なぜなら既往の国人一揆研究は、一揆契状を主たる史料として利用してきたからである。もし種々の一揆契状に散見される「一味同心」や「多分の儀」といった文言に実質的な意味が伴っていないとしたら、一揆契状の字面に依拠して国人一揆の機能を論じてきた従来の国人一揆論は根本的に問い直されなければならないのである。

このように西村説は極めて重大な提言を含んでいるが、以後の研究ではほとんど論及されることがない。[13]その要因の一つとして、西村氏のような法制史研究者の発想が日本史研究者の思考様式には馴染まないということがあげられよう。[14]だが、より本質的には松浦一揆研究、ひいては国人一揆研究そのものが低調になったことが起因していると思われる。

もちろん勝俣氏の「一揆専制」論は現在にいたるまで参照され続けており、勝俣説に依拠した研究は数多く発表されている。しかし序章第三節で言及したように、一九八〇年代以降の国人一揆論は、小林一岳氏の「一門評定」や久留島典子氏の「家中」など、従来は必ずしも「国人一揆」とはみなされてこなかった集団を「領主の一揆」として積極的に評価するという形で展開したため（本書一七頁を参照）、それまで国人一揆研究の〝王道〟であった松浦一揆が逆に放置されてしまった点は否めない[15]。国人一揆研究を前進させるには、原点に回帰して松浦一揆を再検討する必要があり、その際、西村説の評価は避けては通れない。

そこで本章では西村氏の史料解釈と論理展開を再検証し、その上で国人一揆論の今後の方向性について卑見を提示したい。

第一節　一揆成立と契状制定の画期性

村井氏は「一揆契諾状の成立と一揆の成立とがけっして同義ではない[16]」ことを主張し、一揆契状制定以前から松浦一揆が成立しているとの立場を取っている。これは、大一揆の一揆契状制定に上部権力が関与していることを根拠に、大一揆を上部権力によって組織された軍事的集団と捉えた瀬野説を批判するものであった。村井氏が論拠として掲げた史料を見てみよう。

正平二十一年（北朝貞治五年、一三六六）、鮎河直（沙弥道円）・津留進と青方重・神崎能阿との間に赤浜の「網代」をめぐる相論が勃発した。宇久覚・有河全ら宇久・有河の人々が「左博」に乗り出して両者の利害を調整し、「和談之儀」が成立した。そして宇久覚らの連署状は「此上者、於二向後一、可レ被レ成二一味同心之思一也、若以二非分之儀一、重及二異論一、背二一揆之治定之旨一、有二違篇之儀一者、任二請文事書旨一、違犯人々ぉ宇久・有河中於永可二擯出一之状如レ件」という言葉で締めくくられている[17]。

すなわち、今回の一揆の決定に従わずに自力救済に及んだ場合、違反者を「宇久・有河中」から追放する、ということが規定されているのである。

今回の案件が応安六年（一三七三）の宇久・有河・青方・多尾（五島列島）一揆契諾[18]より前の出来事であることに着目されたい。一揆契状締結以前から、五島地域では領主たちの一揆的結合が成立していたのである。連署者の署名順は「孔子次第」とあり、裁定者集団の中での平等性が強調されている。

西村氏は、一揆が全面的に再審請求を禁止しているわけではなく、再訴が認められないのは、訴えの内容が「非分之儀」である場合に限定されている、と説き[19]、一揆裁定の強制力の限界面を強調する。そして一揆の裁定は「仲人制」的紛争解決方法と同質である、としている。しかしながら、一揆による紛争解決方法は、それ以前から在地に存在した「仲人制」的紛争解決方法と何ら異なるところがないのだろうか。

まず「非分之儀を以て、重ねて異論に及ぶ」ことを禁止するという文面から、「非分之儀」でない「異論」は許容される、という反対解釈を導き出すことが妥当であるかどうか、疑問が残る。「非分」という言葉は「非分押領」「非分競望」「非分煩」など、問題の行為を論難する時の常套句である。そして「異論」という語句も「異論濫妨」「異論あるべからず」など、否定的な意味で用いられるものであり、〝正当な「異論」〟というものは基本的には存在しない。正当な手続きに基づく再審請求は許可している、という含意をこの連署状から読み取ることは難しい[20]。

村井氏は、本件における訴訟取扱が、単なる慣習によるのではなく、後世まで残されることを前提とした文書によってなされるようになった点を評価する[21]。実に優れた着眼であり、これを従来の「仲人制」と同質のものと捉える西村氏の見解は成り立ちがたい。

さらに村井氏は、違反者の追放など応安の五島一揆契状に見える諸規範が、すでにこの連署状に盛り込まれていることに注目する。そして、領主層の直面する日常的な問題の中から産まれた一揆結合の法的規範、諸原則が対象化され体系化されたものが一揆契状という成文法である、と説く。一揆契状制定の契機として領主の自主性を指摘する氏の所論は、直接的には瀬野説に対する批判であるが、西村説に対する批判としても有効であろう。

筆者も右の村井氏の主張に基本的に賛同するが、一揆契状制定以前と以後で、一揆の裁定のあり方がどのように変化したかを、具体的に明らかにする必要がある。

この点に関連して筆者が重視するのは、先ほどの連署状に見られた「任請文事書旨」という文言である。「請文事書の旨」に基づいて追放刑を課すとのことだが、「請文事書」とは何のことだろうか。請文とは、ある事柄を確実に履行したこと、あるいは将来これを確実に履行すべきことを相手方に伝える文書のことである[22]。よって紛争解決主体（裁定者）である宇久覚・有河全たちにとっての「請文」とは、紛争当事者（訴人・論人）である鮎河直・津留進、青方重・神崎能阿から裁判開始以前に提出された「請文」のことと思われる。

では「請文事書」にはどのような「旨」が書かれていたのだろうか。文脈から判断するに、「もし一揆の裁定に背いて自力救済行為に出た場合は、一揆から追放されても構わない」と誓約したものであろう。

一揆裁定への違反者を追放するという規定は、判決の実効性を確保し、一揆を維持する上で不可欠なものといえる。そもそも一揆の裁定権は、「その成員たる個々の領主が自発的にその相互の紛争の裁定権を、自己も参加しているが、自己を超越した集団権力にゆだねたところに成立の根拠をもつもの[23]」だからである。したがって一揆裁定に反抗し、紛争を実力行使によって解決しようとする姿勢は、一揆の存立基盤を脅かすものであり、一揆にとって容認できることではない。

しかしながら本連署状の追放規定は、相論当事者が送ってきた「請文事書」を前提にしている。ここに見える一揆契状制定前の一揆は、たとえその構成員が裁定に違背しても、彼を一方的に追放することはできない。一揆は相論当事者から事前に請文を取ることで、ようやく彼に対する追放権を獲得したのである。

さて、本相論においては相論当事者からの「請文」は現存しないのだが、次の事例から、一揆裁許状と「請文」との具体的な対応関係を推測することができる。

応安の五島一揆契状制定後の永徳三年（一三八三）、「与」「満」「続」の三名が志佐氏を相手取って訴訟し、「有河・青方の人々の御左博」として「少々落居」したが、三名は「猶以て心得難き子細等」があったため、「子細歎き申候」、すなわち再訴したところ、「宇久殿・奈留殿面々御越え候て御左博」となった(24)。「青方文書」には、本件に関する宇久覚・下有河重・奈留安三名の連署押書状が残されている(25)。これによれば彼らは「今度たまたま参会」したので、「先の左博の旨に任せて、その沙汰を究め、志佐方に催促せしめ、理運のまま沙汰し付け申すべく候」ところだったのだが、「公私取り乱す時分」のため、「以後一両月中に此人数参会候て淵底沙汰を究め、急速に仕付け申す」ことを約束した。つまり裁許を延期したのである。

この決定を受けて、訴人の三名が宇久氏ら裁定者に対して同日に提出したのが左の史料である。

【史料1】　与等連署押書状案

宿浦かう阿ミかあとの事によて、有河・あを方の人々の御さはくとして、せう〳〵らきよ候といへとも、なをもて心ゑかたきしさいら条々候之間、かさねてたう浦にまかりこゐ、しさいなけき申候ところに、宇久殿・奈るとのめん〳〵御こゐ候て、御さはく候あいた、たふんおほセにしたかい候ぬ、たゝしもとまろと申候ふね一たんの事ハ、おて御さたあるへきよしうけ給候あいた、かさねての御さたを待申候へく候、所詮、きやうこうにおきてハ、いかなるむねんのきり候といふとも、めん〳〵の御さはく方へあんないを申入候ハて、かいにまかせ候事あるましく候、仍こ日のために押書状如レ件、

永徳三年七月十三日　　　　与在判

満　同
続　同(26)

書止文言に「仍って後日の為に押書状如レ件」とあるように、右の史料は押書状と呼ばれる様式の文書である。井原今朝男氏の研究によれば、押書とは「将来に履行すべきことを約束した契約状」であり、請文として機能することもあるという(27)。

傍線部の「追って御沙汰あるべき由」とは、前出の「以後一両月中に此人数参会候て淵底沙汰を究め、急速に仕付け申す」を指すと思われる。これを「請け給」い、「重ねての御沙汰を待ち申し候べく候」と約束しているのだから、史料1はまさしく「請文」といえよう。

この「請文」の末尾で与・満・続の三名は「如何なる無念の義理候といふとも、面々の御左博方へ案内を申し入れ候はで、雅意に任せ候事有間敷候」と誓っている。訴訟提起者はこのように「請文」を提出し自力救済を行わないことを誓約して初めて、自分たちの案件を一揆に審理してもらい、裁許を得ることができたのである。本件は裁判延期にともなう「請文」提出という特殊事例ではあるが、前述の正平二十一年の相論を併せて考えるに、審理前の「請文」提出は一般的な手続きと考えて良いだろう。

ところで、この「請文」には、一揆の決定に違反したら追放されても構わないといった事項は書かれていない。この請文が裁許状に対応するものでないためとも考えられるが、応安の一揆契状制定後、一揆による裁許状に追放文言が記されたものが一通もないことは無視できない。

これは応安の一揆契状で「此人数於二多分之儀違背輩一者、於二向後一、此人数中於永可レ被二擯出一者也」と包括的な追放規定が明文化されたことで、個々の案件において、いちいち追放規定を確認する必要がなくなったからだと思われる。

また応安の一揆契状制定後、一揆裁許状は「押書状如件」という書止文言を持つ押書状形式へと固定化していく。(28) しかも契状制定以降の押書状では、文字を後から挿入した箇所には裏花押が加えられており、文書発給後の書面改変を防止するという厳格な訂正方式の様子が垣間見える。(29) 一揆契状制定を契機に、一揆裁定のプロセスが制度的に整備されていったことが見てとれよう。

新田一郎氏が述べる通り、「中世を通じて局所的かつ個別的に行われていた仲人制的な紛争処理が、一揆という形をとることによって制度化の途を辿り始めた」(30) 点が肝要なのであり、一揆成立、一揆契状制定の画期性を認めない論調には従いがたい。

第二節　松浦一揆の重層性と強制力

西村氏は、一揆への越訴が可能であったと説き、そこから一揆裁定の強制力の乏しさを主張する。しかし、かかる見方は成り立ち得るのだろうか。以下、再検討を試みたい。

前掲史料1の末尾の文言「如何なる無念の義理候といふとも、面々の御左博方へ案内を申し入れ候はで、雅意に任せ候事有間敷候」から、岩元修一氏や西村氏は、再審請求は禁止されていないこと、つまり、然るべき手続きを踏めば越訴可能であることを読み取る。(31)

しかし岩元・西村両氏の研究以前に村井氏が指摘したように、末尾の文言は「中間狼藉」を行わないことを誓約したものと考えられる。(32) 裁定者たる五島一揆の宇久氏らは訴訟案件を一時預かっているが、これは幕府訴訟法の「所務を中に置く」、すなわち訴えの繋属後、当事者双方に論所の所務に関与すること、双方の自力救済行為を禁止するという手続きに相当する。(33) 史料1の傍線部の「重ねての御沙汰を待ち申し候べく候」からも分かるように、与ら三名は、宇久氏らの裁定が出るまでは勝手に論所に介入しないことを誓っているのであって、「面々の御左博方へ案内」は宇久氏らへの再審要求を意味しない。したがって、ここから越訴の可否を論ずることはできない。

とはいえ、先述したように与ら三名が「有河・青方の人々」の左博に納得せず、「宇久殿・奈留殿」らの左博に提訴したことは事実である。しかし、これが「有河・青方の人々」に対する再審要求ではなく、五島一揆というより高次の一揆への控訴であることに留意する必要がある。

こうした一揆の重層的構造が、嘉慶の下松浦一揆契状[34]の第二条の規定と照応していることは村井氏が指摘する通りである[35]。すなわち、相論の際には「先近所人々馳寄、可レ宥二時儀一、若猶以及二難儀一者、一揆一同令二会合一、任二道理一可レ令二成敗一」という規定である。「近所人々」による調停（近所の儀）が失敗した場合、より強大な権力を持つ「一揆一同」が介入するのである。

村井氏は言及していないが、「時儀を宥める」という表現と「道理に任せて成敗する」という表現との間には、かなりのギャップがある。「一揆一同」（下松浦一揆＝上級一揆）の裁定が「近所人々」（下級一揆）のそれより強制力を持っていたことがうかがい知れる。

ところが西村氏は、村井氏が説く松浦一揆の重層的構造そのものを否定する。調停が失敗に終わるたびに、より有力な者が調停者に立つという仲人制の一般的性質から理解できるというのが、その論拠である[36]。

しかし一度「落居」したにもかかわらず、「重ねて」「子細歎き申」したという史料1の事例は、仲人制の枠組みで理解しようとするより、上級裁判権力への提訴と見る方が実態に近いと思われる。もし、この事例を仲人制的解決方法とみなすならば、守護裁判も仲人制的解決方法と評価せざるを得ない。第二章で論じたように、守護裁判もまた、在地秩序に依拠した仲裁的要素を色濃く有しており、当事者双方から超越した立場から客観的・合理的に裁定を下していたわけではないのである[37]。

より踏み込んで述べるならば、西村氏が「上級裁判権」と「仲人制」という形で峻別する守護裁判と一揆裁判は、その実効性において大きく隔たらない。よって、一揆裁定に強制力がないために越訴が続発したという西村氏の見解には同意しがたい。

その点で宇久覚らが「今度たまたま参会候」と述べている事実は注目される。裁定者は彼ら三名でなければならないわけではなかった。極論すれば五島一揆の構成員であれば誰でも良かったわけで、今回は宇久覚ら三名が〝たまたま〟五島一揆を代表して左博を行ったのである。仲人制に比して裁定者の属人的要素は明らかに後退している。一揆形成にともない、「仲人による調停という形式を通じて紛争に関与しうる周辺の人々が、いわば構造化された」という新田氏の提言[38]は、右のような事態を踏まえることで、より精確に理解されよう。明確な統属関係はないにせよ、重層的構造であったことは否定しがたい。

そもそも西村氏が越訴の実例として掲げる諸史料も、仔細に観察すると、同一案件の蒸し返しとは言い難く、関連はあるものの別の訴訟として提起されている。

一例として、氏があげた青方氏と鮎河氏との間の漁場相論を見てみよう。前節で言及したように、正平二十一年、鮎河直・津留進と青方重・神崎能阿との間に青方浦にある赤浜三番網代・波解崎《はけざき》の崎網代・祝言《しゅうげん》島の前倉網代をめぐる相論が勃発した。結局、これらの網代は鮎河・津留氏に引き渡されたが、永和三年（一三七七）には鮎河氏が青方氏に、津留氏が神崎氏に権益を売却している[39]。だが応永二年（一三九五）に青方氏と鮎河氏との間で、この網代に関する「所務の煩い」が再発し、「浦の内の人数」による「左博」が行われている[40]。

これに関して西村氏は「網代の使用収益権者が左博による決定に基づいて一旦は確定していながら、その後、網代における入漁権者相互間に新たな紛争が生じ、当事者から合法的に訴えが当該左博に対して提起された[41]」と説き、紛争の再燃を根拠に裁定の拘束力の限定性を論じる。

けれども、応永二年に「所務の煩い」となったのは「残る分」、すなわち永和三年に青方氏に売った分の残りであった(42)。永和三年の売却に加え、残りの権益を鮎河氏が改めて青方氏に売却することで、相論は解決している。厳密には再審ではないのである。

むしろ永和三年の売却以降、応永二年にいたるまで、当該漁場に関する紛争が惹起されなかったことを肯定的に評価すべきではないだろうか。室町幕府の使節遵行においてすら、同内容の沙汰付命令が早くも翌年に出されている事例が検出されている(43)。それを考えれば、一揆裁定の実効性は決して軽視されて良いものではない。

もちろん相論が頻発する点に、一揆の強制力、在地秩序維持機能の限界を認めることはできる。しかし一方で、一揆がみずからの裁定の実効性を高めようとする動向も見られる。既述のように応永二年、青方氏と鮎河氏との間で網代をめぐる相論があり、「浦の内の人数」が「左博」を行い、鮎河氏が青方氏に網代を二五貫文で売却するという形で解決している。この際、「浦の内」の穏阿ら六名が連署左博状を発給しているが、そこでは「鮎河殿の子孫」の違乱行為を禁じ、もし「違乱煩」を申してきたら、「この状を以て、子々孫々に至るまで御知行候べく候、仍って後証の為に左博状、件の如し」と規定されている。

ここでは一揆の「左博状」が、知行を保証する証拠文書として現出している。こうした文言は以前の一揆裁許状には見られなかったものである。ここでは一揆の裁定は永続的な効力を有し、鮎河氏による越訴の可能性は基本的に閉ざされている。

一揆裁定の絶対化は次の史料により鮮明に表れる。

【史料2】　宇久松熊丸等連署押書状

肥前国宇野御厨庄下松浦五島西浦目之内鵰下・尾礼島両島事、

平戸殿与二青方殿一御相論候、既及二大剛一候之間、宇久松熊丸相懸□和与畢、所詮、彼両島之事、於二得分一者、自二先日一相定候、牧幷木場畑以下者、両方可レ為二相持一之由、堅令二落□〔居カ〕一畢、以二此下一者、自今以後何様之雖レ有二証状一、相互御越訴可レ有二停止一□旨、至二于後々将来一御知行不レ可レ有二相違一由、一同押書之状如レ件、

応永廿九年壬寅五月十三日　孔子□□〔次第〕

道機（花押）

（以下一八名省略、末尾に松熊丸が署名）

青方殿[44]

この裁定の場合、傍線部に見えるように、訴訟当事者双方の「相互御越訴」の「停止」が明記され、「後々将来」にいたるまでの永続的な「御知行」が保証されている。

しかしながら一揆裁定の強化は、一揆結合の変質と表裏一体の現象であった。傍点部から読み取れるように、松浦平戸氏と青方氏の和与を取りもったのは宇久松熊丸であった。

応永二十年に宇久・有河・青方の人々が松熊丸を宇久氏の新当主として擁立している事実から、五島一揆が宇久松熊丸という一人の超越的な主君を欲するようになったことを、村井氏は明らかにしている。[45]だとすると、一揆裁定の絶対化は、この松熊丸の台頭にともなうものではないだろうか。今回の裁定は、「一同押書」と言いながら、事実上は宇久松熊丸の裁定である。主君の成敗を特権化するために、越訴が禁じられたと考えられる。同時に、越訴禁止という一揆裁定の絶対化は、一揆がみずからの重層性を統属関係へと転化させ、超越的な主君を上に戴き求心的な権力構造を築くことで初めて可能になったともいえよう。

このように見ていくと、一揆の重層性を否定し一揆裁定の強制力の欠如を強調する西村氏の見解がやや一面的であることを察するであろう。一揆裁定の展開過程を捨象して戦国大名五島氏の成立をどのように説明するのか、疑問を感じざるを得ない。

第三節　松浦一揆の「多分之儀」と「理非」

下松浦一揆や五島一揆の一揆契状に見える「多分之儀」とは、一揆成員が全員会合して多数決をとることである、と勝俣鎮夫氏は主張した(46)。

これに対し石井紫郎氏は「白紙の状態から出発して議論をたたかわせ、どちらにするかを「頭数を算え」て決定する、というよりは、むしろあらかじめ前提されている方向に向かって全員を引きずっていくためのセレモニーとして機能したのではないだろうか(47)」と疑問を表明している。

石井氏の解釈は基本的に、「君の御大事」（戦争）という非常事態における「多分之儀」を対象とするものだが、これを日常的な訴訟審理の場面にも適用したのが西村氏の議論である。西村氏は史料1を解釈した上で、「いざ「多分之儀」の段になって、白黒をつける形で、以後対処してゆくべき方向を全面的に、かつ一回的に裁断するためのいわゆる決戦投票的決着がみられたとは考えられない」と述べている。また、これに関連して「いきなり当該一揆契諾参加者全員が顔を揃えて当該紛争処理にあたるのではない」ともいっている(48)。

確かに史料1傍点部の「多分仰」とは具体的には宇久覚・下有河重・奈留安三名の裁定を指すと思われ、五島一揆の参加者全員が集まって多数決を取ったとは考えにくい。西村氏の指摘は、無意識に現代的な民主主義を中世社会の中に投影していた従前の一揆論に一石を投じるものであり、その功績は高く評価できる。

しかし、右の事実が松浦一揆の「多分之儀」の意義を損なわしめるものかというと、それはまた別問題であろう。字義通りの多数決制でなかったにせよ、一揆内部で合意形成が重視されたことは間違いないのである。

勝俣氏が重視した、一揆の「理非」判断についても議論がある。まず岩元修一氏が、一揆による相論裁定の目的が当事者双方の和解にあったことを解明した(49)。これを受けて西村氏は、一揆は「理非」の判断を一揆契状において理念として掲げつつも、実際には「理非」の判断を強行する形での処理方法を採っておらず、むしろ「「理非」判断を留保した上での当事者間の和解を志向していた」と説く。さらには、「一揆が「理非」判断能力をそもそも有していない団体であり、それ故に、その未熟な能力を補うのに相応しい方法を模索していた」と主張する。[50]

たとえば、応永七年（一四〇〇）の青方氏と松田氏との相論において、五島一揆が青方氏に対し「先づ当座の御論をやめ候はんために、この人数より相申候て、文書の理非をも閣き候て、一味の計らい申候間、定めて身の了簡も違ふべく候へども、私曲を存ぜず、条々申す謂われ、相違無く御返事に預かり候、まことに以て然るべく悦存候」と述べている事例がある。[51]これは西村氏の指摘する通り、文書による理非の判断は行わず、「青方氏は強硬に自己の権利を主張することなく松田氏の主張を呑んだこと」[52]を意味しよう。

けれども、これを一般的な事例と認めることは難しい。この裁定は「当座の御論をやめ候はんため」と前置きしていることから分かるように、暫定的な和解案にすぎなかった。[53]また本案件には「一村と申すことには、御兄弟の御事に候」という事情も存在した。[54]「文書の理非をも閣き候」とわざわざ断り書きしていることからも、文書審理を省略した本件はあくまで例外であり、通常は「文書の理非」を重視していることがうかがえる。

とはいえ、和与の形での解決という趨勢は、むろん強かった。第一節で紹介した正平二十一年の相論でも、「両方理非」を「和談之儀」で解決してしまっている。

だが問題は、一揆裁定の和解志向（理非判断の回避傾向）を捉えて、「在地権力体としての期待を担いながらも、専制的権力体にはなり得なかった」[55]という辛辣な評価を下すのが妥当か否かである。

そもそも室町幕府の裁定にしても、「特別訴訟手続」に代表されるように、決して「理非」に基づく専制的裁定ではなかった。[56]新田一郎氏は、「執行命令」が、その前提となる「由緒」の問題と手続き上分離されたことに、室町幕府「裁判」の特質を見る。そして幕府の「施行」とは、物理的強制（暴力）をともなう強圧的命令というより、当座の「権利」を示し、周囲の第三者群の合力可能性を整序する手続きであるという。[57]先ほど示した一揆の裁定（「とりあえず」の処理）と構造的にまったく同質であることが看取されよう。

新田氏の室町幕府訴訟制度への高評価は、鎌倉幕府訴訟制度の相対化と相即不離の関係にある。氏は鎌倉幕府の「理非之沙汰」が一回的な「権利の認定」にすぎず（「切り札」とならない）、それがゆえに同じ内容の訴が繰り返し提起されることを指摘し、鎌倉幕府の三問三答裁判を過大評価してきた研究史を批判している。しかし「理非」という史料用語の中に近代的合理精神を読み込む「『道理』『理非』に対する一種の信仰[58]」は未だに根強く学界に残っており、新田説は必ずしも正確に理解されていない。[59]

西村氏もまた、「理非」を重視してきた通説の枠組みから逃れられていない。国人一揆を地域支配権力として積極的に評価する旧来の学説の前提には、国人一揆が「理非」に基づいた裁許を独自に行っているという事実認識があった。氏はこの認識に批判を加え、一揆の裁定が必ずしも「理非」によらないことを明らかにした。しかし「理非」判断の有無を争点としている時点で、古典学説への根本的な批判にはなり得ないのである。「理非」を基軸に中世後期の紛争解決の仕組みを考察するという研究姿勢じたいを、見直す必要があろう。

このように検討していくと、西村氏の甚だ鋭角的な議論は、先行研究の根本的な問題点を見過ごしたがゆえに生じたものであることが察知されよう。その問題点とは、知らず知らずのうちに通俗的な近代的権力観を中世社会に持ち込んでしまったことである。[60]

一九一二年、三浦周行は山城国一揆を「戦国時代の国民議会」と評した。周知のように、この論文は、辛亥革命後の動乱の中で中国各地に作られた「保安会」「市民会」などの団体から着想を得ている。[61]一揆研究はその初発から、デモクラシーなど近代的な視角に基づいて分析が進められていたのである。

こうした伝統のもと、「一揆専制」論は、国人一揆を「理非」判断の権力として高く評価する方向に傾斜していった。この傾向に歯止めをかけようとした西村氏の所論は一定の意義を持つ。しかし真に批判すべきは、国人一揆の合議と近代民主主義との距離を測定するという発想そのものだったのではないだろうか。

おわりに

以上、西村説の再検討を通して、国人一揆の構造と機能を考えてみた。勝俣氏以来の「一揆専制」論が、国人一揆を地域支配権力として規定するのを急ぐあまり、一揆の主体性・自立性・絶対性を過剰に強調し、その結果、意図的であるかどうかは別として、国人一揆をあたかも近代的な権力体のように見せてしまっている点は否めない。(62)

つまり、整然とした命令系統を持ち、具体的・実質的機能を有し、物理的な強制力を十全に備えた、いわば明確な輪郭を持った〝目に見える〟組織体、というイメージである。国人一揆の実像が、このようなイメージとまったく懸け離れたものであることを実証したという点で、西村氏の論考には大きな意味があった。(63)

しかし、現代的な権力体に対する一般通念と異なるからといって、国人一揆が「在地における権力体」ではない、とはいえない。一揆契状はスローガンにすぎない、と断ずるなら、中世法のほとんどはスローガンとみなす他ないのである。「理非」判断を留保したまま当事者間の和解を志向したことを理由に一揆の紛争処理能力を低く見積もるという西村説の論理構成は、すぐれて近代的な価値観に立脚している。

付言するならば、より本質的な問題として、一揆の中に「権力の合理性を司る司令部のようなもの(64)」を求める先行研究の権力観そのものを克服する必要があると考える。如上の権力観が基底にある以上、結局「上からの権力編成」か「下からの権力編成」かという二項対立的な見方、つまりは権力の二元論から脱却することはできない。[65]

新田氏が説くように、「スローガンのもとに紛争の処理過程を見つめる「社会の視線」を創出したことが、一揆の達成[66]」なのである。すなわち、スローガンを共有する他の一揆構成員に常に監視されているという緊張感、「可視性への永続的な自覚状態[67]」こそが「権力の自動的な作用」として一揆構成員の行動を束縛するのであって、剝き出しの暴力という形で強制力を発動する必要は必ずしもなかった。

そして、この視線は「或る条件のもとでは、紛争の処理へと向けた実質的な圧力として作用しうる[68]」のである。その意味で一揆の「沙汰付」は、幕府の使節遵行―「沙汰付」手続と意外に近接している。[69]「国人一揆」と「守護」体制との構造的な相同性が指摘される所以である。[70]

日本の中世社会においては「公権力」による「判決」という図式が自明のものではないため、「裁許」と「調停」を截然と弁別することが不可能であることが、最近の法制史研究で指摘されている。[71]こうした研究を踏まえるならば、幕府―守護という「公権力」による判断は「裁許」だが一揆の判断は「調停」である、といった理解は成り立たないであろう。中世後期社会を読み解くには、「一揆の達成」を積極的に評価する姿勢が求められるのである。

つまり国人一揆とは、稚拙ながらも、「視線の作用によって強制を加える仕組[72]」であり、その意味でやはり一種の「権力」と定義できる。

西村氏は「一揆が独立した合議機関・権力体として構成員に対する超越的存在でなかったということ、すなわち、一揆が構成員の自立性を完全に否定し得た団体としては捉えられない[73]」と力説する。

一揆を「構成員の自立性を完全に否定し得た団体」とまで断言した先行研究は存在しないようにも思うが、既往の研究が一揆に過度の思い入れを込めてきたことは事実である。西村氏の議論はそうした研究動向への反動の要素を具備しており、その意味で西村説の登場は必然だったともいえる。要するに、通説を反転させた氏の所説は、本人の個性というより研究史に内在する問題に規定されているのである。

では、これからの一揆論はどのような形で構築されるべきなのだろうか。石母田正は「一揆の権力が個別領主のそれから区別されるのは、前者が特殊な機関の権力として存在すること、その機関が「寄合」「評議」「評定」等々の名でよばれる合議体であることである」[74]と論じている。まさしく一九七〇年代以降の国人一揆研究は、一揆を（半ば便宜的に）「機関」と捉える視点を導入したことで飛躍的な進展を遂げた（序章参照）。その学説史的意義はどんなに強調しても強調しすぎるということはない。通説と正反対の主張に見える西村説にしても、その実、〈一揆機関説〉の延長線上に位置しているのである。

だが我々は今や、「機関」の構造と機能を分析するという手法に基づく社会集団論的な一揆の論文を多く手にしている。そうした豊富な研究成果を踏まえ、一揆研究は次の段階へと進むべきであろう。それが序章で指摘した一揆論的国人一揆研究の展開、換言すれば習俗論的手法の活用である。習俗論の視点に立てば、たとえば「寄合」や「評定」を「機関」ではなく「作法」（習俗）と見ることも可能になるだろう。そして、その際に重要な鍵となるのが「縁」であると考える。

国人一揆研究では勝俣鎮夫氏の「無縁」論が影響力を持ったこともあり、「縁」に関する考究は脇に追いやられてしまった観がある。しかし「理非」を標榜する公権力の訴訟が実際には「縁」に支えられていたのと同様に[75]、「無縁」「理非」をスローガンとする国人一揆もまた「縁」によって存立し得た。一揆を語る上で「縁」の検討は欠かせない。

ここで問題となるのは、「無縁」で平等であることを建前とする一揆の内部に、現実には日常的な族縁関係が持ち込まれることの意味である。この問いを解く手掛かりは「契約」にあると筆者は考えている。一揆契約を

「契約」という法行為全体の中に位置づける作業が必要となろうが、それについては第二部で取り組みたい。

（1）白旗一揆に関しては小国浩寿「白旗一揆の分化と武州白旗一揆」（佐藤博信編『中世東国の政治構造』岩田書院、二〇〇七年）、彼杵一揆に関しては外山幹夫「彼杵一揆の構造とその性格」（同『中世九州社会史の研究』吉川弘文館、一九八六年）を参照。他にも、「北関東から南奥羽にかけての国人一揆の構造は、一族的な一揆とその上に立った国人の連合体である広域的な一揆というような、二重構造になっていた」と指摘する、伊藤喜良「親房書簡から奥羽・東国の動乱をみる」（小林清治編『中世南奥の地域権力と社会』岩田書院、二〇〇二年、六一頁）などがある。
（2）石井進「家訓・置文・一揆契状」（『日本思想大系21　中世政治社会思想・上』岩波書店、一九七二年）五四二頁。
（3）長沼賢海『松浦党の研究』（九州大学文学部国史研究室、一九五七年）。
（4）瀬野精一郎「松浦党の変質」（同『鎮西御家人の研究』吉川弘文館、一九七五年、初出一九五八年）。
（5）網野善彦「青方氏と下松浦一揆」（同『悪党と海賊』法政大学出版局、一九九五年、初出一九六一年）、佐藤和彦「国人一揆の史的性格」（同『南北朝内乱史論』東京大学出版会、一九七九年、初出一九六七年）、森本正憲「松浦党の一揆契諾について」（同『九州中世社会の基礎的研究』文献出版、一九八四年、初出一九六九年）、石井前掲註(2)論文など。これらの論考は、大一揆は他発的契機によって結ばれたとする瀬野説を批判し、大一揆にも自発性があったことを主張している。
（6）村井章介「在地領主法の誕生――肥前松浦一揆――」（同『中世の国家と在地社会』校倉書房、二〇〇五年、初出一九七五年）。
（7）村井章介「中世の自力救済をめぐって」（村井前掲註6書、初出一九八六年）。こうした主張が、〈権力による一揆の解体〉という「一揆敗北論」的な研究からの訣別を意図するものであったことは、序章第三節を参照。
（8）村井章介「今川了俊と上松浦一揆」（村井前掲註6書、初出一九七六年）。
（9）勝俣鎮夫「戦国法」（同『戦国法成立史論』東京大学出版会、一九七九年、初出一九七六年）。

（10）岩元修一「中世在地法についての一考察——十四・五世紀の肥前下松浦地方を素材として——」（川添昭二編『九州中世史研究』二、文献出版、一九八〇年）、佐藤鉄太郎「南北朝、室町期の在地法について——松浦党とその近所人々——」（『筑紫女学園短期大学紀要』二〇、一九八五年）、白水智「肥前青方氏の生業と諸氏結合」（『中央史学』一〇、一九八七年）など。なお瀬野精一郎『松浦党研究とその軌跡』（青史出版、二〇一〇年）が松浦党関係の文献目録を作成しているので、参考にされたい。

（11）西村安博「中世後期の在地法秩序に関する再検討——肥前松浦党一揆を素材として——」（『法制史研究』四四、一九九四年）。以後、本文で言及する西村氏の所論はすべて同論文による。

（12）石井紫郎「中世と近世のあいだ」（同『日本人の国家生活』東京大学出版会、一九八六年）。

（13）筆者の管見の範囲では、市沢哲「一四世紀政治史の成果と課題」（『日本史研究』五四〇、二〇〇七年）で言及されているのが目にとまる程度である。

（14）久留島典子『一揆の世界と法』（山川出版社、二〇一一年）一〇一頁。

（15）むろん郷土史・地方史的な関心に基づく松浦一揆研究は継続しているが、国人一揆論としての松浦一揆研究は停滞しているといわざるを得ない。

（16）村井前掲註（6）論文、四一二頁。

（17）正平二十一年八月二十二日宇久・有河住人等連署置文（「青方文書」『武家家法II』七八号）。以下同じ。なお「左博」とは「さばく」、つまり「裁く」の意と思われる。また「網代」とは漁場の利用権のことと解される。

（18）本書第二部第四章の史料5。

（19）西村前掲註（11）論文、一一〇頁。なお佐藤鉄太郎「南北朝、室町期の国人一揆についての一研究——松浦党について——」（『筑紫女学園短期大学紀要』八、一九七三年）の一一九頁、岩元前掲註（10）論文の二六二頁なども同様の解釈を示している。

（20）そもそも一揆の法を形式的な「スローガン」にすぎないと評価する西村氏が、一揆の押書状から〝反対解釈〟を導き出すのは論理矛盾ではないだろうか。一揆の法が単なるスローガンなら、その条文が近代法的な厳密さを備えているはずがない。西村氏は近代的な法概念を中世社会に持ち込んでいるように思えてならない。

(21) 村井前掲註(6)論文、四一八頁。
(22) 佐藤進一『新版　古文書学入門』(法政大学出版局、一九九七年)二〇九～二一〇頁。
(23) 勝俣前掲註(9)論文、二四一頁。
(24) 後掲の史料1。
(25) 永徳三年七月十三日宇久覚等連署押書状(「青方文書」『南九』五七八二号)。
(26) 「青方文書」(『南九』五七八一号)。
(27) 井原今朝男「中世契約状における乞索文・圧状と押書」(同『日本中世債務史の研究』東京大学出版会、二〇一一年、初出二〇〇六年)三三一頁。
(28) 岩元前掲註(10)論文、二六二頁。
(29) 吉原弘道『青方文書の研究』(服部英雄研究室、一九九九年)七三頁。
(30) 新田一郎「書評　西村安博著「中世後期の在地法秩序に関する再検討」」(『法制史研究』四六、一九九六年)二三一頁。
(31) 岩元前掲註(10)論文、二六三・二六四頁。西村前掲註(11)論文、一〇三頁。
(32) 村井前掲註(6)論文、四〇四頁。
(33) 石井良助『中世武家不動産訴訟法の研究』(弘文堂書房、一九三八年)四二三頁。
(34) 嘉慶二年六月一日下松浦一族一揆契状(第六章の史料14)。
(35) 村井前掲註(6)論文、四〇五頁。
(36) 西村前掲註(11)論文、一〇一・一二二頁。
(37) これに関連して西村前掲註(11)論文は、最初の調停が失敗した後、有力者が主体的に介入するのではなく、紛争当事者が仲介役を通して有力者に調停を依頼している点にも一揆裁定の「仲人制」的性格を見出している(一〇一頁)。しかし中世社会が徹底した当事者主義によって成り立っていたことを考慮すると、西村氏の見方は皮相なものに感じられる。守護裁判においても、国方(守護所)での訴訟が難航し、訴訟当事者が守護の在国奉行人に対し京都の守護屋形での訴訟繫属の斡旋を依頼するという事例が確認される。守護という「有力者」が主体的に紛争解決に乗り出すことはないのである。第二章を参照。

(38) 新田前掲註(30)書評、二三一頁。

(39) 永和三年四月十五日鮎河道円・同昵連署沽却状（「青方文書」『南九』五三九五号）、永和三年六月一日津留進沽却状案（「青方文書」『南九』五三九九号）。人名比定は村井前掲註(6)論文、四一六頁によった。

(40) 応永二年十二月十八日穏阿等連署押書状（「青方文書」『青方』三六六号）。

(41) 西村前掲註(11)論文、一一一頁。

(42) 応永二年十二月十八日鮎河道円・同昵連署沽却状（「青方文書」『青方』三六七号）。

(43) 永井英治「南北朝内乱期の使節遵行と地域社会の再編」（『南山経済研究』一九―一、二〇〇四年）四一・四二頁。

(44) 「青方文書」（『武家家法II』一四九号）。

(45) 村井前掲註(6)論文、四二九頁。

(46) 勝俣前掲註(9)論文、二三九頁。

(47) 石井前掲註(12)論文、一二七頁。

(48) 西村前掲註(11)論文、一〇三頁。

(49) 岩元前掲註(10)論文、二六四・二六五頁。

(50) 西村前掲註(11)論文、一一七頁。

(51) 応永七年二月九日篤等連署押書状（「青方文書」『青方』三七一号）。

(52) 西村前掲註(11)論文、一一四頁。

(53) 白水前掲註(10)論文は、今回の和解後に再び問題が発生した場合は責任を持って解決に当たることを一揆が青方氏に誓っている点に注目し、一時的措置であるがゆえに青方氏も納得したのであろう、と推定している（五五頁）。従うべき見解であろう。

(54) 白水前掲註(10)論文は「兄弟同然という前提があるからこそ、文書の理非をもさしおいた解決が可能だった」と指摘している（五五頁）。

(55)　西村前掲註(11)論文、一一八頁。
(56)　笠松宏至「中世法の特質」・「室町幕府訴訟制度「意見」の考察」・「入門」(同『日本中世法史論』東京大学出版会、一九七九年)、新田一郎「中世社会の構造変化」(同『日本中世の社会と法』東京大学出版会、一九九五年)、桜井英治「「無為」と「外聞」」(同『室町人の精神』講談社、二〇〇一年)など。幕府においては(一揆と異なり)「公正な裁判」が行われた、などという事実は存在しない。
(57)　新田一郎「「由緒」と「施行」」(勝俣鎮夫編『中世人の生活世界』山川出版社、一九九六年)一七・一八頁。この問題に関しては永井前掲註(43)論文も、幕府―守護による沙汰付の「本来の趣旨は、下知の内容を近隣に披露することにある」とし、「本来の沙汰付は武力を必要としない儀礼的なもの」であると指摘している(四一〜四三頁)。
(58)　新田一郎「日本中世の紛争処理の構図」(歴史学研究会編『紛争と訴訟の文化史』青木書店、二〇〇〇年)九七頁。
(59)　この点に関しては最近、佐藤雄基氏が慨嘆している。佐藤雄基「書評　大山喬平編『中世裁許状の研究』」(『史学雑誌』一一八―九、二〇〇九年)八七頁を参照。
(60)　近代的な権力観を無意識に中世史研究に投影することの危険性については、古くは石井進『日本中世国家史の研究』(岩波書店、一九七〇年)が警鐘を鳴らしている。最近では佐藤雄基氏が意欲的な提言を行っている。佐藤雄基「院政期の挙状と権門裁判」(同『日本中世初期の文書と訴訟』山川出版社、二〇一二年、初出二〇〇八年)を参照されたい。
(61)　岸本美緒「動乱と自治」(村井章介編『「人のつながり」の中世』山川出版社、二〇〇八年)二一五頁。
(62)　小林一岳氏の「当知行保全システム」論はその典型といえる。小林一岳「鎌倉〜南北朝期の領主一揆と当知行」(同『日本中世の一揆と戦争』校倉書房、二〇〇一年、初出一九九二年)参照。勝俣氏自身には必ずしも国人一揆を「団体」として過度に実体化させる意図はなく、むしろ議論を深化させるための作業仮説として「一揆専制」論を提唱したと推察されるが、その後の研究史は仮想的な概念として設定されていたはずの「団体」「機関」を実体として認識する方向へ展開した。

(63) 近年、室町幕府の訴訟制度に関しても、会議体や部局といった組織よりも、人と人とのつながり（縁）に注目する研究が台頭している。近業としては山田徹「室町幕府所務沙汰とその変質」（『法制史研究』五七、二〇〇七年）があげられる。ただ山田論文の場合、南北朝末期に室町幕府の所務沙汰が鎌倉期的な訴訟制度を凍結し「個別伺」型へと移行したことを「閉鎖化」とネガティヴなニュアンスで記述しており、「理非」重視の研究史になお拘束されている。

(64) ミシェル・フーコー『性の歴史Ⅰ 知への意志』（渡辺守章訳、新潮社、一九八六年、原著一九七六年）一二二頁。

(65) 村井良介「戦国期における領域的支配の展開と権力構造」（同『戦国大名権力構造の研究』思文閣出版、二〇一二年、初出二〇〇九年）二四〇頁。

(66) 新田前掲註(30)書評、二三一頁。新田氏自身は明言していないが、新田氏の議論はミシェル・フーコーの「規律・訓練」の概念を意識しているように思われる。ただしフーコーの議論においては、「規律・訓練的な権力」は近代的な権力として伝統的な権力とは対置されている。ミシェル・フーコー『監獄の誕生――監視と処罰――』（田村俶訳、新潮社、一九七七年、原著一九七五年）一九〇頁を参照。

(67) ミシェル・フーコー前掲註(66)書、二〇三頁。

(68) 新田前掲註(30)書評、二三一頁。

(69) 幕府の「沙汰付」手続、使節遵行については、新田一郎「日本中世の国制と天皇」（『思想』八二九、一九九三年）、外岡慎一郎「使節遵行と在地社会」（『歴史学研究』六九〇、一九九六年）が参考になる。理論的意味づけは前者が、実証分析は後者が詳しい。

(70) 新田前掲註(57)論文、一八頁。

(71) 佐藤雄基「権門裁判における「裁許状」の機能」（佐藤前掲註60書、初出二〇〇九年）、酒井紀美「日本中世史からの目」（藤木久志監修『紛争史の現在』高志書院、二〇一〇年）。

(72) ミシェル・フーコー前掲註(66)書、一七五頁。

(73) 西村前掲註(11)論文、一一八頁。

(74) 石母田正「解説」(前掲註2書) 五九九頁。
(75) 金井静香「公家政権の裁許と「縁」」(大山喬平編『中世裁許状の研究』塙書房、二〇〇八年) 参照。

第二部

〈領主の一揆〉と一揆契状

第四章　奉納型一揆契状と交換型一揆契状

はじめに

序章で述べたように、国人一揆研究の中心的な素材は一揆契状である。石井進によれば一揆契状とは、「人々が一揆することを契約した文書で、ほとんどの場合、神仏に一揆を誓約する起請文の形式をとった上、参加者おのおのが連署を加えるのが普通である」という(1)。

従来、一揆契状は個々の国人一揆研究において、その国人一揆の構造や性格を分析する手段として個別的に検討されてきたにすぎず、多数の一揆契状の形式・内容を比較するといった試みはほとんどなされてこなかった。しかし一揆契状が基本的に一定の様式を有する以上、複数の一揆契状を相互に関連づけ、「一揆契状」という文書様式を古文書学的に位置づける必要があろう。

この際、一揆契状の「起請文」としての性格を追究することはもちろんだが、一揆契状を「契約状」の視点から捉え直すことも重要である(2)。「契約条々」「契諾条々」といった表現が示すように、一揆契状は「一味同心を誓う契約状」という一面をも有するからである。つまり一揆契状は起請文と契約状が合体した文書であり、その両面からの検討が必要なのである。

以上の問題意識に基づき、本章では様式論的に一揆契状を分析していく。個々の一揆契状の様式に注目することで、それぞれの一揆契状の具体的な機能のあり方が知れよう。ひいては、一揆がどのような場で、どのような形で結成されたか、という問題が解明できると考える。それは必ずや国人一揆研究に資するはずである。

第一節　一揆契状の二つの様式

(一)　交換する一揆契状

さて一揆契状の様式とはどのようなものであろうか。一揆契状といえば、複数の一揆構成員が連署する形式の文書を想定するのが普通である。たとえば以下のようなものである。

【史料1】　陸奥国五郡一揆契状（章末の表5-⑫）

五郡一揆之事

右条者、就ニ大小事一、堅相互見□〔継カ〕被ニ見継一可レ申候、於ニ公方之事一者、五郡以ニ談合之儀一被ニ沙汰一、私所務相論□〔者カ〕、任ニ理非一可レ有ニ其沙汰一候、若此条偽申候者、八幡大菩薩御罰於可ニ罷蒙一候　仍契状如レ件、

応永十七年二月晦日　（一〇名からなる傘連判は省略[3]）

この史料は、応永十七年（一四一〇）、南奥の岩崎・岩城・楢葉《ならは》・標葉《しねは》・行方《なめかた》の五郡を拠点とする岩城・白土・好島・諸根・相馬・楢葉・標葉氏ら一〇氏によって作成された一揆契状である。傍点部に見える「大小事」における相互扶助など、一揆契状に典型的な文言を有するので、代表例として掲げた。ここで注意を払いたいのは、文書の授受者間の関係である。右に見えるように、一揆契状は基本的に文書の充所を欠くと考えられてきた。

だが一方で、あまり注目されてこなかったものの、差出者の甲から受取者の乙へ宛てて「一味同心」を誓う形式の一揆契状も存在する。史料1よりのちの時代のものになるが、「右田毛利家文書」に伝来する二通の文書を

一例として次に示す。ちなみに右田毛利家は、安芸国人天野氏の家督を継承した毛利元政（毛利元就の七男）を祖とし、近世には周防国佐波郡右田を領した毛利氏一門である。

【史料2】　毛利元就一揆契状

以二一紙起請文一示賜候趣、令レ存二其旨一候、抑自今以後、被レ対二元就家一不レ可レ有二御等閑一之段、具蒙レ仰候、本望候、拙者事、対二興定一不レ可レ有二別心一候、於二向後一者、大小事得二御扶助一、相応之奉公可レ申候、於二子細一者、給置候御一筆之筋目可レ為二同前一候、此等之儀偽候者、
梵天・帝釈・四大天王、惣而日本六十余州大小神祇、殊者　八幡大菩薩・厳島両大明神・天満大自在天神、
部類眷属神罰冥罰可二罷蒙一者也、仍契盟状如レ件、

（異筆）「大永五年」
六月廿六日　　毛利少輔次郎
元就（花押）
天野民部大輔殿(4)

【史料3】　天野興定一揆契状案

以二一紙起請文一示賜候趣、令レ存二其旨一候、抑自今以後、被レ対二興定一不レ可レ有二御等閑一之段、具蒙レ仰候、本望候、拙者事、対二元就御家一不レ可レ有二別心一候、於二向後一者、大小事得二御扶助一、相応之奉公可レ申候、於二子細一者、給置候御一筆之筋目可レ為二同前一候、此等之儀偽候者、
梵天・帝釈・四大天王、惣而日本六十余州大小神祇、殊者　八幡大菩薩・厳島両大明神・天満大自在天神、
部類眷属神罰冥罰可二罷蒙一者也、仍而契盟状如レ件、

大永五年
六月廿六日(5)　　天野民部大輔
興定（花押影）
毛利殿参

大永五年（一五二五）、毛利元就は尼子方の天野興定を大内氏に服属させた。その際、元就と興定は互いに起請文を交わしている。それが右の二史料である。このような同日・同内容の二通セットの起請文は、戦国期の安芸や石見では、「書違《かきちがえ》」と呼ばれたが、(6) 史料2や史料3などは、相互扶助を規定していること（傍点部）から見て、一揆契状と把握できよう（傍線部を参照）。(7) すなわち当事者甲・乙間で同時・同内容の一揆契状二通が相互に交換されたのである。史料1とは明らかに異なる性質の一揆契状である。

そして〈交換する一揆契状〉という観点から、史料を見直してみると、すでに南北朝期から〈交換する一揆契状〉が存在していたことが推察される。左に史料を掲げる。

【史料4】　伊東祐信一揆契状（表5－①）

（端裏書）
「弾正殿」

田村の一族・安積の一族、一揆事、
相互に大事小事をみつかれ申、見つき申へし、但此内にむりをたくまん於レ輩者、
一きをそむくへし、若此事いつはり申候ものならは、
梵天・帝尺〔釈〕・四天王、惣者日本国中大少神祇冥応、別者伊豆箱根両所権現・三島大明神、殊者八幡大菩薩・
天満天神、部類眷属神罰冥罰越各々身仁可ニ蒙罷一候　仍起請如レ件、
観応弐辛卯年三月九日　　左衛門尉祐信（花押）
弾正殿(8)

右の史料は、足利直義派の奥州管領である吉良貞家が、高師直派の奥州管領たる畠山国氏を滅ぼした翌月にあたる観応二年（一三五一）三月に、陸奥国安積郡の領主である安積伊東氏の伊東祐信と、田村荘の領主たる田村弾正が、両一族を代表して結んだ一揆契状である（波線部）。奥州の情勢が緊迫する中、近隣領主間で軍事同盟

が締結されたと考えられる。[9]

さて史料4は起請文ではあるが（傍線部）、充所を有するという点で、史料1とは様式を異にする。すなわち、差出人の伊東祐信（甲）から受取人の田村弾正（乙）に宛てる、という形式になっている。そして相互に義務を負う規定内容（傍点部）から見て、現在は史料として残っていないが、史料2・3の関係と同じく、田村（乙）から伊東（甲）宛ての同内容の一揆契状も存在したと推定できる。

要するに、史料1が一通で機能が完結するのに対し、史料4はもう一通とペアーになっており、同日・同内容の一揆契状が交換されることで一揆が成立する。いわば二通セットで機能するのである。この〈交換〉というあり方は、契約状の本来の形態に近い。法的効力を持つ多くの文書が「一方通行」をノーマルな形態とする中、契約状のみが「交換」という行為を伴うという笠松宏至氏の指摘を受け止めるならば、[10]〈交換する一揆契状〉の存在は、決して等閑視することができないものである。

ゆえに〝充所のある〟一揆契状を、従来から知られていた〝充所のない〟一揆契状と区別するため、〈交換型一揆契状〉と呼びたい。両者を明瞭に区別することで、一揆契状の機能論的考察を具体的に進めることが可能となる。

（2）　二つの様式の関係

では、充所のない一揆契状と、充所のある〈交換型一揆契状〉は、どのような関係にあるのだろうか。実はこの問題に関しては、小林一岳氏による言及がある。小林氏は両者の署名人数の違いに着目して、「複数の領主が参加する契状が形成される前段階には、個別契約を基礎とし、一対一契約の連鎖としていわば個別の総体という形で一揆が形成されているのである」と述べている。[11]一揆の構成員が増加すると、単署の一揆契状から連署の一揆契状へと発展する、という理解と考えられる。

小林氏はその根拠を明確に示していないが、氏が具体的な検討対象とした東北地方においては、時代が下ると、単署の一揆契状が消滅し連署の一揆契状が主流になると判断し、そこから議論を展開したと見られる。章末に掲げた表5は、十四～十五世紀の陸奥国における一揆契状の一覧である。小林氏作成の表に筆者が加筆修正を行った。①から⑬までは小林氏が指摘した史料である。確かにこれだけを見る限りでは、単署の一揆契状、すなわち本章でいうところの〈交換型一揆契状〉はなくなっていくように思われる。

しかし、今回筆者が追加した一揆契状も含めて考慮すると、東北地方において、時代が下っても、充所を有する〈交換型一揆契状〉が用いられていることが分かる。こうした〈交換〉と思しき事例は同時代の他地域でも散見される。

そして、より重要なことは、二者間のみならず多者間の一揆契約においても、〈交換型一揆契状〉が南北朝～室町期を通じて用いられていることである。

たとえば永享六年（一四三四）六月、大隅国の山田忠尚は、平田重宗、野辺盛豊、石井忠義、肝付（鹿屋）兼政・兼直、興長武清、肝付兼元・兼忠・貴重の六家から同一日時・同一内容の契状を受け取っている[12]。契状の冒頭に「仰　好久」とあるように、この一揆は薩摩・大隅守護である島津好久（のちの持久）を支持することを誓うものであり、島津一族でありながら本宗家の被官となりつつあった山田忠尚もまた、「好久を仰ぐ」立場にあった。〈交換〉の原則からすると、山田忠尚もまた、彼らに契状を差し出したはずである[13]。よって忠尚はわざわざ六通の契状を作成したことになる。これこそ「一対一契約の連鎖」といえよう。なぜ、彼らは全員連署の〝充所のない〟一揆契状を作成せず、互いに〝充所のある〟一揆契状を送り合うという方式を採ったのか。

逆に明徳二年（一三九一）の熊谷一族一揆契状は、四名の連署による〝充所のない〟一揆契状である（後掲の史料7参照)。後述するように、この一揆は実質的には三入本荘の熊谷氏と三入新荘の熊谷氏との二者間の契約であるから、充所のある〈交換型一揆契状〉でも良かったはずである。

このような事例を踏まえると、〝充所のある〟一揆契状(単署)＝一対一の一揆契約から、〝充所のない〟一揆契状(連署)＝複数の領主が参加する一揆契約へ、という段階論で両者を整理してしまって良いのか、疑問なしとしない。〝充所のない〟一揆契状と〝充所のある〟一揆契状との間には、人数の多少という問題に還元されない本質的な違いが存在するのではないだろうか。以下、この点を探っていきたい。

第二節　充所のない一揆契状

(一)　神仏に捧げる一揆契状

本節では従来から検討されてきた〝充所のない〟一揆契状について分析する。

まず〝充所がない〟ということは何を意味するのか。旧来〝充所のない〟一揆契状ばかり注視されてきたため、充所の有無に関心が払われることはなかった。だが、この点こそが一揆契状を分類する上での最大の指標であるから、その意味を深く考える必要がある。

この点で興味深いのは、起請文の形式上の充所は仏神であり、神仏に奉るものとしての性格からあえて宛名を欠く、との指摘である。[14] 一揆契状も基本的に神文(罰文)を備えているので、〝充所のない〟一揆契状は、神仏に奉る性格のものであると考えられる。

つまり充所のない一揆契状の方が、充所のある〈交換型一揆契状〉より、起請文的要素が強いといえる。そこで、神仏に捧げられるという観点から、〝充所のない〟一揆契状を〈奉納型一揆契状〉と呼びたい。すなわち、あくまで人間を宛先として〈交換〉が行われる〈交換型一揆契状〉と、神仏を形式上の宛先とする〈奉納型一揆契状〉という分類である。

この点を踏まえて、次項から〈奉納型一揆契状〉を具体的に分析していきたい。

(2)「公方」に見せる一揆契状

まずは、従来から盛んに研究が行われてきた〈奉納型一揆契状〉の特徴を改めて考えてみよう。〈奉納型一揆契状〉は充所を欠き神仏に奉るものであるから、一揆契状の〝移動〟という行為はともなわないようにも見える。しかし、現実には必ずしもそうではない。

そのことを如実に示すのが、「禰寝文書」に残る永和三年（一三七七）十月の「肥後・薩摩・大隅・日向国人一揆契状案」である。この文書は、国人六一名の連署からなる著名な一揆契状である。島津氏退治を目指してきた九州探題今川了俊と深い関わりを持って結成された本一揆は南九州の国人の大半を網羅しているが、禰寝久清はこの一揆には参加していない。

では、この一揆契状案を禰寝氏に送った人物は誰か。当時、禰寝氏を自陣へと積極的に勧誘していた今川了俊その人であると考えるのが自然である。今川了俊が一揆から一揆契状を受け取り、その写を禰寝氏に送ったのであろう。

この一揆契状については、早くから川添昭二氏によって、今川了俊の指導の下に作成された、と指摘されている。[15] これを批判したのが服部英雄氏である。服部氏は、一揆契状の文言の綿密な分析に基づき、一揆契状には一揆の主体的意志が反映されていることを解明した。すなわち、今川了俊が自分たちを切り捨てて島津氏と単独和睦しないよう、一貫して島津氏と対立してきた一揆が、この契状で了俊を牽制しているというのである。

さらに服部氏は、「一揆契状は了俊から一揆構成員に出されたものではない。契状は勿論一揆構成員相互に出されたものであるが、またある意味では了俊に対してつきつけられたものとみることもできる」と結論づけている[16]。この一揆契状の機能を考える上で、極めて重要な指摘である。これに従えば、国人たちは単に「一味同心」を誓うために一揆契状を作成したのではなく、了俊に圧力をかける目的があったということになろう。しかも国人たちが主体的に一揆契状を作成したと判断される。つまり、内容・伝来を考慮するに、この一揆契状が今川了俊に読んでもらうことを前提に作成されたことは疑いないのである。

他にも応永十一年（一四〇四）の安芸国人連署契約状などは、明らかに〝上部権力への提出〟を意識している。石井進が指摘するように、この一揆契状は守護の横暴への抵抗を唱えるものの、反幕府運動でないことを強調している[17]。岸田裕之氏はさらに踏み込んで、国役納入などの守護の権限を一揆衆が肩代わりすること、公権の受皿を用意して幕府に直結しようとする姿勢すら見てとれる、と述べている[18]。つまり、この一揆契状の文面は明らかに幕府の目に触れることを意識している[19]。したがって、この一揆契状も幕府に提出された可能性があると考えられる。いわば申状としての一揆契状である。

著名な肥前国松浦地域の一揆契状群についても、〝上部権力への提出〟という観点からの見直しが必要であろう。これらの一揆契状の性格については厚い研究史が存在する。一揆が今川了俊によって組織されたという他発的契機を重視した瀬野精一郎氏と、一揆が自発的に結成された側面に注目する網野善彦・石井進らの間での論争は夙に知られている[20]。参考のため、松浦地域の一揆契状を一つ掲げておく。

【史料5】　五島住人等一揆契状

宇久・有河・青方・多尾一族等

契約条々

□〔一、〕君御大事時者、成二一味同心之思一、於二一□〔所〕一可レ抽二軍忠一、聊不レ可レ有二思々儀一矣、

□〔一〕於二此人数中一、所務弓箭以下相論出来時者、加二談合一、依二多分之儀一、可レ被二相許〔計カ〕一、若有二異儀輩一者、不レ依二縁者重縁一、一同可レ為二道理方人一云々、次於二此中一、就二公私一一人大事者、面々一同大事可レ被レ思者也矣、

一、此人数中有二沙汰一時、不レ依二兄弟・叔甥・縁者・他人一、理運非儀意見不レ可レ残二心底一者也矣、猶々不レ可レ有二偏頗私曲一、

一、此人数於二多分之儀違背輩一者、於二向後一此人数中於永可レ被二擯出一者也矣、

一、郎従以下中仁雖二珍事狼藉出来一、不レ相二待多分之儀一、為二一人一不レ可レ遂二宿意一云々矣、

若此条偽申候者、

八幡大菩薩・天満大自在天神御罰於可レ蒙候、仍連署誓文如レ件、

応安六年五月六日　孔子次第　　　称（花押）

（以下、三一名連署、省略）[21]

冒頭と末尾の表記から、この文書が契約状と起請文の機能を併せ持つ一揆契状であることが分かる（傍線部）。現在の研究史の到達点は、松浦の一揆契状群を、在地領主が主体的に制定した在地支配のための「法」＝在地領主法と捉える村井章介氏の論考に示されている[22]。確かに例示した史料5一つ取っても、第二条以下の詳細な規約は「在地領主法」の名に恥じない。しかし、松浦地域の一揆契状において「君」「公方」への忠節を誓う条文が、例外なく契状の先頭に来ていることにも留意する必要があろう。瀬野氏が主張するように、「一般的には第一条に契諾の主要目的を掲げるのが普通」だからである[23]。

瀬野氏の指摘を参照すれば、松浦地域の一揆契状は一揆内部でのみ機能するものではなく、「公方」への提出も意識・想定されていたと考えるべきである。すでに見たように、一揆契状は写が作成されることも珍しくない。

松浦地域の一揆についても、永徳四年（一三八四）の一揆契状は、「青方文書」と「山代文書」に残っており、これらはオリジナルの一揆契状を転写したものといわれている。(24) 同じ一揆契状が複数存在しても不思議ではないわけで、(25) 公方への提出と、一揆内での保有は両立し得る。松浦一揆をめぐる論争では、第一条の対公方の条項と第二条以下の在地法のどちらに一揆契状の本質を見るかという問題が争点になったが、一揆契状が複合的な機能を持っていたと考えれば、統一的な理解が可能になる。

ゆえに〝充所のない〟一揆契状、〈奉納型一揆契状〉は、一揆外部の存在に提示される可能性のある文書といえよう。〈奉納型一揆契状〉における、公方への提出と、一揆内での保有との両立という性格は、「長谷場文書」に残る次の史料からも明らかである。

【史料6】　長谷場純阿等九名連署契約状

（端裏書）「□人々御契約状」

契約

一、一乗院御領、依㆓面々拝領仕候㆒、可㆓興行㆒事、

一、於㆓拝領地㆒他人競望之時者、不㆑廻㆓時日㆒、契約衆中奉㆓寄合㆒、捨㆓身命㆒、以㆓自粮米㆒可㆑申㆓見継㆒候、此上者、互一諾輩知行分、不㆑可㆑有㆓望之儀㆒者也、

一、同心知行分煩出来時者、面々致㆓合力㆒可㆑全㆓所務㆒事、

右、如㆑此申㆓契約㆒候上者、若和讒凶害仁出来時者、不㆑可㆑叙㆓用之㆒、直可㆑散㆓不審㆒候、但此中違事候時者、衆中加㆓評定㆒、可㆑依㆓〔多〕他分之儀㆒者也、若此條偽申候者、

日本国中神祇冥道、殊　春日大明神御罰於各可㆓罷蒙㆒候、仍契状如㆑件、

貞和弐年十月五日　　沙弥純阿（花押）

九名のうち、沙弥純阿・藤原実純・藤原久純の三名は、薩摩国鹿児島郡長谷場村を本貫とする長谷場氏で、久純は純阿の子息にあたる。また小野姓の人間が三名連署しているが、彼らは日向国櫛間院を領する小野姓野辺一族である。康永三年（一三四四）、島津荘の領家である興福寺一乗院は年貢対捍を続ける水間氏から日向国飫肥北郷の弁済使職を没収して長谷場氏に与えたが、水間氏は激しく抵抗し、貞和二年（一三四六）には一乗院は長谷場氏に対し水間氏の押領行為を鎮圧して所務を全うするよう命じている[27]。長谷場氏が飫肥院近隣の野辺氏らとともに契約状（傍線部）を作成したのは、前記の事情によるものだろう。

では、この契約状の様式を確認したい。見ての通り充所はなく、様式としては〈奉納型一揆契状〉に近い文書である。

次に史料の中味に注目してみると、第一条の「一乗院御領、面々拝領仕候に依り、興行すべき事」という文言や、神文の「春日大明神」などから、この契約状が領家である興福寺一乗院に対して提出されたことがうかがえる。前述のように領家一乗院は、水間氏らの悪党行為によって年貢収納が滞っていることに苛立っていた。よって、この文書は一乗院への奉公、具体的には年貢の運上を誓う請文としての性格を有するといえよう。

一方で第二条以下では、誰かの拝領地に外敵が侵入した場合は「衆中」の他のメンバーが援助するなど、仲間内での約束事が規定されている。水間氏との対決などを念頭に置いてのものであろう。相互扶助や「多分之儀」による意志決定は一揆契状に典型的に見られる規定である。正文が「長谷場文書」に伝来していることから見ても、この文書が領主間協約、すなわち連署者たちの間での契約状としても機能したことが見出せる。つまり、同じ文書が、一方では一乗院に提出され（タテ方向）、他方では連署した者たちの手元に残された（ヨコ方向）、と考えられる[28]。

（以下、八名連署、省略[26]）

ここで問題となるのは、一乗院に提出する文書の第二条以下に、仲間内での決まり事まで記す必要があるのか、ということである。しかし本文書の第二条以下には、彼らの団結力を一乗院に誇示する意味合いもあったと思われる。

このように見ていくと、この契約状の構成が、史料5とほとんど同一であることに気づく。その意味で本契約状は〈奉納型一揆契状〉の原初的形態と呼ぶことができよう[29]。

よって〈奉納型一揆契状〉の一形態として、神仏への起請文としての性格と、上部権力への申状・請文の性格と、私的な契約状の性格を、併せ持つものを指摘できるのである。

（3）一族一揆契状の性格

先に上部権力への提出を意識した〈奉納型一揆契状〉の存在を指摘したが、〈奉納型一揆契状〉の中には史料5に見えるような公方への忠節を規定した条項（公方条項）がないものも存在する。たとえば第一節で言及した熊谷氏の一揆契状が、それである。

【史料7】　安芸三入荘本荘新荘方地頭連署一揆契状

（端裏書）
「芸州三入庄本庄新庄契約状事」

芸州三入庄地頭熊谷本庄新庄契約状事、

夫、承久任国後、兄弟分派、従レ号二本庄新庄一以来、守二先跡一、雖レ不レ浅、時遷事替、乱世間、或時合、或時離者也、因レ之、一家異レ意、他門軽レ之、思レ之似二魚失レ水鳥枯レ木、後悔千品也、誰不レ歎レ之乎、粤時尅到来、有レ企三本庄新庄互成二契約一、一味同心、各守二分領一、誠是当家繁昌、宿運所レ致也、所詮、於二向後一者、雖レ有二公私叛逆籌策一、本庄新庄無二二心一、互致二合力一、於二彼分領一者、全留〔止〕二他人景〔競〕望一、欲レ令二子々孫々相

続二所也云々、若背二此旨一、於二両方一存二不和義一、挿二野心一者、
奉レ始二上梵天・帝釈一、（中略）惣六十余州大小神祇御罰、〻〻〻〻、判形諸衆身上、各可二罷蒙一者也、仍為二子孫繁昌・
後代亀鏡一、熊谷本庄新庄契約状如レ件、

明徳弐年辛未三月四日

新庄方
熊谷常陸守平重直（花押）
熊谷上総介平直忠（花押）
八郎左衛門入道郎乗（花押）
本庄殿
熊谷尾張守平宗直（花押）[30]

安芸国三入庄三分二＝「本庄」を知行する安芸熊谷氏嫡流の直時系と、三分一＝「新庄」を知行する庶流の資直（祐直）系は、南北朝期以降、しばしば争ってきた[31]。その両系統が締結した一揆契約が、右の史料である。

この契約状（傍線部）には、「本庄・新庄」が「互いに契約を成し」て「一味同心」することが規定されているので（波線部）、まさしく一揆契状といえる。充所がないので本章でいうところの〈奉納型一揆契状〉に分類できるが、上部権力への忠節を誓う文言はない。

この一揆契状に限らず、一族一揆契状においては、禰寝一族の一揆契状[32]や沼田新荘小早川氏一族の一揆契状[33]など、〈公方条項〉のないものが多々見られる。このような「公方」への提出を想定できないものに関しては、どのように考えたらよいだろうか。

ここで史料7を分析してみると、この一族一揆が、「一家意を異にし、他門之を軽んず」という事態を克服し、「他人競望」を止めることを目的に結成されたことが分かる。すなわち、外部勢力が熊谷一族の内紛につけこみ、一族の所領を侵略するという事態への対応が図られているのである。結成された一族一揆の団結力によって外敵

に当たるのはもちろんであるが、一族の者たちが連署して一揆契状を作成することじたいが、一族の一致団結を、仮想敵としての外部に示す効果を持つと考えられよう。「公方」に提出されない場合においても、〈奉納型一揆契状〉が一揆結成の表明のために、しばしば一揆外部に公開された、という状況が推測されるのである。

（4）公開する〈奉納型一揆契状〉

右の検討を踏まえた上で、〈奉納型一揆契状〉の宣伝的、デモンストレーション的な性格を指摘しておきたい。基本的に〈奉納型一揆契状〉は、〈交換型一揆契状〉に比べて、多数の連署が並ぶという視覚的性格を強く持っている。

また〈奉納型一揆契状〉は〈交換型一揆契状〉に比して起請文としての性格を色濃く有する。起請文は柱に押し貼りされるなど、本来的に掲示・公示される文書であった(34)。そして「紙に書く誓約」、「文書として残された起請文」は、書くという方法でしか伝えられない相手、「誓言の場」にいない人々（領主や隣国の大名、同じ共同体の次世代の人々など空間的・時間的に離れた人々）に誓約を伝えるために作成される、との指摘もある(35)。起請文的な〈奉納型一揆契状〉も、一揆外部の第三者に見せることを強く意識した契約状であると推定される。

これに関連して注目したいのが「一味神水」である。一味神水とは、一揆に参加する全員が神社の境内に集合し、「一味同心」を誓った起請文（すなわち一揆契状）を作成し、全員が署判した後に、その起請文を焼いた灰を神水に混ぜ、それを一同が回し飲みするという儀式のことである。その目的は、神と人、人と人の共同飲食の作法を通じて参加者の心を一つにすることにあったとされる(36)。また、この起請文を焼くという行為は、煙を天に届けるという形で、誓言を神に届ける意味を持ったという(37)。

神仏に宛てられた〈奉納型一揆契状〉は、当然、「一味神水」に用いられたであろう。実際、肥後・薩摩・大隅・日向国人一揆契状の端裏書には「一揆契約状神水案文」と、「神水」の語が記されており、国人一揆を結成するにあたっても、しばしば「一味神水」は行われていたと思われる。

従来の研究では、「一味神水」はもっぱら神との一体化による「無縁の場」の創出として説明されてきた。中世においては、一味神水が行われる「誓約の場」には神仏が来臨すると意識され、鐘を鳴らしたり香をたいたりすることで演出された厳粛な神聖空間の中で人々は身の毛のよだつ恐怖に直面したという。[38]このような「一味神水」の神秘体験としての側面を否定するつもりはないが、別の側面もあると筆者は考える。

山城国一揆の際に、興福寺大乗院門跡の尋尊が、山城国衆の動向や集会の決議内容について詳しい情報を得ていることからも分かるように、[39]国人たちが一か所に集結して「一味同心」するという行動は非常に人目につく。否、むしろ目立つようにやっているというべきだろう。「各参会仕候」[40]、すなわち、大勢の武士が集まって「一味神水」を行うということは、一種のパフォーマンスでもある。こうした宣伝が時として外部勢力への示威行動になり得たことは、想像に難くない。〈奉納型一揆契状〉の作成は「一味神水」をともなうものであったが、この儀式は神秘体験のみを目的としたものではなかったのである。

以上の考察から分かるように、〈奉納型一揆契状〉は、公開・公表する一揆契状と考えられる。少なくとも、第三者に見られないよう、ひた隠すような性格のものではないことは明らかであろう。

第三節　充所のある一揆契状

(一)　人に送る一揆契状

上部権力など第三者に見せることを強く意識した〈奉納型一揆契状〉に対して、充所のある〈交換型一揆契状〉は、どのような特徴を持つのだろうか。本節では従来、ともすると看過されてきた〝充所のある〟一揆契状、

〈交換型一揆契状〉について考察する。

既述のごとく、一揆契状は古文書学的には、起請文と契約状が合体した文書様式として把握できる。たとえば表5-⑥、永徳四年八月十五日藤原守綱一揆契状は事書に「一揆契状事」と記す一方で、書止文言は「仍契約起請文之状如レ件」としている。つまり一揆契状は「契約起請文」の一形態なのである。

笠松宏至氏によれば、この「契約起請文」という文書様式は鎌倉後期以降に出現する。契約状と起請文の合体が必要とされた要因として、「契約」するだけでは違約者への制裁が不十分であるという意識が生まれ、神文を付加することで神罰の恐怖を増強し、契約の実効性を保証しようとする社会動向を、笠松氏は想定している(41)。

逆にいえば、契約状は本来、必ずしも神文（罰文）をともなうものではなかった。「争以二契状一、可レ破二誓状一乎」(42)との表現からも分かるように、神仏に捧げる起請文と本質的には区別される存在だったのである。あくまで契約状は人間を相手とする文書であり、その分、重みに欠けるものであった。

さて、ここで〝充所のある〟一揆契状は、神仏ではなく人間に宛てられた文書であるという事実を想起されたい。この点、充所を有し交換に用いられる文書である契約状に通じるものがある。このことを踏まえるならば、〝充所のある〟一揆契状は、神文を備えるものの起請文的要素は薄く、互通文書たる契約状の性格が強く出ているといえよう。いわば、〝充所のある起請文〟、ないしは〝神文のある契約状〟である。

つまり、一揆契状の〈交換〉という行為に象徴的なように、神に誓うというよりは、人に誓っているのである。この点で〈交換型一揆契状〉は、秘密裏に一揆を結ぶには都合が良いとは考えられないだろうか。〈交換型一揆契状〉は神の介在が少ない分、「一味神水」という人目につきやすい派手な儀式（「作法」）を必ずしも要さず、当事者間で一揆契状を送り合えば一揆が成立するはずである。次項以降で具体的な検討を行う。

（2）　秘密同盟としての一揆契状

永正七年（一五一〇）、石見国の有力国衆である益田氏と、芸石両国にまたがる勢力を誇っていた国衆高橋氏との間で「御契約」が結ばれた。

【史料8】　高橋元光一揆契状

条々

一、今度申合候儀、祖父之時、甚深之事候之間、以二其筋目一、如レ此相調候上者、向後更不レ可レ有二相違之儀一事、

一、於二或国中或隣国一、他家之弓矢出来之時、就二自他縁者知音等一、合力之事在レ之者、於二同方一者、不レ及二其沙汰一、可二申合一候、万一敵・御方相分働之時、縦雖レ及二合戦一、如レ此御契約之筋目、不レ可レ有二相違一之間、不レ可レ残二意趣遺恨一事、

一、向後両方御被官中、或知行等、又者喧嘩口論以下申結事出来在レ之者、以二穏便之儀一、如二天下御法一可二申談一事、

一、対二自他縁者知音中一、御取合出来在レ之者、於二自分御取合一者、雖レ為二何之縁者親類一、捨二置之一、如二申合一無二可レ致二合力一事、

一、此条々不レ可レ有二他言一候、惣別申合上者、一事無二聊尓一、始末可二申談一候事、

右条々相違候者、可レ蒙二八幡大菩薩・賀茂大明神之罰一候、仍為二後日一定置之状如レ件、

永正七年三月五日　高橋民部少輔　元光（花押）

益田治部少輔（宗兼）殿（43）

【史料9】　高橋元光書状

此方之事、有二子細一、代々別而申合之儀候之処、近年依二国御錯乱一、御疎遠之段、慮外候、然間、於二向後一者、帰二旧縁一、大小事、如二親子一一段可二申談一候、同名・被官人等、如二先々御契約之儀一以二判形一雖二申合候一、只今無二在洛一候之間、先此分候、自他甚深申合候上者、末代不レ可レ有二如在一之段、本望候、恐々謹言、

永正七年三月五日　　　　元光（花押）

益田治部少輔殿[44]

当時は大内義興が在京して将軍足利義尹（のちの義稙）を支えており、高橋・益田も史料9の傍点部（同名被官人は在洛していないため今回署判できない）に見られるように、大内に随って在洛していた[45]。それだけに本領の支配に不安を感じ、両氏間での紛争の平和的解決を定めた一揆契約を結んだのであろう。

さて史料8は高橋元光が益田宗兼に送付した契約状である。「自他縁者知音」や「両方御被官中」（傍線部）について規定した双務的な内容から、益田から高橋にも同様の一揆契状が送られたと判断される。これを一揆契状とみなすのには異論があるかもしれないが、史料8の副状と見られる史料9に留意されたい。「大小の事を親子の如く」（傍線部）申し談ずるというのは、一揆契状の定型表現であり、両者の関係は「一揆」としか表現できない[46]。したがって史料8は〈交換型一揆契状〉といえる。

ここで注目したいのは史料8の最後の条文である。「此条々、他言有るべからず候」（傍点部）とあり、この一揆契約が密かに結ばれたことが分かる。つまり、秘密同盟なのである。

これに類似する例を他地域に求めると、たとえば九州の場合、永享五年の菊池持朝と阿蘇惟郷・惟忠との一揆契約があげられる[47]。この一揆契状の第三条には「隠蜜之子細申談事お不レ可レ有二他言一事」とある。この場合、一揆契状そのものが「隠密」に作成されたと明言されているわけではない。しかし、「両者の間で隠密に相談した内容は他言しない」などと規定した一揆契状を人目にさらすとは考えにくい。この一揆契状は秘匿されたと見

るのが自然だろう。

畿内近国ではどうであろうか。永禄六年（一五六三）十二月、近江六角氏重臣の進藤賢盛は、甲賀郡の在地領主である山中俊好と起請文を交わし、相互協力を約している[48]。この起請文＝〈交換型一揆契状〉では、最後の条文において「隠密之儀」について「他言」を禁じており、秘密裡に同盟が結ばれたことを推測させる。この起請文が交わされたのは観音寺騒動の直後であり、賢盛が六角氏領国の混乱に乗じて外部の勢力との連携を密かに図っていた可能性が、先行研究で指摘されている[49]。

同様の事例は関東でも散見される。一例をあげれば、天正十四年（一五八六）八月、下野の茂木治良は常陸佐竹一族の大山氏に起請文を送り、「於㆓何事㆒、向後猶別而可㆓申合㆒事」と一揆を結んでいる[50]。この起請文の最後の条文には「密事之儀申合、於㆓自今以後㆒も御口外有間敷事」とある。この時期の下野・常陸では後北条方と反北条連合が激しい抗争を繰り広げており[51]、当該地域の領主は去就に迷っていた。戦局が微妙な時期ゆえに、同盟締結には細心の注意が払われたのだろう。

このように見ていくと、「他言有るべからず」などと明記されていない〈交換型一揆契状〉についても、〝秘密同盟〟として締結されたものが少なからずあるのではないか、と推測されるのである。たとえば〈交換型一揆契状〉に準ずる文書として、文明三年に益田貞兼に宛てられた陶弘護の起請文がある[52]。この起請文で弘護は貞兼を決して見捨てないことを誓っているが、特に注目されるのが「万一御父子雖㆑有㆓各別之儀㆒、貞兼の御前お弘護不㆑可㆓棄捐仕㆒事」という一文である。つまり、益田氏家中で父の兼堯と子の貞兼が対立する事態に陥った場合、弘護は貞兼を支持することを誓っているのである。この起請文には「他言有るべからず」とは記されていないが、秘密裡に送られた起請文であることは間違いないだろう。

この問題をより深く考える上で示唆に富むのが、以下の史料である。

【史料10】　伊東祐堯一揆契状

契約

右意趣者、

一、世上如何様ニ雖レ為ニ転変一、今度一諾申談候衆中御大綱之時者、祐堯身の大事ニ存、我等か大事を皆の御大綱ニ被ニ思召一、相互ニ御用ニ可ニ立被レ立申一事、

一、弓矢方立、各別ニ心にハよるへからす候、此衆中堅可ニ申談一、縦島津殿御兄弟御和睦候而、自ニ何方一にても御座候へ、此衆中ニ御身上ニ付而も、又我等か身上ニ付而も、無理之子細を被ニ仰懸一事候ハん時者、分々に身の大事ニ存、堅可ニ申談一事、

一、自然　奥州《（忠国）》ニ御用之時者、承候而可レ申候、又自レ是持久ニ可レ申子細候ハん時者、此衆中ニ可ニ申談一事、

一、自ニ此方向一我等ニ列立候て被ニ申通一方候共、不レ可レ有ニ御拘一候、又自ニ其方向一此衆中ニ隔候而、我等ニ被レ申候方候共、御意共放候て申談事有ましく候、殊に自今以後、此衆中御持の御城を、相互ニ忍被レ忍不レ可レ申候、其外小事の和讒等にても候へ、申付事有ましく候事、

一、如レ此申談候処ニ有ニ讒者一、不慮の虚事出来事候ハん時者、御意を不レ被レ残承、自レ是も無ニ腹蔵一可ニ申披一候、か様ニ申定候上者、至ニ子々孫々一まて成ニ水魚之思一、此衆中無二無三御用ニ立被レ立可レ申事、

若此条々偽申候者、

伊勢天照大神、八幡大菩薩、（中略）

其外六十余州大小神祇可レ罷ニ蒙御罰一候、仍契状如レ件、

文安元年十月十二日　　六郎右衛門尉祐堯（花押）

樺山殿(53)

【史料11】　高木殖家一揆契状

契約

右意趣者、

一、世上如何様雖レ為二転変一、此衆中一諾申談候上者、孝久御大綱之時者、殖家大綱と存、無二之御用仁可二立申一事、

一、万一持久・忠国御和睦候て、何方よりにても御座候へ、孝久又此衆中ニ無理之子細お被二仰懸一事候ハん時者、一身之大〔綱脱カ〕と存、堅可二申談一事、

一、如レ此申談候之処有二讒者一、不慮之虚事出来事候ハん時者、不レ被レ残二御意一承、自レ是も無二覆蔵一可二申披一候、か様ニ申定候上者、子々孫々仁至まて成二水魚之思一、無二無三御用仁立可二被レ立申一事、

若此条々偽申候者、

（神名を省略）御罰於可二罷蒙一候、仍契状如レ件、

文安元年十月廿二日　左衛門尉殖家（花押）

樺山殿(54)（本文書は「牛玉宝印」を料紙に用いている）

文安元年（一四四四）十月、日向において伊東・樺山・高木・和田・野辺の五氏が、右のような一揆契状(55)を取り交わし、「衆中」＝一揆を結成した。先行研究によれば、この一揆は、対立していた島津忠国・持久（好久から改名）兄弟が和睦する可能性が想定されるにおよんで、忠国派の伊東氏と、持久派の樺山ら四氏が手を結んだものである(56)。

伊東祐堯は日向国都於郡を本拠とする山東地方の有力国人で、島津本宗家の忠国・持久兄弟とは従兄弟の関係にある。樺山孝久は日向国庄内地方（島津荘一円荘）に基盤を持つ有力な島津一族で、島津本宗家からは「御一

家」として遇されていた。高木殖家・和田正存も庄内地方の国人で、樺山氏とは姻戚関係にあった。野辺盛吉は櫛間院野辺氏の庶流で、飫肥院に本拠を持っていたと考えられる。(57)

さて本章では煩瑣になるのを厭い、伊東と高木の一揆契状だけを載せているが、伊東・高木・和田・野辺から樺山に宛てられた一揆契状が各一通、つまり合計四通が「樺山文書」に残っている。この四通は日付・文面が微妙に違う。まず日付だが、伊東・野辺からの契状が十月十四日付であるのに対し、高木・和田からの契状は十月二十二日付である。そして文面は、高木・野辺の契状はほぼ同一だが、伊東の契状＝史料10だけは条文が大きく異なる（和田の契状は前欠）。この内容の異同は、以前から樺山氏の盟友であり持久派の高木・和田・野辺と、樺山氏と対立してきた忠国派の伊東氏とでは、これまでの樺山氏との関係も、これから樺山氏が期待する役割も、おのずと異なるからである（後述）。

さらに、いずれの一揆契状も双務的な内容であり、樺山からも四氏に対し、それぞれ一揆契状を送ったと考えられる。すなわち樺山は四氏とそれぞれ一揆契状を交換したわけで、これらの一揆契状はすべて〈交換型一揆契状〉と把握できる。

また、残された四通の日付・文面の違いから、樺山ら五氏が一堂に会して一揆契状を作成する、つまり「一味神水」を行ったという状況は考えにくい。そもそも人と人とで契状を送り合う〈交換型一揆契状〉は、その形態からして「一味神水」には不向きである。

ここで注意したいのは、一揆契状が作成された時点での忠国・持久兄弟の関係である。史料10の第二条に「縦島津殿御兄弟御和睦候而」、史料11の第二条に「万一持久・忠国御和睦候て」とある（傍線部）。すなわち忠国と持久の和睦は、この時点ではあくまで可能性が噂されていたにすぎず、実現はしていない。両者は依然として対立関係にある。

そのような状況下で、忠国派の国人と持久派の国人が現地で勝手に盟約を結ぶということが、何を意味するか。これは敵方への内通行為に等しく、忠国もしくは持久に発覚したら、彼ら国人たちが何らかの制裁を受けることは間違いない。

したがって、この一揆契約は表立って結ばれたものではあり得ない。現に伊東氏はこの一揆を結ぶ直前に、忠国の訪問を受ける一方で、密かに樺山氏と連絡を取り一緒に持久と談合することを計画している[58]。五氏の盟約が秘密同盟であることは疑いない[59]。

そのことは史料10の第三条からもうかがえる。持久派の樺山らが忠国に申し入れをしたい場合は忠国派の伊東が取次ぐ一方、伊東が持久に申し入れをしたい場合は樺山らが取次ぐ。つまり戦況がどう転んでもいいように、忠国・持久のどちらが和睦の主導権を握っても問題ないように、相手側に交渉の窓口を作っておくというしたたかな計算なのである。

次に第一節第2項にて言及した、永享六年の七氏間の〈交換型一揆契状〉について改めて考えてみたい。これらの一揆契状の第一条は、「仰二持久一、雖レ為二世上如何様転変一、一味同心御用可二罷立一事」とある。当時、薩・隅・日守護の島津忠国は弟の持久に守護職を譲って大隅と日向の国境地帯にあたる末吉郷に隠居していたが、両者の関係は必ずしも良好ではなく、永享七年には忠国はみずからの復権を画策し、樺山氏ら一門の一定の支持を獲得している[60]。

こうした水面下での対立状況の中、彼らが持久に従うことを周囲に表明したとは考えにくい。この一揆契約も秘密裏に結ばれたものであり、それがゆえに、「一味神水」を伴う〈奉納型一揆契状〉ではなく、〈交換型一揆契状〉が用いられたのではないだろうか。

また応永十八年（一四一一）八月、島津久豊（忠国・持久の父）は樺山氏や山田氏と契状を交わしているが[61]、ちょうどこの時期は、久豊の兄で島津奥州家当主であった元久が死没した直後であり、元久の妹婿の伊集院頼久が息子の初犬千代丸を擁立し、久豊がこれに反発するという後継者問題が発生していた[62]。久豊は家督を手中に収めるべく与党の形成に動いていたのであり、それは当然、堂々とは行われていなかっただろう。

よって、公開する〈奉納型一揆契状〉に対し、充所のある〈交換型一揆契状〉は、隠匿する一揆契状といえよう。「一対一契約の連鎖」の形で多者間の一揆契約を締結するという一見不可思議な事象も、右のように考えれば整合的に理解できる。

（3）隠された一族一揆契状

充所のある〈交換型一揆契状〉は、国人間の「秘密同盟」締結の時だけでなく、一族一揆結成の時に作成された例もある。その一例が、肥後国球磨《くま》郡人吉荘を本貫とする人吉相良氏（下相良氏）における一揆契約である。

【史料12】相良前頼・同氏頼連署一揆契状

契状

右、おやにて候ものゝ時も、一そくたちにむけたてまつり候て、そきを存せられす候し程ニ、めん〳〵御しよそんもとうへんに候き、前頼又そのむねを存へく候あいた、けい状まてもあるましく候へとも、いまの世上のてい、昨日にけふハかはるさほうに候、庄内においても、ふりよのたくミをなす仁もあるへく候あいた、如レ此かたく申さため候なり、しよせん一そくのわつらひになり候ハんするともからにおいては、親子兄弟をいハす、なかをたかふへく候、

一、一そくのなかに、ふりよのくわうせついてきたり候時ハ、しんしゃくの儀なく、あひたかひに申ひらくへく候、

一、庄内において、所務以下のさうろんにおよふ事候時ハ、一そくおの〳〵申たんし候て、りうんにまかせてさいそく申へく候、かやうにてう〳〵申さため候うへハ、きやうこういよ〳〵一味同心のおもひをなすへく候、もしこのてう〳〵偽申候ハヽ、

八まん大ほさつの御はつをまかりかうふるへく候、仍契状如ㇾ件、

正平廿三年八月五日

藤原氏頼（花押）

近江守前頼（花押）

なかとミとの(63)

正平二十三年（一三六八）、人吉相良氏の惣領家である相良前頼・氏頼兄弟から、庶子家の永富氏に対して一揆契状（波線部参照）が出された(64)。南朝年号から分かるように、この時期に人吉相良氏は武家方から宮方に転じている。当時、球磨郡はもとより、肥薩隅国境一帯は概ね宮方＝反島津勢力に属しており(65)、人吉荘が外敵の侵入にさらされる心配はなかった。そのためか本契状では、第二節第3項で掲げた熊谷氏の一族一揆契状とは異なり、外部勢力の侵攻よりも、一族の中から惣領家への敵対者が出現することを恐れている。ゆえに惣領家による一族支配の強化を目的として制定された一揆契状と考えられる。

本契状が作成された契機として服部英雄氏は、定頼の死没にともなう前頼の家督継承（当主の交替）を想定している(66)。首肯すべき見解であろう。兄弟が連署するという特異な形式も、惣領家当主の交替が招いた動揺を克服するための危機管理体制の表れと見ることができる(67)。また、一つ書き（条々文）の前にある前文の文面はあたかも書状のようであり、本契状の特徴といえる。

さて永富氏の方は、人吉相良氏に対して一揆契状を提出したのだろうか。史料12の傍線部に注目したい。「一族の煩いになり候はんずる輩においては、親子兄弟を謂はず、中を違ふべく候」、「一族の中に不慮の荒説出で来

たり候時は、斟酌の儀なく、相互いに申し披くべく候」、「庄内に於いて、所務以下の相論に及ぶ事候時は、一族各々申し談じ候て、理運に任せて催促申すべく候」という文言が見える。一族の結束を守り、一族内部の不和・紛争を平和的に解決するための規範が定められている。

右の「一族」「一族の中に」「一族各々」という文言（傍点部）から分かるように、この一揆契状は惣領の一族への一方的誓約ではない。惣領と一族との関係を律する双務的なものである以上、永富氏の方からも同種の一揆契状が提出されたと見るべきである。互いに「一味同心」（波線部）を誓い合わなければ、一揆は成立しないのだから。

ではどうして、この一揆契状は〈交換型一揆契状〉の形をとったのだろうか。前節で述べたように一族一揆契状は、一族一同が連署する、公開性の高い〈奉納型一揆契状〉が一般的である。にもかかわらず、なぜ下相良惣領家は〈交換型一揆契状〉を用いたのか。

ここで史料12の点線部を見てみよう。「親にて候者の時も、一族たちに向け奉り候て、疎儀を存ぜられず候し程に、面々御所存も同篇に候き」とある。前頼・氏頼兄弟の父である定頼が、一族を軽視しなかったが故に、一族が定頼に従ったと述べている。そして、「前頼又その旨を存ずべく候」、前頼、つまり自分も同様の姿勢をとると宣言している。また「契状までも有るまじく候へども」、契状をわざわざ作成する必要はないとは思うが、とも述べており、一族に対する信頼を表明している。

ここから看取されるのは、一族尊重の姿勢であり、決して惣領として超然たる態度で一族に臨んでいるわけではない。むしろ前文で長々と弁明がましいことを書いて一族を説得しようとしていることから見て、一族への細やかな気遣いに満ちているとさえいえよう。このような文言は、一揆契状としては極めて異例である。

しかし、このような一揆契状は、一族に見せる上では効果的でも、他氏の目に触れては不都合が生ずる。惣領家の脆弱な立場を周囲の勢力に伝え、人吉相良氏の威信を低下させる恐れがある。したがって、史料12はあくまで一族という〝身内〟に向けられた一揆契状であり、第三者に見せることを想定していなかったと考えられる。だからこそ、一揆の結成を秘匿しやすい〈交換型一揆契状〉という形式をとったのである。

さらに、惣領家と庶子家連合＝御一家衆との間で〈交換型一揆契状〉が用いられた事例も存在する。文明九年（一四七七）四月十九日、相州家の島津友久や伊作家の島津久逸ら一〇名が連名で一揆契状を作成している。その第一条には「天下雖二如何様転変候一、武久於一味同心可二仰申一候」とある。[68]「武久」とは島津本宗家の当主、島津武久（のちの忠昌）のことである。友久ら庶子家は、当主武久の下で「一味同心」することを誓っている。本契状はこの一揆的結合を「一家中」と表現している。そして同月二十一日には、武久から彼ら一〇名に対して「天下如何様雖二転変候一、此芳々(マヽ)一味同心可二申談一候」と誓った一揆契状が出されている。[69]

現在「島津家文書」に伝来している島津友久ら「一家中」の一揆契状は、案文であるため充所は書かれていないが、その二日後に武久から彼ら「一家中」に一揆契状が出されていることを考慮すれば、「一家中」一揆契状が島津武久に宛てられたものであることは確実である。すなわち、島津一族一〇氏の連署による一揆契状が島津武久に提出され、これを受けて武久は、その返信として一揆契状を「一家中」に提出しているのである。

島津武久は島津一族によって推戴される代表者的存在であり、彼らの上部に位置しているものの、一揆契状を取り交わしている以上、両者の関係は双務的なものである。

続いて文明十二年十月二十日、島津武久は一族の相州家友久・薩州家国久・伊作家久逸・豊州家忠廉・佐多忠山・新納忠続の六人と契約状を交わしている。[70]

友久ら「一家親類」六人は連名で一揆契状を提出し、一味同心して島津本宗家当主である武久に従うことを誓っている。しかし契状の最後の箇条では、「屋形」である武久から「衆中」のメンバーに対して「無理の子細」

をいってくることがあれば、共同で抗議することを規定している。ここから、彼らが当主を絶対視してはおらず、無条件で当主に従うわけではないことが判明する。[71]

一方、武久から「一家中」六人に宛てて提出された一揆契状はどうか。「一家」の「一味同心」による理非決断に賛意を表し、「武久も一味同心に申し談ずべき事」と、「一家中」との協調を約束している。また、「大小事」について、友久らに相談せず武久の独断で決定しないことを誓っている。よって本契約は、友久ら「一家親類」六名による「一家中」(御一家衆)という一揆的結合を基礎にした、当主と「一家中」との「一対一の一揆契約」と捉えることができる。

島津武久は文明六年、父である立久の逝去にともない、わずか一二歳で薩摩・大隅守護職を継承した。[72]しかし同八年には薩州家国久・豊州家季久が武久に敵対して大隅国衙近辺で戦端を開くなど、苦難の時期が続いた。薩州家・豊州家らの叛乱は、相州家友久の活躍により一旦は沈静化するが、やがて友久自身も武久に反旗を翻した。武久は何とか彼らとの和睦にこぎつけるので精一杯だった。文明九年の一揆契状は、この和睦直後に作成されたと見られる。[73]

先述の文明九年と十二年の一揆契状は、反覆常ならぬ一族を何とか「一家中」として従えようとする武久の努力の痕跡に他ならない。ただし、そのような状況での一揆契約だったために、武久は絶対的な権力を確立できたわけではなく、むしろ「屋形」武久の権力は彼ら「一家中」に大きく規制された。

このような新当主の弱い立場を示す一揆契状は、明らかに外部に見せるような性質の文書ではない。あくまで島津家中でのみ知られる一揆契約だったと思われる。

（4）秘匿する〈交換型一揆契状〉

一揆契状を〈契約状と起請文の複合体〉と捉えた時、〈奉納型一揆契状〉は起請文的な傾向が強く、〈交換型一揆契状〉は契約状的色彩が濃い。この理解に基づき、本章では〈交換型一揆契状〉の性格を検討した。その結果、契約状的な〈交換型一揆契状〉は、秘密裏に一揆を結ぶ際に用いられたことが判明した。意図的に宣伝するような文書ではなかった。

このような〈交換型一揆契状〉の特質を追究する上で参考になるのが、戦国大名の起請文である。戦国期には大名間で盛んに同盟が締結されたが、その際、大名当主同士が対面して同盟を約するわけではない。越相同盟に見られるように、大名間を使者が行き交い、大名当主の花押や血判が据えられた起請文（誓詞）を相手方に渡すことで同盟が成立する。なお直接面会できない分、代替措置として、「血判之証人」と呼ばれる相手方使者の眼前で当主が血判を据えるという「作法」があった(74)。

さて、右のような時に用いられる起請文は、充所を書かず神仏を受取者とする本来的なそれではなく、前書の内容を宣誓する相手方を直接の受取者として充所に明記して、一種の書状、互通文書の形態をとるものであった(75)。その中には〈交換型一揆契状〉として把握できるものも少なくない。左に例を掲げる。

【史料13】　伊達政宗起請文

誓書之事

一、於㆓自今以後㆒者、無二可㆓申合㆒事、付、密事之義、不㆑可㆑致㆓口外㆒事、

一、手抜・表裏不㆑可㆑有㆑之候事、付、佞人取成候者、互ニ可㆓申顕㆒事、

一、条々証文進置候通、聊不㆑可㆑有㆓相違㆒事、

右之旨於㆑偽者、

（神文を省略）仍証文如レ件、

天正十七己丑年七月廿六日　　　政宗（花押血判）

白河殿[76]（本文書は「牛玉宝印」を料紙に用いている）

天正十七年（一五八九）、伊達政宗が摺上原の戦いで蘆名《あしな》・佐竹連合軍を撃破すると、白河義親は佐竹氏から離反し、伊達氏と盟約を結んだ[77]。その時に交わされた起請文が右の史料である。おそらく白河義親も伊達政宗に対し同種の起請文を提出したと思われる。

右の起請文に見られる相談・連絡の徹底による結束の強化・相互不信の解消は、一揆契状の基本的規定であり（たとえば表5-⑥、藤原守綱一揆契状には「不思議凶害出来候時者、相互可二申披一候」とある）、史料13も史料4などと同じ〈交換型一揆契状〉として理解することができるだろう。

このような〈交換型一揆契状〉の〝充所がある〟という形態からは、神仏に捧げるのではなく人に送る、当事者同士が顔を合わせることなく、文書のやりとりだけで契約が成立する、といった機能がうかがえる。よって〈交換型一揆契状〉は、「一味神水」という決起集会を必要としないと考えられる。つまり、一揆構成員が一堂に会することなく、一揆が成立するのである。

前述の性格を有する〈交換型一揆契状〉は、一揆の結成を大々的に宣伝するには不向きで、逆に密かに一揆を結ぶには最適な文書といえる。たとえ一揆構成員が少ない時でも、宣伝の必要がある場合には、契約状的な〈交換型一揆契状〉ではなく、起請文的な〈奉納型一揆契状〉が採用された。そして一揆成員が多くても、一揆をなるべく秘密にする場合には〈交換型一揆契状〉が用いられた。すなわち契約状的な〈交換型一揆契状〉は、当事者以外の人間の目に触れることを避ける一揆契状、秘匿する一揆契状である、といえよう。

おわりに

最後に本章の内容を簡単にまとめておく。筆者は一揆契状を、充所がなく、一通で機能が完結する一方通行の〈奉納型一揆契状〉と、充所があり、二通セットで機能する双方向的な〈交換型一揆契状〉に分類した。その上で、〈奉納型一揆契状〉は、一揆の結成を外部に表明し、連判によって一揆の力を誇示する〝外向き〟の文書であり、〈交換型一揆契状〉は、外部の人間に見せることを想定していない〝内向き〟の文書である、と結論づけた。

したがって、〈交換型一揆契状から奉納型一揆契状へ〉という段階論ではなく、類型論として両者の関係を処理すべきである。時代的経過による形式の変化と解釈することはできない。これは、〈交換型一揆契状〉で結成された一揆と、〈奉納型一揆契状〉で結成された一揆とでは、一揆の性格が本質的に異なることをも意味する。いわば、「一味神水」によって結成された公開同盟と、一揆契状の交換のみによって締結された秘密同盟の違いである。この事実は、今後、国人一揆研究をより一層進展させる上で、一つの前提となろう。

また、一揆契状が今まで考えられてきた以上に、複雑な構成と機能を持つことが明らかになった。一揆契状は神に捧げる起請文と人に送る契約状の性質を兼ね備え（契約起請文）、時に上部権力への申状や請文としても機能した。実はこのような複合的な性格は、在地領主の一揆契状だけに見られるものではない。

近年、三枝暁子氏は山門集会事書を悉皆的に検討し、集会事書は「上申」文書か「下達」文書かという従来の議論の枠組みを克服した。すなわち、山門集会事書は末寺末社を宛所とすることがある一方で「公方・管領など、延暦寺外部の人々」を対象とすることもあり、「上申文書でも下達文書でもあるという」曖昧な性格を持っていたというのである。これは「集会が大衆の一揆的結合の場であり、集会事書とは基本的に集会における誓約を記したものであること、すなわち一揆契状としての性格を帯びていた」ことに起因すると三枝氏は説く。[78]「鎌倉後期における山門集会事書の成立は、大衆内部における個別利害を超えた一揆的結合の確立と、「一揆の力」の内外への表明を意味するものだった」という氏の指摘は、領主層の結集のための「法」としてのみ一揆契状を評価してきた旧来の国人一揆研究（序章第三節第1項を参照）を相対化していく上で示唆的である。[79]

ところで起請文に関しては、十六世紀はじめから、本来の「宛名を欠く起請文」に代わって、「宛名のある起請文」が一般的になっていくとの主張があり、その背景として、中世人の宗教観念の変化が推定されている。すなわち、人々の神仏への畏敬の念が薄れた結果、起請文の呪術性が失われ、神または天に届けるよりも、もっぱらそれを持っていたい人々の手に保管されることこそが重要になっていくというのである。[80]

しかし、本章で言及した〈交換型一揆契状〉を「宛名のある起請文」の範疇に加えた場合、「宛名のある起請文」は十四世紀から存在し（前掲史料4参照）、「宛名を欠く起請文」と「宛名のある起請文」が長い間、併存状況にあったことになる。呪術的・神秘的な「宛名を欠く起請文」から合理的・現実的な「宛名のある起請文」への転換、という枠組みは再考を要するだろう。

要するに、「宛名のある起請文」を本来的な起請文が脱宗教的に変質したものとして捉える見方は本当に正しいのか、という疑問である。早い時期に見られる「宛名のある起請文」の中には〈交換〉を前提に作成されたものが少なくない。ならば、起請文に充所が付くようになるという現象を、起請文の内在的な展開と見るのではなく、「契約」という論理の流入の結果と理解することもできるのではないか。

いやむしろ、主客を逆に考えるべきかもしれない。鎌倉後期〜南北朝期に契約状が「起請の詞」を取り込んで交換型の「契約起請文」となり、これが戦国期の「宛名のある起請文」隆盛の基盤になったのではあるまいか。つまり史料13の類は、「宛名のある起請文」というより〝神文のある契約状〟とみなすべきではないか。この想像に従えば、人々の宗教観の変化だけで起請文の様式変化を説明することは最早できず、「宛名を欠く起請文」の呪術性を自明視する研究姿勢も見直していく必要があろう。[81]

起請文の呪術性に対する評価を下方修正するとなると、当然、「一味神水」という儀式の神秘性についても再検討する必要がある。そもそも本章で指摘したように、「一味神水」は一揆結成に不可欠の「作法」とはいえない。要は共同意思の形成が文書によって確認できれば良いのであって、一揆契状の交換という「作法」によって一揆が成立することも少なくなかったのである。[82]「一味神水」の神秘性ばかりを喧伝するのではなく、人々が「参会」するという事実そのものを重視すべきであろう。すなわち「集会」の一形態として「一味神水」を捉えていくことが必要である。[83]

なお本章では、一揆契状の類型論に焦点を絞ったため、一揆契状の歴史的展開を明らかにすることができなかった。この課題を解決するためには一揆契状の発生論、展開論を古文書学的に示すことが必須となろう。次章以降で検討していきたい。

（1）石井進「家訓・置文・一揆契状」（『日本思想大系21　中世政治社会思想・上』岩波書店、一九七二年）。
（2）契約状については笠松宏至「契約の世界」（同『中世人との対話』東京大学出版会、一九九七年）を参照のこと。
（3）「相馬文書」（『武家家法Ⅱ』一二八号）。この史料を南奥政治史の中に位置づけた研究としては、伊藤喜良「南奥の国人一揆と「公方事」」（細井計編『東北史を読み直す』吉川弘文館、二〇〇六年）がある。
（4）「右田毛利家文書」（『右田』一九号）。
（5）「右田毛利家文書」（『右田』六三号）。
（6）岸田裕之「統合に向かう西国地域」（有光友學編『日本の時代史12　戦国の地域国家』吉川弘文館、二〇〇三年）。第七章の史料2を参照。

（7）当事者甲・乙間で交換される同時・同内容の二通の一揆契状がペアーになって現存しているケースは極めて乏しいが、それは史料の伝来という一般的条件に規定されるからである。つまり二通はその性格上、別々の家（甲と乙）で保管されるため、両方が伝来することは難しい。伝来こそしなかったが、かつて確実に存在したであろう文書の性格と内容とを、現存文書から抽出・復元する作業が求められる。

（8）「富塚文書」（『南関』一九七八号）。

（9）小国浩寿「鎌倉府奥羽支配の形成」（同『鎌倉府体制と東国』吉川弘文館、二〇〇一年）二五七頁。また伊藤前掲註(3)論文、一一五頁も参照のこと。

（10）笠松前掲註(2)論文、七頁。

（11）小林一岳「一揆の法の展開」（同『日本中世の一揆と戦争』校倉書房、二〇〇一年、初出は一九八六年）一五四頁。

（12）「薩藩旧記雑録」（『旧記』一一五四〜一一五九号）。なお、この時期の南九州の政治情勢については、福島金治『戦国大名島津氏の領国形成』（吉川弘文館、一九九八年）、新名一仁「永享・文安の薩摩国「国一揆」について」（『九州史学』一二二、一九九九年、以後は新名Ⓐ論文とする）、同「嘉吉・文安の島津氏内訌」（『史学研究』二三五、二〇〇二年、以後は新名Ⓑ論文とする）、同「文安元年日向南部国人一揆の意義」（『都城地域史研究』九、二〇〇三年、以後は新名Ⓒ論文とする）を参照のこと。

（13）新名一仁「永享の「国一揆」と守護家の対応」（『都城市史　通史編　中世・近世』都城市史編さん委員会、二〇〇五年）一八七頁。

（14）佐藤進一『新版　古文書学入門』（法政大学出版局、一九九七年）、千々和到「「誓約の場」の再発見」（『展望日本歴史9　中世社会の成立』東京堂出版、二〇〇一年、初出一九八三年）。

（15）川添昭二「今川了俊の南九州経営と国人層」（『九州史学』一〇、一九五八年）。

（16）服部英雄「相良氏と南九州国人一揆」（『歴史学研究』五一四、一九八三年）二九・三〇頁。

（17）石井前掲註(1)論文、五四八頁。

(18) 岸田裕之「安芸国人一揆の形成とその崩壊」（同『大名領国の構成的展開』吉川弘文館、一九八三年、初出一九七八年）三五二・三五三頁。
(19) 久留島氏は、この一揆の目的が幕府に対して守護改替を要求することにあると喝破した。久留島典子「領主の一揆と中世後期社会」（『岩波講座日本通史』第9巻、中世3、岩波書店、一九九四年）一一五頁参照。この問題に関しては終章でも論じる。
(20) 本書第一部第三章を参照されたい。
(21) 「青方文書」（『武家家法Ⅱ』八九号）。
(22) 村井章介「在地領主法の誕生――肥前松浦一揆――」（同『中世の国家と在地社会』校倉書房、二〇〇五年、初出一九七五年）。
(23) 瀬野精一郎「松浦党の変質――松浦党の一揆契諾について――」（同『鎮西御家人の研究』吉川弘文館、一九七五年、初出一九五八年）。
(24) 吉原弘道『地域資料叢書三　青方文書の研究』（服部英雄研究室、一九九九年）六六頁。オリジナルの契諾状は、神殿に納められたり、一味神水の儀式に使用されたりした、と吉原氏は推測している。
(25) 起請文を多数通作成する場合があることは、千々和前掲註(14)論文、二九九頁が指摘している。また覚一本『平家物語』の巻第十二の「土佐房被斬」では、源義経に捕らえられた土佐房昌俊が「七枚の起請文をかいて、或やいてのみ、或社に納めなどして」身の潔白を主張している。入間田宣夫「起請文の成立」（同『百姓申状と起請文の世界』東京大学出版会、一九八六年、初出一九八五年）七九頁。
(26) 「長谷場文書」（『武家家法Ⅱ』五五号）。
(27) 康永三年十月三日一乗院政所下文（「長谷場文書」『南九』二〇五八号）・（貞和二年）八月七日一乗院僧琳乗施行状（「長谷場文書」『南九』二二二四号）。この事件に関しては、工藤敬一「鎮西島津庄における領家支配の変遷」（同『九州庄園の研究』塙書房、一九六九年、初出一九六二年）、山口隼正「南北朝時代の鹿児島」（同『中世九州の政治社会構造』吉川弘文館、一九八三年）、小林一岳「鎌倉〜南北朝期の領主一揆と当知行」（小林前掲註11書、初出一九九二年）、若山浩章「長谷場氏の島津荘日向方南郷領有と領家一乗院」（『都城市史　通史編

中世・近世』都城市史編さん委員会、二〇〇五年）などを参照。

(28)　転写した一揆契諾状を機能させるには一定数の加判が必要であると吉原氏は指摘している（吉原前掲註24書、六七頁）。これに従えば、在地で機能させるために、花押のある契約状が長谷場氏の手元に残されたと推定される。

(29)　本章の原形論文（『史学雑誌』一一六―一、二〇〇七年）を発表した際、幾人かの方から、「この史料は一揆契状ではなく、単なる年貢の請文ではないか」というご指摘を賜った。筆者もこの史料を純然たる一揆契状とは理解しておらず、ゆえに〈奉納型一揆契状〉の原初的形態という慎重な評価を下した。本文で述べたように、本史料は様式的にも機能的にも一揆契状に類似した要素を持ち、一揆契状の〝発生論〟を考える上でも重要な材料である。本史料を単なる年貢の請文と理解し、一揆契状と関連づけることができないのは、家訓・置文→一揆契状→戦国家法という「在地領主法」の発展段階論にとらわれているからに他ならない。本書の目的は、まさしく上述のような「領主制論」的な視角を相対化することにある（序章参照）。すなわち、中世契約状の展開史という脈絡の中で一揆契状を捉えていく。この問題については第五章・第六章で詳論する。

(30)　「熊谷家文書」（『南中』五三三五号）。

(31)　服部英雄「安芸国三入庄の復原的研究」（同『景観にさぐる中世』新人物往来社、一九九五年、初出一九八二年）、錦織勤「安芸熊谷氏に関する基礎的研究」（『日本歴史』四三七、一九八四年）。

(32)　建武三年正月十一日建部清成外五名一族一揆契状（「池端文書」『南九』三八三号）。

(33)　嘉吉二年十一月十六日沼田新荘小早川氏一族一揆契状写（『小早川家証文』四六〇号）。

(34)　保立道久「絵巻に描かれた文書」（藤原良章・五味文彦編『絵巻に中世を読む』吉川弘文館、一九九五年）。

(35)　千々和到「中世民衆の意識と思想」（『一揆』4、東京大学出版会、一九八一年）、千々和前掲註(14)論文。

(36)　勝俣鎮夫『一揆』（岩波書店、一九八二年）三一～三三頁。

(37)　千々和前掲註(14)論文、二九二頁。

(38)　黒田日出男「中世民衆の皮膚感覚と恐怖」（『展望日本歴史9　中世社会の成立』東京堂出版、二〇〇一年、初出一九八二年）、千々和前掲註(14)論文など。

(39)　山城国一揆に関しては、第三部第八章を参照されたい。
(40)　前掲註(33)史料。
(41)　笠松前掲註(2)論文、二八頁。
(42)　貞永二年四月日明法勘文（「近江大安神社文書」『鎌遺』四四七五号）。
(43)　「益田家文書」（『益田』六七五号）。
(44)　「益田家文書」（『益田』六七六号）。
(45)　岸田裕之「芸石国人領主連合の展開」（岸田前掲註18書）四〇三頁。
(46)　岸田前掲註(45)論文は、このような契約関係を「国人領主連合」と定義し、国人一揆とは区別している。しかし久留島前掲註(19)論文は、こうした起請文の取り交わしに基づく家相互の盟約関係を「領主の一揆」として理解している（一三四頁）。筆者は久留島氏の見解に従う。
(47)　永享五年四月二十九日菊池持朝一揆契状写（『阿蘇』阿蘇文書之二、二五〇頁）。この起請文では、阿蘇氏が窮地に陥った時は救援することを菊池氏が誓っている。史料5の傍点部に見えるように、一揆構成員の危機を他人事のように受け止めるのではなく、一揆全体の危機＝我が身の危機と考えて協力を惜しまない点に一揆契約の核心があるので、本史料を〈交換型一揆契状〉と理解することができると考える。
(48)　永禄六年十二月五日進藤賢盛起請文（「山中文書」二二八号、『水口町志』下巻）。
(49)　村井祐樹「佐々木六角氏家臣団の結合形態」（同『戦国大名佐々木六角氏の基礎研究』思文閣出版、二〇一三年、初出二〇〇〇年）一四五頁。
(50)　天正十四年八月二十四日茂木治良起請文写（「大山家文書」、『秋田藩』「大山弥大夫義次并組下院内給人家蔵文書」六三号）。
(51)　市村高男『東国の戦国合戦』（吉川弘文館、二〇〇九年）二七四〜二七九頁。
(52)　文明三年十一月二日陶弘護起請文（「益田家文書」『益田』六〇六号）。
(53)　「伝家亀鏡」（『樺山』一三二号）。
(54)　「伝家亀鏡」（『樺山』一三四号）。

(55) 「水魚の思を成す」は一揆契状の常套句である（史料10・11の波線部参照）。また前掲註(47)で述べたように、「一人の大事は面々の大事」という結束（史料10・11の第一条参照）こそが一揆契約の核心である。
(56) 新名Ⓒ論文、一一頁。
(57) 以上、五氏の紹介は、新名Ⓒ論文、三～五頁によった。
(58) 新名Ⓒ論文、一一・一二頁。
(59) 福島金治「樺山・北郷氏等の島津氏一族の領域支配のあり方」（『宮崎県史』通史編・中世、一九九八年）はこの一揆を「中立的な立場」と評するが（五二二頁）、堂々と中立を宣言したわけではなく、現地で密かに手を結んでしまっている点に留意すべきである。
(60) 新名Ⓑ論文、六・七頁。
(61) 「薩藩旧記雑録」（『旧記』八二五・八二七号）。
(62) 郡山良光「室町時代の鹿児島」（『鹿児島市史』第一巻、一九六九年）二一八頁。
(63) 「相良家文書」（『南九』四七四三号）。
(64) この史料が「相良家文書」に残されたのは、下相良惣領を逐い戦国大名相良氏へと成長したのが、この永富相良氏の系統だからである。服部英雄「戦国相良氏の誕生」（『日本歴史』三八八、一九八〇年）は、この史料から「永富氏が庶子方を代表する勢力となっていた」と説くが（二頁）、〝他の一族にも送られたが永富氏宛ての契状だけが伝来した〟という可能性も考えるべきだろう。本章で縷々指摘したように、同日・同内容の契状を複数の宛先に送るケースは少なくないのである。この点については、小林一岳「一揆の法の形成」（小林前掲註11書、初出一九八七年）一四一頁も参照のこと。
(65) 服部前掲註(16)論文、二四・二五頁。
(66) 服部英雄「軍忠状の彼方に」（『史学雑誌』八九―七、一九八〇年）三五頁。
(67) 南北朝期、惣領の舎弟が果たした役割については、田中大喜「南北朝期武家の兄弟たち」（同『中世武士団構造の研究』校倉書房、二〇一一年、初出二〇〇五年）参照。
(68) 島津友久外九名連署一揆契状案（「島津家文書」『島津』三三六号）。

(69) 島津武久一揆契状（「島津家文書」『島津』三三七号）。
(70) 島津友久外五名連署一揆契状写（「薩藩旧記雑録」、第七章の史料5）、島津武久一揆契状案（「島津家文書」『島津』一四一二号）。
(71) 福島前掲註(12)書（一二七・一二八頁）、久留島典子『一揆と戦国大名』（講談社、二〇〇一年）一二三頁、木下聡「室町殿袖判口宣案」（同『中世武家官位の研究』吉川弘文館、二〇一一年、初出二〇〇五年）三一六・三一七頁。
(72) 『大日本史料』文明六年四月一日条。
(73) 新名一仁「島津忠昌の家督継承と文明八・九年の争乱」（『都城市史　通史編　中世・近世』都城市史編さん委員会、二〇〇五年）二三〇～二三四頁。
(74) 黒田基樹「宣戦と和睦」（同『中近世移行期の大名権力と村落』校倉書房、二〇〇三年、初出二〇〇〇年）、遠藤ゆり子「越相同盟にみる平和の創造と維持」（藤木久志・黒田基樹編『定本・北条氏康』高志書院、二〇〇四年）などを参照のこと。付言すると、大名間の起請文には牛玉宝印を料紙に用いることが多いが、これは「神おろし」（勧請）の代替と考えられ（千々和到「中世の誓約文書＝起請文の、二つの系列」『國學院雑誌』一〇六―二、二〇〇五年）、「一味神水」という儀式を行わない場合の手続きは色々と工夫されている。
(75) 佐藤前掲註(14)書、二三二頁。
(76) 「熱海白川文書」（『白河』一〇〇〇号）。
(77) 渡部正俊「戦国大名白河結城義親について」（小林清治先生還暦記念会編『福島地方史の展開』名著出版、一九八五年）一八一頁。
(78) 三枝暁子「山門集会の特質とその変遷」（同『比叡山と室町幕府』東京大学出版会、二〇一一年、初出二〇〇八年）三〇九・三一三頁。
(79) 大衆僉議をはじめとする集会は、その場での決定事項や訴訟内容といった一次的情報以外にも、その規模や議論の様子、あるいはその場の雰囲気を含めた二次的情報が、さまざまな手段によって世俗社会に伝達されたという。衣川仁「強訴考」（同『中世寺院勢力論』吉川弘文館、二〇〇七年、初出二〇〇二年）二一六頁参照。

(80)　千々和前掲註(14)論文、二九九頁。

(81)　むろん「中世人はもともと神罰を信じていなかった」というつもりはない。だが中世においては、神仏への信仰心が広範に認められる一方で、周囲の人間の信仰心を利用する「神をも恐れぬ」不信心者も少なくない。有罪濃厚の被疑者が起死回生の一策としてみずから湯起請を提案している事例など、その最たるものだろう（清水克行『日本神判史』中央公論新社、二〇一〇年）。「宛名を欠く起請文」にしても第三者への提示を想定していることが多々ある以上、作成者の信仰心に直結させて理解するのではなく、自分（たち）の覚悟のほどを外部に表明するという宣伝的な作成動機も検討してみなければならないだろう。

(82)　近世の紀州藩の一揆禁令には「徒党を結ひ、或は起請文を書ちかへ、或は神水を飲あひ、一味同心仕候儀、本より天下の御法度也」とある。一味同心、つまり一揆の「作法」として、起請文の交換と一味神水という二形態があったことが示唆されている。入間田宣夫「逃散の作法」（入間田前掲註25書、初出一九八〇年）一四頁を参照のこと。

(83)　酒井紀美「コメント：対面と口頭の世界」（佐藤和彦『中世の一揆と民衆世界』東京堂出版、二〇〇五年）。

表5　14・15世紀陸奥国人一揆契状一覧

	年月日	西暦	参加領主	内容	文書名	典拠名	充所
①	観応2.3.9	1351	伊東一族・田村一族	A	伊東祐信一揆契状	富塚文書	○
②	永和2.8.18	1376	伊達宗遠・小沢伊賀守	A・B・C	伊達宗遠一揆契状	伊達家文書	○
③	永和3.10.10	1377	伊達政宗・余目参河守	A・B・C	伊達政宗一揆契状	伊達家文書／留守家文書に写あり	○
④	弘和2.4.3	1382	南部道重・南部薩摩入道	A	南部道重一揆契状	遠野南部文書	○
⑤	永徳2.7.17	1382	葛西氏等6名	C	葛西氏等一揆裁許状	鬼柳文書	×
⑥	永徳4.8.15	1384	藤原守綱・七戸殿	A・D	藤原守綱一揆契状	遠野南部文書	○
⑦	至徳4.3.29	1387	前信濃守清継・南部左近将監	A	前信濃守清継一揆契状	遠野南部文書	○
⑧	至徳4.3.30	1387	近江守清長・南部左近将監	A	近江守清長一揆契状	遠野南部文書	○
—	嘉慶3.11.9	1389	源光朝・板橋殿	A	源光朝一揆契状	板橋幸一氏家蔵文書	○
—	明徳2.8.23	1391	円戒・小峰殿	A	円戒一揆契状	仙台結城文書	○
—	明徳2.12.2	1391	白河満朝・赤坂鶴寿丸	A・B・C	結城白河満朝一揆契状	「秋田藩家蔵文書」赤坂光康家蔵文書	○
⑨	明徳3.3.9	1392	御代田宗秀・富塚父子3人	A・C	御代田宗秀一揆契状	富塚文書	○
⑩	応永7.10.11	1400	懸田宗顕・藤井孫四郎	A・B・C	懸田宗顕一揆契状	上遠野家文書	○
⑪	応永11.7.	1404	仙道領主50名	A・B	仙道一揆契状	白河証古文書	×
⑫	応永17.2.30	1410	海道領主10名	A・B・C	五郡一揆契状	相馬文書【史料1】	×
⑬	応永24.7.28	1417	岩城一族4名	A・D	岩城氏一族一揆契状	「秋田藩家蔵文書」岡本元朝家蔵文書	×
—	永享4.2.27	1432	岩崎隆久・小峰殿	A	岩崎隆久一揆契状	「成簣堂古文書」小峰文書	○
—	嘉吉3.2.22	1443	保土原満種・小峰殿	A	保土原満種一揆契状	仙台結城文書	○

出典：小林一岳『日本中世の一揆と戦争』掲載の表に筆者が加筆修正を行った。
註：A—相互協力規定、B—公方（上部権力）規定、C—所務相論規定、D—その他の規定
○—充所あり、×—充所なし
①〜⑬は小林の表に拠る。—は筆者の追補。

第五章　親子契約・兄弟契約・一揆契約

はじめに

国人一揆論を深めるには、主要な検討素材である一揆契状を、様式論的・機能論的に考察することが必要である。筆者は前章で一揆契状の古文書学的考察を行い、一揆契状を大きく二つに分類した。その一つは、充所がなく神に捧げるという起請文的性格の強い〈奉納型一揆契状〉であり、もう一つは、充所を有し人に送るという契約状的な性格の強い〈交換型一揆契状〉である。そして、契約状としての側面に注目した場合、一揆契状を「一味同心」を目的とする、神文を備えた契約状（契約起請文）と定義できることを明らかにした。本章では上記の議論を踏まえて、一揆契状の発生論に挑みたい。

従来の研究は、一揆契状を「在地法」と定義し、戦国大名の法（戦国法）との連続性を重視するあまり[1]、一揆契状の本源をたどろうとする志向性をほとんど有さなかった。しかし一揆契状の〝後〟だけでなく、一揆契状の〝前〟、すなわち一揆契状がいつ、いかにして発生したかを究明する必要性があろう。

とはいえ、右のごとき問題意識を持った研究が皆無であったわけではない。石井進・石母田正は、領主のイエ内部の法規範である置文が、領主間協約である一揆契状へ発展する、という見通しを立てている[2]。概ね首肯し得る見解であるが、両氏が一揆契状を「在地領主法」という視角から分析していることもあって、在地領主制論に依拠しすぎている憾みもある。換言すると、〈家訓・置文→一揆契状→戦国家法〉という「在地領主法」の発展段階の中に一揆契状を押し込めているのである。譲状や置文に見える領主のイエ内部の「水魚思」や「一味同心」が、領主のイエとイエとの間のそれへと飛躍するための媒介環を考える必要があろう。

そもそも惣領制的結合から族縁的な一族一揆を経て地縁的な国人一揆へ、という通説は現在の研究段階においては否定されつつあり(3)、一揆契状の発生論を追究するならば、一族内での結合論理よりも、〝他人同士〟を結びつける論理に注意を払わなければならない。

さらにいえば、一揆契状の二類型の一つである〈交換型一揆契状〉は、置文からの発展という視角だけでは説明できない。したがって一揆契状の母胎として、置文だけでなく、他の文書様式も想定すべきであろう。

この点で示唆に富むのは、小林一岳氏が提示した仮説である。小林氏は一揆契状の基礎として契約状の存在を指摘した。すなわち契約の論理の中から一揆契状は生まれたのであり、合力を誓う契約状が南北朝内乱期において恒常的な成文法へと発展したものが、一揆契状だという(4)。

小林氏は、一揆契約に限定せずに広く契約全般を視野に入れようとしており、その研究姿勢は高く評価できる。小林氏の仮説は、石母田らが提唱した通説を相対化し得る可能性を秘めているといえよう。この点で筆者は、氏の取り組みに賛意を表す。

しかるに、小林氏が検討対象とした「契約」の範囲は、現実には極めて限定されている。悪党の「契約」から一揆の「契約」への展開を特筆するなど、氏がとりあげる「契約」にはある種の偏りが見られるのである（なお悪党の「契約」については第六章で詳述）。

これは、結局のところ小林氏が契約の問題を領主結合に引き付けて論ずるにとどまっているからだろう。序章で指摘したように、小林氏の国人一揆研究は「領主制論」的な視角に縛られている。そのため氏の関心は領主層の契約にしか向かわないのである。しかし「契約」という法的行為が在地領主層の中から発生したわけではない以上、領主層の契約だけを見ていても解は得られない。中世社会における「契約」という法行為をより広く探った上で、一揆契約を論じる必要がある。

一揆契状という特色ある契約状が、契約の論理の中から、いつ、いかにして生まれたのか。この問題を解く上で参考になるのが、「親子契約」（父子契約）の存在である。「親子契約」とは、主に鎌倉期以降、譲状などの史料に「成二親子契約一」といった形で現れる中世の人的契約の一種で、実の親子ではない二人の人間が、擬制的に「親」と「子」の関係を取り結ぶことを意味している。

中世の親子契約に関する唯一の専論は笠松宏至氏の研究である。笠松氏によれば親子契約は、「実の親子とほぼ同じ愛情に基盤をもつ養親―養子関係とは、はっきり次元の異なる」、「物質的、あるいは精神的な交換の原理の上に成り立つ冷い関係」であり、社会的に対等の関係を持つ両者を結ぶものは「双方の義務の履行」であったという(5)。赤の他人を親子兄弟のように緊密に結びつけて擬制的な「平等」を創出する一揆契約は、親子契約の延長線上に位置づけられるのではないだろうか。

加えて、親子契約に類似した存在として「兄弟契約」の存在があげられる。兄弟契約とは、実の兄弟でない二人が擬制的な「兄弟」となることを定めた契約である。

兄弟契約に関しては笠松氏も具体的な言及はしておらず、他によるべき専論もない。しかし「親子」より「兄弟」の方が「平等」に近い関係であることを考慮すると、兄弟契約は一揆契約により近い存在と考えられ、一揆契約を考察する上で重要な検討対象といえる。

要するに、先行する親子契約・兄弟契約といった論理を一つの前提にして一揆契約は形成された、と想定されるのである。以下では、前述の仮定が成り立つかどうか、具体的な検証を行っていく。

第一節　親子契約

（一）「親子契約之譲状」と親子契約

実の親子でない二者が「親子」となることを契約した文書、つまり〈親子契約状〉の現存が確認できる事例としては、次のようなものがある。

【史料1】長井貞広契約状

今度九州御共仕候之間、可レ為二存命不定一候、就レ其ハ令レ申二父子契約一候、若討死仕候時者、所領等之事申御給りて、後世をとふらひて給候へく候、手継文書等ハにんわしとのにあつけをき〈預置〉候、御用之時ハめ〈召〉され候へく候、彼尼公事、相構て御扶持ニあつかり候へく候、あに〈兄〉ゝて候し物、おや〈親〉にて候し物、一所にてし〈死〉に候し後ハ、たのむ方なき事にて候間、これのミ心くるしく候、但万一無為ニ罷上候て、実子出来事候ハゝ、追可レ申二談一候也、恐々謹言、

（応安四年）十月一日　　　貞広（長井）（花押）

毛利五郎殿（広世）(6)

応安四年（一三七一）、長井貞広は今川了俊に従って九州に出陣することになった。しかし貞広には子供がいなかったので、自分が討死する事態に備えて、同族の毛利元春の子供である五郎（広世）と「父子契約」を結んだ。すなわち、毛利五郎に自分の所領を譲る代わりに自分の後生を訪うよう頼んだのである。そして、その二年後には貞広は広世に対し譲状を与えている。(7) 貞広の予想は不幸にして的中し、永和元年（一三七五）、彼は筑後国山崎にて戦死、その所領は広世が相続することになる。(8) 広世は最初こそ「長井五郎」を称したが、康暦三年（一三八一）に実父元春から内部荘内福原村を譲与されて以後は毛利（福原）を称し、毛利氏一族として活動し

た（毛利福原氏の成立）[9]。

ところで、この親子契約状はなぜ作成され、また残されたのだろうか。史料1の傍線部の文言に注目すると、貞広は応安四年の段階では、戦争から無事に帰ってきて、しかも自分に実子が誕生した場合、広世への所領譲与を見直すつもりであったことが分かる。貞広は万が一、実子が誕生した時に備えて、この時点では広世宛ての譲状を作成しなかったのではなかろうか。そして広世には譲状の代わりに、この親子契約状を渡したのではないか。そして貞広死後、その所領の相続者となった広世は、みずからの知行の正当性を示す証拠文書（証文）である本史料を保管したのである。

さて親子契約状が譲状の代替品としての機能を果たすとしたら、次に掲げる文書も親子契約状と把握できるのではないだろうか。

【史料2】　雲厳契約状案（章末の表6-3）

中兵衛殿時国、年来相親御上、殊依レ奉レ成二親子契約一、成下雲厳之相伝之末武名田等奉二申付一譲上処也、仍為二由緒明一、自二大臣殿法印御房一与給処折紙一通、所レ令二進上一也、早方〔々カ〕之廻二御計略一、件名田幷薬師堂之馬上免田・凱雲闍梨所注〔従カ〕等、存生之間可二罷預一候、又少々可レ為二御沙汰一候、自今已後、愚身事可レ為二御成敗一也、不レ可レ有二他事一状如レ件、

承元三年二月　日　　　大法師雲厳在判[10]

承元三年（一二〇九）、若狭国太良保公文の雲厳は「年来相親」しんだ稲庭時国と「親子契約」を結び、末武名を時国に譲っているが、右の文書は様式から見て譲状とは言い難い。傍線部に見られるように、この契約は単なる譲渡契約にとどまらず、雲厳が時国の「御成敗」に従うという契約をも含み込むため、譲状という形式を採ることができなかったのだろう。

同様の事例として、応安七年に安芸国人の児玉民部丞入道覚弘が姻戚の内藤満廉に宛てたものがある[11]。この文書も覚弘の所領を「永代所㆓譲渡㆒也」と規定しているが、書止文言は「仍契約状如㆑件」となっており、史料2同様、譲状の様式ではない。この場合も、譲渡者である覚弘が相続者たる満廉の「御扶持」に預かるという契約が付帯しているため、譲状ではなく親子契約状の形になったものと考えられる[12]。

右にあげたような親子契約状は、譲状の代用という特殊な目的のために作成された。しかし一般的には親子契約状は作成されないものであり、仮に作成されたとしても保存されるような性質の文書ではなかったと考えられる。なぜなら親子契約状はほとんど現存していないからである。以下で具体的に示そう。

章末の表6は『鎌倉遺文』から「親子契約」に関連する文書を抽出した一覧表だが、一見して分かるように〈親子契約状〉は前掲の史料2（表6-3）のみである。親子契約の広範な存在が史料的に確かめられる一方で、親子契約を規定した「状」はほとんど伝来していない。

ではなぜ、親子契約状は作成・保管されないのか。改めて表6を見ると、鎌倉期において「親子契約」という言葉は、もっぱら譲渡行為に関連して登場していることが分かる。「親子契約」は、史料1・2に見られるように、譲渡行為に付随して発生することが通例であり、その場合、所領相続者にとっては、譲状さえあれば親子契約状などという怪しげな文書は権利文書として不要だったのである[13]。

なお親子契約に基づく譲与であることを明記した譲状のことを当時、「親子契約之譲状」と呼んだ。表6に見える譲状九点はすべて「親子契約之譲状」であり、親子契約状と異なり、作成・保管される文書であったことが分かる。鎌倉初期に成立したとされる文例集『雑筆要集』には譲状の定型文が載せられており、「依㆑有㆓父子之約束㆒」なる理由で「私領田畠山林等」を譲渡するという文面が見える[14]。「親子契約之譲状」が鎌倉期社会で広く用いられたことが推測される[15]。以下に「親子契約之譲状」の実例を示す。

【史料3】　大中臣実親譲状（表6‐22）

ゆつりわたす水田壱町・在家壱うの事

（水田・在家の詳細は省略）

右、件の田壱町・在家一う〈宇〉ハ、大禰宜実親重代さうてん〈相伝〉の田也、しかるを、親子けいやくあるによつて、とよたの十郎太郎ねうしひめつる御せんに、永代をかきつて、ゆつりわたすところ実也、これよりのちハ、実親子々そん〳〵にいたるまて、この状まほんて、向後なりといふとも、けいはう〈競望〉をいたすへからす、もしけいハうをいたさんものハ、しそんハなかくたうそくをつくへからす、いかにいはんや、そのほかのいちもんゐらんをいたすへからす、よつて、末代のために、ゆつり状如件、

永仁七年正月廿日

大禰宜大中臣実親（花押）(16)

右に見えるように、大中臣実親から姫鶴御前への所領譲渡の前提として、大中臣実親と姫鶴御前との間で締結された「親子けいやく」の存在がうかがえる。逆にいえば、親子契約を締結する場合、現在か未来かは別として、所領譲渡が含意されていることが一般的だったのである。ただ、それゆえに財産目当てで親子契約を結んだ「子」の側が、財産を手にした途端に「親」に冷淡になることもあったようである。すなわち、「一旦雖レ成二父子之契約一、其礼疎遠、殆不レ異二他人一」（表6‐12）という事態の発生である。赤の他人同士が「親子」になるのは、やはり難しいことだったのである。

（2）親子契約の機能

前項の検討で、親子契約は基本的に譲渡行為と連動して締結されることが明らかになった。しかし、すべての譲渡行為に際して親子契約が結ばれるわけではない。どのような時に、親子契約は結ばれるのであろうか。

実子に家産を相続させる場合は、当然の事ながら親子契約は結ばれない。ただし、養子をとる場合には必ず親子契約を結ぶ、というわけではないようである。むしろ、実子がいないなど単純な理由で甥などの近親者を養子にとる場合には親子契約は結ばれない。特殊な事情で養子をとる場合にこそ、親子契約が必要だったと考えられる。

たとえば雲厳と有力国御家人稲庭時国との間で親子契約が結ばれたのは（前掲史料2参照）、情誼に基づくものというよりは、所領を譲られた時国が「子」として「親」である自分を保護することを雲厳が期待してのことだろう[17]。このような扶持の義務づけは、一般の譲与や他人和与には見られないものである[18]。そして右のような双務的関係は、一揆契約に通底する性格である。

また嘉禄元年（一二二五）、石清水八幡宮権別当の棟清・宝清兄弟が父・善法寺祐清（石清水八幡宮別当）の遺状に従って「父子之契約」を結び、棟清が宝清に善法寺の坊領である宇佐弥勒寺講師弁喜多院司・正八幡宮検校職を譲与している[19]。棟清の契状には「若雖二男子出来一、不レ可レ変二此契約一、以二其男子一可レ処二庶子一」とある。一方、同年同月の宝清の契状には「若令二男子出来一給者、宝清又立二嫡子一、相互令二和与談一、可レ附二属一申此検校職一候」とある。のちのち、棟清に子供（真弟）が生まれた時に、棟清と宝清との間で所職相論が起こらないよう、契状の交換による親子契約が結ばれたのだろう。さらにいえば前掲の史料3も、傍線部に注目すると、同様の事態が想起される。

つまり、養子が一族から承認され、養子への所領譲与が円滑に行われる場合には親子契約は結ばれず、逆に所領譲与をめぐって将来問題が発生する恐れがある場合に、事前にその危険性を排除するために、親子契約は結ばれるのである。その意味で、一般の養親―養子関係とは次元が異なる、という笠松氏の指摘は正しい。親から子への譲与とも他人和与とも異なる物権移転といえる。

（3）親子契約の変質

しかし鎌倉後期になると、親子契約が盛行する一方で、親子契約の〝偽装〟とでもいうべき現象が発生するようになる。

たとえば嘉元三年（一三〇五）、土佐国大忍荘行宗名の名主である重元から国延への所領譲与である。[20]「親子之約束」に基づき、重元は譲状を作成して国延に名田を譲与している。しかし、同年同月日の売券が存在することから、[21]現実には重元から国延への田地売却であり、譲渡契約は偽装的なものにすぎないと思われる。

当時、右のような偽装工作は、「内に即ち沽却質券状を書き渡し」、「外にまた親子契約之譲状を誘え取る」[22]と表現された。「誘取」とは、利子付きの貸借であるにもかかわらず、銭主（貸主）の強要によって、無利子の貸借のように偽装することである。[23]つまり実際は売却や入質なのに、譲渡を装って「親子契約之譲状」を作成するのである。外向きには譲状、内向きには沽却質券状＝売券・質券、という建前と本音の使い分けである。

これは、本主と土地の一体観念に基づく「土地の戻り」を回避するための方策であろう。[24]特に買主が徳政令の適用から逃れるという意味合いが強いと見られ、徳政忌避の売寄進などに通じるものがある。[25]

幕府は上述の事態を憂慮し、弘安徳政の一環として制定された弘安七年（一二八四）の「十一ヶ条新御式目」の一条項「表裏証文事」で、「富有之輩」が偽りの親子契約によって「貧道御家人等」の所領を購入・貸借することを禁止し、所領を本主である御家人に返還するよう命じている。[26]

また権門勢家の庇護下に入ることを親子契約で偽装する者も現れた。これに対し、「寄沙汰事、右、号レ有二他人之譲与一、称レ有二親子之契約一、就二田畠負物等一、不レ糺二是非一、不レ待二裁断一、振二権威一、擬二押取一之条、所行之企、頗奇怪也……」[27]といった非難の声もあがるようになる。ここでいう「寄沙汰」とは、紛争当事者が神人や山僧といった政治的・社会的有勢者に沙汰を寄せること、すなわち自力救済行為の代行を依頼することを指す。[28]よって、沙汰を寄せられた者が自力救済を代行する根拠として親子契約を掲げたという状況を想定できる。いわば強引な知行権の主張を正当化するために親子契約が用いられているのである[29]。

これらの事例においては、親子契約が物権の移転に際し、〃親から子への譲渡〃という体裁を整えるために結ばれる。ここでの「親」と「子」の関係は、物質的・経済的な交換原理で結びついたドライなものであり、まさしく「冷い関係」といえる[30]。

（4）親子契約の行方

以上、鎌倉期の親子契約を概観してきたが、親子契約が一貫して譲渡契約を補完する役割を果たしてきたことが明らかになった。そこではあくまで譲渡契約が〃主〃であり、親子契約は〃従〃にすぎなかった。それは「親子契約之譲状」が永続的権利文書として作成・保存されたのに対し、親子契約状は作成ないし保管されなかったことからも明瞭だろう。

さて「親子契約之譲状」は南北朝期にも作成されたが[31]、室町時代以降は姿を消す。これは譲状が室町期以降、急激に減少すること[32]と関連すると思われる。譲状が消滅していく中、譲状と密接な関わりを持って締結されてきた親子契約はどうなったのであろうか。この点を考える上で興味深いのが次の史料である。

【史料4】　末長数景外四名連署契状写

就レ無二弘平実子一、福鶴殿親子之契約被二申定一候、誠千秋万歳之由、一跡之事不レ可レ有二余儀一候、雖レ然、於二実子出生一者、福鶴殿一所可レ被二進置一候、御方よりも一所御合力候て、此方可レ為二御一味一之由、申合候、尤目出候、恐々謹言、

永正十
卯月廿日　　　　神保掃部助
　　　　　　　　　景胤（花押）

（以下、四名連署、省略）

弐分右馬助殿

（以下四名省略）

御宿所[33]

竹原小早川氏の当主である小早川弘平には子供がいなかった。そこで沼田小早川氏の当主である興平の弟、福鶴丸と「親子之契約」を結び、将来における福鶴丸への所領譲与を約束した。しかし弘平に実子が誕生した場合は、福鶴丸ではなく実子に家督を譲り、福鶴丸には竹原側と沼田側からそれぞれ所領を割き与えることとした。興味深いのは、弘平から福鶴丸への所領譲与の約束が、譲状ではなく、末長・川井・柚木・木谷・神保という竹原小早川氏の宿老たちから、弐分ら沼田小早川氏の宿老たちへの連署契状という形で行われている点である。ちなみに弐分ら沼田小早川氏の宿老たちが竹原小早川家臣団に宛てた同日付の返書も存在する。[34]両家の宿老たちが契状を交換することで、譲渡契約が成立しているのである。

これには沼田小早川氏当主の興平が幼少であるという特殊事情も関係するが、「被官の一揆」が家督継承者を選択し、当主として推戴するという当該期の領主のイエに普遍的に見られる状況[35]を背景として考えるべきだろう。いわゆる「家中」と呼ばれる権力構造の反映として史料4のような契状が作成されたのである。

ともあれ、譲状が減少していく室町期以降にあっても、親子契約は譲渡契約を補完する役割を果たしたのである。笠松宏至氏は「中世人が言わばやむを得ず「契約」と表現することの内容は、売買・譲与・和与……などからはみ出したスキマを埋めるための法的行為であった」、「契約（状）は、中世のオモテの法秩序の世界では、見劣りのする日影者的存在でしかなかった」と述べているが、親子契約（状）は、まさに、そのようなものであった。

とはいえ、ドライな利害関係をウエットな擬制的親子関係でくるむことで丸く収める、という親子契約の発想は画期的であった。笠松氏は、「親子の約束」は究極的には「どちらが「親」であり「子」であってもかまわなかったのかもしれない」と推測しているが、他人（非血縁）同士による、「親」と「子」という区別が意味をなさない相互扶助の関係こそが、一揆契約であるといえよう。そして親子契約と一揆契約をつなぐものとして、兄弟契約の存在が注目される。次節では兄弟契約の成立と展開に目を向けたい。

第二節　兄弟契約

（一）〈兄弟契約之譲状〉と兄弟契約

他人同士の二人が「兄弟」になることを定めた一対一の契約を、兄弟契約という。親子契約の場合、どちらが「親」で、どちらが「子」かという区別があったが、兄弟契約の場合はそうした区別はまったく存在せず、より対等な人的契約である。

鎌倉期から兄弟契約の萌芽はあったものと考えられる。たとえば元亨二年（一三二二）、薩摩国満家院内上原薗の上原基員が、満家院内比志島の比志島忠範と思われる人物に契約状を提出しているが、そこには「向後者、相互成二親子兄弟之思一、悦歎共以我身之大事と存、更不レ可レ有二腹黒害心一候、縦住所者雖レ隔二遠近境一、互用事無二隔心一可二申承一候」とある。[36] 互いに親子兄弟のように親身になって助け合うことを規定しており、親子契約・兄弟契約の観念が見てとれる。また、寺院社会では「兄弟之契」が見られる。[37] ただし兄弟契約文言の入った譲状は管見の限りでは一例しかない（元亨二年六月日青方高継譲状案、「青方文書」『鎌遺』二八〇八〇号）。

ところが南北朝期になると、〈兄弟契約之譲状〉とでもいうべき譲状が見られるようになる。以下に例を掲げる。

【史料5】　僧祐仙譲状

ゆつりわたす備後国津田郷内わたの村のちとうしき事

右、件の所領者、僧祐仙之祖母尼妙法女子そうてん〈相伝〉の所領也、しかるを祐仙相そく〈続〉して、今に知行仕処也、しかるをひろさわ〈広沢〉のたりの四郎五郎通実を兄弟けいあく申依二子細一、住所（重書）文書ともに、永代ゆつりわたす物也、若一そく〈族〉した〈親〉しき物とゆふとも、後日いらんわつらいあるましく候、為依（マヽ）後日沙汰、ゆつり状如レ件、

文和二年二月十日

僧祐仙（花押）(38)

僧祐仙が「兄弟けいやく」に基づき備後国津田郷内和田村地頭職を広沢通実に譲っている(39)。一見して、本史料が史料3とほとんど同一の様式であることが分かる。極論すれば、親子契約か兄弟契約かの違いだけである。本文書がなぜ、親子契約ではなく兄弟契約に基づく譲状になったのかは不明であるが、僧から俗人への所領譲渡の前提となる契約が親子契約ではそぐわないと判断したのかもしれない。いずれにせよ、親子契約同様、兄弟契約もまた、譲渡契約を補完する役割を果たしたのであり、兄弟契約は親子契約から派生したものと考えられる。

（2）　譲状と兄弟契約状

譲状に「兄弟契約」文言が付記されるにとどまらず、譲状に〈兄弟契約状〉が付帯する事例も存在する。まずは譲状を左に示す。

【史料6】　門貫貞阿譲状

（端裏書）「貞阿譲状正文」

譲与

（水田・薗の詳細は省略）
右件水田・薗等者、沙弥貞阿重代所領也、而長谷場兵庫殿為二養子一、限二永代一所二譲与一也、乍レ謂二同養子一、有二奉公忠一之間、彼所領譲渡了、有レ限領家御米者、五社のたんく（檀供）、春日大神正月廿一日もちい（餅）六十枚、北毘（沙脱カ）門堂二月一日もちい六十枚、代米四斗、地頭米五斗内二斗可二勤仕一、子息六郎と致二兄弟之契一、成二水魚思一候、雖二後々末代一、無二他妨一可二知行一、就レ中件下地ヲ有下令二沽却一事上者、与二傍例一真物於于一人可二知行一、更不レ可レ渡二他人方一、如レ此譲上者、雖レ有二何子孫一、全不レ可レ成二異論煩一、若有二さ様輩一時者、永（不脱カ）教仁として、返て罪科可二申行一也、仍為二後日一以二自筆一譲状如レ件、

暦応参年七月十三日　　沙弥貞阿（花押）[40]

門貫貞阿は暦応三年（一三四〇）、日向国南郷末弘名の水田と薗を、養子の長谷場久純に譲った（波線部）。しかし、一方で貞阿は同年八月に同一所領を久純に売却しており[41]、右史料に見える譲渡は現実には売却であったと見られる。前節で見た親子契約の〝偽装〟に限りなく近い行為といえる。

そのような不自然な物権移転である以上、貞阿の「子孫」による「異論煩」は十分に想定されよう。そこで貞阿は子息六郎に長谷場久純と「兄弟之契」（傍点部）を結ばせることで、六郎が未来に相続権を主張する可能性を事前に排除し、久純の不安を解消したのである。そして門貫六郎貞命と長谷場久純が実際に「兄弟之契」を結んだ文書が、次の史料である。

【史料7】　門貫貞命契約状

（端裏書）「六郎殿契約状」
日向国南郷末弘名水田弐町。一段卅・薗四ヶ所内水田壱丁卅・薗二ヶ所ハ、長谷場兵庫殿を貞阿之養子として、永代譲与所也、有レ限領家御米・五社檀供等ハ、任二親父貞阿譲状之旨一可レ被レ弁レ之、於二其外御公事成物一

者被ニ停止一了、如レ此契約申上者、成ニ一味同心之思一、可レ全ニ知行一候、若何成子孫あて、彼所にしさい〈子細〉を申さん時ハ、相互加ニ合力一、をや〈親〉の譲状にまかせて、さいくわ〈罪科〉に申おこなうへく候、但本証文ハ貞命ニあてたふ間、案文をかき裏をふしてたてまつるへく候、仍契約之状如レ件

暦応参年八月六日　　　　源貞命（花押）(42)

六郎貞命が「親父貞阿譲状の旨に任せて」、長谷場久純に対して「一味同心」を約束した（傍点部を参照）本文書は、まさに〈兄弟契約状〉といえよう。つまり右の事例は、譲状の兄弟契約文言が発展し、兄弟契約状という独立した文書が成立したもの、と見ることができる。

そして本史料で注目されるのは、傍線部にあるように一致団結・相互扶助が規定されていることである。すなわち神文こそ見えないものの、一揆契約状に近い性格を持つようになっているのである。

ただし、この兄弟契約状が貞阿の譲状を補完する役目を担っていたことに留意されたい。兄弟契約は依然として補助的な地位を占めるにすぎなかった。また、本文書における「一味同心」は、貞阿の久純に対する家産売却を貞命が承認し、家産売却に異議を申し立てる一族が出現した場合は共同で排除する、という意味以上のものではない。つまり、「一味同心」が機能する範囲が、個別具体的な事項、特定の分野に限定されているのである。この点、「万事大小事」について一味同心を誓う一揆契約(43)とは大きく異なる。

しかし南北朝期以降、戦争状況が恒常化していく中で、より緊密な相互扶助の関係が必要になった在地領主層は、兄弟契約をさらに発展させる。次項ではその様子を見てみよう。

（3）　兄弟契約から一揆契約へ

正平二年（一三四七）六月、大友氏宗・戸次朝直・戸次頼時・左中将尹房が、それぞれ同日付・同内容の兄弟

契約状を作成している。大友氏宗のものを左に掲げる。

【史料8】　大友氏宗契約状

御方においてちうをいたし、身をたつへきおもむきハ、自他事ふりおハりぬ、おほやけわたくしの大小事、
一所にたんかう〈隔〉をくわへて、一みち〈途〉をさたむ〈定〉へし、いまより後ハ、あいたかに〔い脱カ〕兄弟のおもひをなして、い
さゝかへたつる事なく、よろつ〈万〉このけいやくの衆中にたんかうして、所存をおもひさたむへきもの也、この
てう〈条〉いつは〈偽〉り申候ハ、
奉レ始二梵天・帝尺・堅牢地神一、天照大神・八幡大菩薩・春日大明神・阿蘇大明神、日本国中大小神祇の御
罰於、氏宗まかり〈罷〉かうふる〈蒙〉へきもの也、よてかきかへの状如件、

正平二年六月一日　　　　　　　　　　　　　　　　氏宗（花押）(44)

充所はないが、この「書替」が肥後の阿蘇神社神官家に伝わっているところを見ると、阿蘇大宮司惟時に宛てられたものであり、阿蘇惟時からも大友氏宗らに契状が提出されたと考えられる(45)。また年号から南朝方の一揆と見られる。大友氏宗は大友氏惣領の氏泰の弟であり、戸次氏は大友氏の庶流である。彼らが足利尊氏を支持する氏泰の方針に逆らって、「御方」＝南朝に「忠」を尽くすこと（傍線部）を決意するには相当の覚悟を要したはずで、それがゆえに彼らは兄弟契約（傍点部）によって固い結束を誓わなければならなかったのだろう。

本文書で注目すべきは、「公私の大小の事」において「談合を加える」という波線部の記述である。これは一揆契状に典型的に見られる表現である（第四章参照）。上部権力への忠節を誓い、あらゆる局面における一味同心を志向する氏宗ら五氏の関係は、「一揆」と評価できる。また神文を備えた起請文形式である点も一揆契状と変わらない。譲状に随伴していた兄弟契約状が、ここにいたって、ついに自己完結的な文書になったのである。換言すれば、兄弟契約状の「一揆契状」化である。

室町期以降も「兄弟契約」の形式をとった一揆契状は散見され、国人間の盟約が盛んに結ばれた中国地方では特に多く検出される[46]。中国地方において「兄弟契約」文言を記した一揆契状の初見は、管見の限りでは「きやうたいのけいやく」と記す応永八年（一四〇一）のものになるが[47]、当該地域において南北朝期にはすでに個別的な相互扶助協約の展開という在地領主層の連繫が進行していたことを考慮すると[48]、南北朝期から相互扶助協約としての兄弟契約は締結されていたと見ることができよう。

右地域では、室町期以降は兄弟契約状が一般に普及する。一例をあげると、永享八年（一四三六）、沼田小早川庶子家の近宗清平が同じく沼田小早川一族の椋梨氏に送った契状には、「今より後は、兄弟一分と思し召さるべく候、何事につき候ても、疎略あるまじく候、若し偽る事候者、此誓文の罰を蒙るべく候[49]」とある。これも兄弟契約の形式をとった一揆契状といえよう。そして時代が下るにつれて、仮名書きの兄弟契約状は次第に姿を消し、漢文体かつ整った神文を備えた兄弟契約状が様式的に確立する[50]。

以上見たように、南北朝期以降、兄弟契約と一揆契約は相互に影響を及ぼしながら、所領保全のための領主間協約として発展していったのである。

（4）兄弟契約と一揆契約

前項で兄弟契約と一揆契約の近似性を指摘したが、それでは兄弟契約と一揆契約はまったく同じ機能を果たしたのだろうか。最大の相違は、兄弟契約は個人と個人の契約であるが、一揆契約はイエとイエとの契約であるという点に尽きる。もっとも、当主と当主との契約の場合、個人なのかイエなのかという区別はあまり意味をなさないようにも見える。実際、先行研究では両者の違いは明確に意識されていない。

けれども、ここで留意したいのは、戦国大名の「家中」においては、父と子の両者が家督としての権限を行使する二頭体制がしばしば見られる点である。[51] したがって父か子が単独で出す場合は兄弟契約、父子が連署して出す場合は一揆契約ということになる。そして、少なくとも戦国大名毛利氏の場合、両者の違いを認識し、使い分けていたようである。

応永二十五年、毛利光房は福原広世に起請文を送り、光房子息の小法師丸（熙元）と福原広世の子息たちが互いに「水魚思」を成し「親子兄弟」同然に存ずることを契約している。[52] また寛正六年（一四六五）に毛利豊元は福原広俊と「兄弟之契約」を結び、[53] さらに毛利興元は沼田小早川興平と「御兄弟一分」の関係になっている。[54] このように毛利氏歴代当主はしばしば近隣国人と兄弟契約を結んでいたと推察されるが、毛利氏が芸石国人の間で抜きん出た存在となった元就以降は、兄弟契約を忌避するようになる。以下、例を列挙する。

大永五年（一五二五）、米山城を大内勢に包囲された安芸国衆の天野興定（志和東天野氏）は、毛利元就の仲介により大内義興に降伏した。この時、毛利元就は天野興定と契状を取り交わしているが、この契状は一揆契状と判断される（第四章第一節参照）。この元就と興定との契約とほぼ同時に、毛利氏の執権で天野氏との交渉を担当した志道広良が天野興定と兄弟契約を結んでいる。左に掲げる。

【史料9】　志道広良契約状

就二今度御進退之義一、以二悴口才一、防州様被二仰合一候条、目出度候、然上者、自今以後別而為二兄弟御契約一、於二何事一茂大小事致二奉公一、可レ得二御扶持一候、於二御同心一者、不レ可レ有二無沙汰聊尓義一候、此旨偽候者、梵天・帝釈・四大天王、惣而日本六十余州大小神祇、殊者　八幡大菩薩・厳島両大明神・天満大自〈在脱カ〉天神、部類眷属等神罰冥罰可二罷蒙一者也、仍契盟之状如レ件、

（大永五年）
六月廿八日　　　　志道上野介
　　　　　　　　　広良（花押）

天野民部大輔殿[55]

つまり毛利元就は一揆契約により〝毛利氏と天野氏は対等〟という形式をとりつつも、天野興定に（毛利氏家臣である）志道広良と兄弟契約を結ばせることで、自己の優位性を示したのである。天文十八年（一五四九）には毛利氏当主の隆元と天野氏当主の隆綱が兄弟契約を結んでいるが[56]、毛利氏の側は隆元の父である元就が依然として実権を握っていたので、これも必ずしも完全に対等な盟約とは評価できない。なお大内氏滅亡後の天文二十三年に毛利元就・隆元父子と天野隆綱が一揆契約を交わした際には、毛利側の起請文の文言が大永五年・天文十八年時よりも尊大になっている[57]。

次に天文二十年、陶晴賢のクーデターで大内義隆が滅されると、毛利元就は義隆派の平賀隆保を討滅し、平賀広相を平賀氏家督とした[58]。翌二十一年、小早川隆景と平賀広相の間で兄弟契約が結ばれた[59]。さらに翌二十二年二月には、毛利元就のお膳立てによって[60]、毛利隆元・小早川隆景・平賀広相が「此三家之儀、大小事無二申談」ことを誓う一揆契約を結び[61]、同年四月には吉川元春も一揆に参加している[62]。

このように毛利・吉川・小早川の三氏が平賀氏と一揆契約を結ぶにあたって、小早川氏と平賀氏の兄弟契約が先行したのは、所領が隣り合い人返問題などで日常的に接点の多い平賀・小早川間での契約が最も成立しやすかったからであろう[63]。ただし毛利氏が平賀氏と兄弟契約を直接結ぶことを避けたという側面もあると思われる。平賀氏と小早川氏の兄弟契約は、毛利氏を両者よりも一段上位に置いたものと考えられるからである[64]。その証拠に、平賀広相は毛利隆元らと一揆契約を結ぶと同時に、毛利元就に起請文を送り、「御厚恩」に感謝し毛利家に忠誠を誓う旨を伝えている[65]。三家の対等というタテマエとは裏腹に、毛利元就を頂点とした権力編成が進行しているのである。

ちょうど同時期、小早川隆景は東隣木梨荘の木梨杉原隆盛と兄弟契約を結んでいる[66]。これも木梨杉原氏が隆景を通じて毛利氏の傘下に入ったことを意味し、両氏の盟約の背後には毛利元就がいると考えられる[67]。

元亀三年（一五七二）には、毛利氏当主の輝元が山内隆通・元通父子に対して起請文を送っている[68]。この起請文には「以二御誓紙一承候」とあるので、先に山内側から毛利輝元に対して起請文の提出があったと見られる。この毛利氏と山内氏の契約に連動して、吉川元春の嫡男元資（のちの元長）と山内隆通の嫡男元通との間で兄弟契約が結ばれたことが一連の史料からうかがえる[69]。この兄弟契約の主眼が、吉川氏を介して毛利氏と山内氏の関係を改善するところにあったことは、山内隆通・元通父子が吉川元春・元資父子に対して提出した起請文において「御一族同前、対二吉田様一不レ可レ存二別儀一候」[70]と、毛利輝元への忠節を約束している点から明らかである。

毛利氏と山内氏の盟約にあたって吉川氏が仲介を果たしているのは、吉川元春と山内隆通がともに熊谷信直の女婿であるためと思われるが、毛利氏当主と山内氏当主の関係改善が目的であるのに、毛利氏と山内氏ではなく、吉川氏と山内氏が兄弟契約を結ぶのは、自明の理とはいえまい。やはり毛利氏本家は周辺国衆との兄弟契約を回避し、代わりに毛利氏一門である吉川・小早川両家が一種の「取次」として兄弟契約の主体となった、と見るべきではないか[71]。

戦国大名毛利氏は周辺国衆に対し、主君としての顔と、傍輩としての顔の双方を見せた。毛利氏における兄弟契約と一揆契約の組み合わせは、この二面性に対応するのではないか。兄弟契約は個人と個人の契約であり、いわば人格的な結合である。毛利氏当主は国衆との人格的な結合を希薄化することで、国衆から隔絶した地位を得ようとしたと思われる。そして毛利氏と国衆との関係はもっぱらイエとイエとの関係になり、これを基盤として、国衆『家中』を包摂した毛利氏「家中」権力が構築される[72]。

このように兄弟契約と一揆契約は南北朝期以降、同時並行的に発展していったが、領主の「家」が「家中」へと発展していく過程で、棲み分けが成されるようになったのである。

第三節　一揆契約

(一)　交換型一揆契状

一揆の中核を成す「一味同心」という思想はすでに鎌倉期に見られるが[73]、在地領主の世界で一揆契状という文書様式が確立し、一揆契約が一般化するのは、公権力の分裂・多元化にともない領主間協約の重要性が格段に高まった南北朝期以降である。その過程で親子契約・兄弟契約といった観念が一揆契約に影響を与えたと考えられる。その具体的な継受のありようはどのようなものだったのか。筆者は前章で一揆契状を〈交換型〉と〈奉納型〉に二分したので、この分類に従って、本項では〈交換型一揆契状〉への影響を検討する。

神に捧げる〈奉納型〉に対し、〈交換型〉は人に送るものであり、契約状の本来の形態に近い。よって兄弟契約状から直接的な影響を受けていると推測される。実際に確認する。

【史料10】　北郷知久一揆契状

　　契約

一、仰㆓公方㆒、一味同心可㆑致㆓忠節㆒事、

一、成㆓親子思㆒、御大綱をハ身之大事と存、身之大綱をハ御大事と被㆓思召㆒、不㆑残㆓御意㆒承、不㆑残㆓愚意㆒申入、大小事ぉ可㆓談合申㆒事、

一、如㆑此申承候上者、自然讒者出来候て和讒凶害雖㆓申候㆒、相互㆓達申承候て可㆑被㆑有㆓信用㆒事、

　若此条々偽申候者、

日本国中大小神祇、殊者

伊勢天照大神・熊野三所大権現・正八幡大菩薩・諏方〔訪〕上下大明神・天満大自在天神

御罰お可二罷蒙一候、

応永十八年十一月二日　　中務少輔知久（花押）

樺山殿[74]

応永十八年八月六日に島津奥州家当主の元久が亡くなると、元久の妹婿である伊集院頼久は息子の初犬千代丸を擁立しようとしたが、これに反発した元久の弟の久豊が日向国穆佐院から鹿児島に帰還し家督を継承したため、両者の間で抗争が勃発した。[75]この戦いにおいて樺山教宗は久豊方に立っており、[76]右の樺山と北郷の契約も島津久豊を「公方」と仰ぐものと考えられる。

さて右の史料では、第一条で「一味同心」して「公方」に忠節を尽くすことを誓っている。また第二条では、傍線部にあるように「大小事」について「談合」することを誓約している。これらは一揆契状の定型表現であり、本文書は一揆契状とみなすことができる。

その上で第二条に改めて注目してみると、「親子の思いを成」して、相手の大事を自分の大事と考えて助け合うと規定されていることが分かる。一揆契約の中に親子契約の観念が流れ込んでいることは明白だろう。

一揆契約の根幹は「捨二親子兄弟一、大事お身之大綱と存[77]」、すなわち、実の親子兄弟の大事よりも、一揆契約を結んだ相手の大事を優先するところにある。いわゆる「無縁」の思想である（序章第二節第4項を参照）。しかし実のところ、それは一揆契約の相手を「親子兄弟」同然に扱うということに他ならない。

諸々の「縁」を止揚して、「無縁」という状況を設定しながらも、一揆の中に擬制的な「縁」を新たに作り上げる。この一見矛盾した行為こそが、一揆を血肉のともなった実質的な人間関係として存立させる上で決定的な要件だったのではないだろうか。以上の推定に従い、次項では〈奉納型一揆契状〉について考察する。

（2）　奉納型一揆契状

充所を有する〈交換型一揆契状〉と比して、充所を持たず契状の交換を行わない〈奉納型一揆契状〉には契約状的性格は希薄である。親子契約・兄弟契約からの直接的な系譜は見出しがたい。だが左の史料からは、〈奉納型一揆契状〉もまた、親子契約・兄弟契約の影響を受けていることがうかがい知れる。

【史料11】　古来壇中証文（小倭衆連署起請文写）

真盛上人様江申上候条々之事

一、於二此人数之中一、自然公事出来之儀在レ之者、為二一家中一、任二理非一可レ有二裁許一、縦雖レ為二親子兄弟一、不レ可レ有二贔屓偏頗一事、若為レ対二公事一不レ及二分別一者、山雄田於二神前一可レ為二御鬮一、

一、此衆中構二非儀一無二同心之儀一者、放二一揆一、則敵方可レ有二合力一、他家之儀可レ為二同前一、

一、此人数之中、万一致二盗賊放埒一之儀在レ之者、為二衆中一可レ有二糺明一事、

一、此衆中之被官、於二他所并小倭庄内一致二悪党一者、扶持人之方江不レ及レ届、則可レ加二誅罰一事、

一、於二此連衆一者、互成二水魚思一、可レ存二親子兄弟芳契一、此衆中於二子孫一可レ守二此旨一也、

一、雖レ有下可レ取二当質一事上、就二国質一、無レ謂方不レ可レ取レ之、本主、不レ然者、可レ取二其在所一事、○コノ条、前条下余白部ニ細書ス、

右、此条々違変之仁体在レ之者、忝

両宮・八幡、別者当所白山妙理権現蒙二御罰一、於二後生一者可レ墜二無間・三悪道一、此旨　真盛上人様相二

叶御内証一者、此衆中可レ開二喜悦之眉一者也、仍為二自今以後一、連判之状如レ件、

明応三年甲寅九月廿一日

石見入道　尾張入道　越前　備中　福屋

（以下四一名略）[78]

伊勢国一志郡小倭郷は在地徳政が行われた地として研究史上名高い[79]。「成願寺文書」の徳政関係文書は興味深い検討対象であるが、これに関連して、「成願寺文書」の、明応三年（一四九四）九月十五日に小倭郷の百姓衆が提出した「小倭百姓衆起請文」、同二十一日に小倭郷内の侍衆が提出した「古来壇中証文」の二点の史料が注目を集めてきた。右に掲げた史料11は、そのうちの後者である。

さて右史料は、小倭の成願寺住持である真盛上人に捧げるという形式になっている点が特徴的であるが、第一条で侍衆による理非に基づく裁定を規定し、第二条で一揆に敵対し和を乱した者を追放することを規定していることなどから見て、瀬田勝哉氏が説くように「普遍的に見られる一揆連判状[80]」と定義できる。よって本文書は、神仏に捧げる〈奉納型一揆契状〉の範疇で捉えられる。

そこで本文書の第一条を分析してみると、「たとえ親子兄弟たりと雖も、贔屓偏頗有るべからざる事」とあり、親子兄弟といった「縁」に囚われることなく、理非に基づいて裁許することが誓約されている。ここにも「無縁」の思想が見られる。しかし一方で、この一揆が「一家中」という擬制的な「家」の形態をとっていることも判明する。

そして第五条に目を転じると、この一揆の構成員たちは相互に「水魚思」を成し、「親子兄弟芳契」を存ずる、とある。親子兄弟の「縁」を断ち切った一揆成員たちは、彼ら自身の中に新しい「親子兄弟」を構成したのである。

この事例から考えるに、一揆契状の常套句である「水魚の思いを成す」「一味同心の思いを成す」とは、具体的には、赤の他人との間に実の親子兄弟と同様の親密な関係を築くことを意味しているのだろう。「無縁」の産物として語られることの多い一揆契約であるが、実はその根底に、親子兄弟という「縁」を秘めているのである。

（3）　一揆結合の論理

なぜ、立場も利害も異なる他人同士である領主層が「一揆」を結ぶことができるのか。現在のところ、最も説得的な回答は、勝俣鎮夫氏の「無縁」論であろう。勝俣氏は、一揆構成員たる個々の領主が血縁・地縁・主従の縁など諸々の「縁」を断ち切り、「無縁の場」をみずから創出することによって、はじめて「縁」を超越した「共同の場」である一揆を形成し、個々の成員の平等性と自立性を確保することができた、と主張する。(81)

この勝俣「無縁」論に関しては、一揆内の平等を強調しすぎているとの評価がある。たとえば石井紫郎氏は、国人一揆の中にはもともと求心的な権力構造が内在しており、相互の平等性というのは虚構にすぎないと指摘する。(82)また村井章介氏も松浦一揆を例にとり、「一揆構成員の法的な平等は、実体の不平等が団結の破壊をもたらすことを防ぐための政治的合意」に基づいており、「「一味同心」とは実体としてフラットな構成員が牧歌的・情念的に結ぶ誓約ではない」と説いている。(83)

これらの批判は一揆の理念と現実の乖離を鋭く突いたものだが、勝俣氏とて一揆の「平等」の理念が完全に貫徹されたと考えているわけではなく、むしろ右のごとき理解は最初から勝俣「無縁」論に織り込み済みだったはずだ。

本章において親子契約・兄弟契約を検討してきた筆者としては、別の角度から勝俣説を見直してみたい。それは、「無縁」という概念だけで一揆結合を説明できるのか、という疑問である。

一揆契状に「成二親子思一」や「存二親子兄弟芳契一」といった文言があることから明白なように、一揆を結ぶにあたって現実の親子兄弟の「縁」を一時的に断ち切った個々の領主が、一揆内で擬似的な「親子兄弟」の関係を新たに築いたことにも注目すべきなのである。(84)

岸田裕之氏は明応八年の三隅氏と石見吉川氏の合力関係を例に掲げつつ、「個別の国人領主間の相互扶助協約は、基本的には姻戚関係に基づく特定所領の移動を基礎にしたもの」と述べているが、(85)「親子契約」「兄弟契約」によって擬制された族縁関係に基づく所領の移動は、一揆契約の基礎となったと考えられる。そして一揆契約の「一味同心」とは、他人同士が「互いに水魚の思を成し」「親子兄弟同事ニ存ず」(86)、つまり親子兄弟同然の親密な結びつきを形成することに他ならないのである。多くの国人一揆が「一族一揆」的な様相を呈すのも、この点に由来する。(87)

しかし一揆契約は毛利氏に見られるように、時代が下るとともに、イエとイエとの契約という制度的な性格を強め、「親子兄弟」といった「縁」の要素を削ぎ落としていった。それは、「無縁」の思想としての純化であり、また一揆契約の形式化でもあった。

以上、素描にとどまるが、親子契約・兄弟契約の系譜の中に一揆契約を捕捉してみた。

おわりに

本章では、一揆契状の発生論を考える上での一助となるべく、親子契約・兄弟契約から一揆契約が派生していく過程を論じた。所領譲渡・財産相続の際に結ばれた親子契約・兄弟契約を基盤として、より普遍的に機能する領主間協約として誕生したのが一揆契約といえる。それは南北朝内乱以降の戦争状況、流動化する社会状況に対応するための、領主層の危機管理策であった。(88)

もとより一揆契状は多様な要素が絡み合って成立したものであり、(89)親子契約・兄弟契約はその一つでしかない。にもかかわらず、筆者が親子契約・兄弟契約に固執したのは、「無縁」論の相対化を企図したからである。

一揆というと、近年は〝神の下での平等〟的なイメージが濃密につきまとっているが、一揆の樹立によって、あたかも近代市民社会における個人(近代的個人)のような自立した存在が生まれたと見るのは正しくない。すべての問題を神仏との関係に帰着させてしまうと、人と人との関係を見落としてしまうのではないかと筆者は危惧する。一揆の結成とは、神仏の前での「無縁」空間の創出というより、旧来の「縁」をいったん切断した上で新たな「縁」を生み出す行為、と把握すべきだろう。

もちろん、どちらが「親」で、どちらが「子」といった関係でない、「平等」の関係が成立したことは重要であるが、それが虚構の「親子兄弟」「一家中（同名中）」関係として現出したことの意味は大きい。情誼や親愛でなく、共通の利害や関心に基づく「契約」関係で結びついた〝合理的〟集団であるにもかかわらず、いや、そうであるからこそ、擬制的な血縁関係が強調されるのである。

一揆の「平等」を生み出した要因は、一揆結成を可能にした要因は何か。それを改めて吟味することが、今後の一揆研究の最大の課題であろう。本章がその解決にわずかなりとも寄与できれば幸いである。

（1）藤木久志『戦国社会史論』（東京大学出版会、一九七四年）、勝俣鎮夫「戦国法」（同『戦国法成立史論』東京大学出版会、一九七九年、初出一九七六年）。
（2）石井進「家訓・置文・一揆契状」・石母田正「解説」（『日本思想大系21　中世政治社会思想・上』岩波書店、一九七二年）。序章第二節第3項を参照。
（3）久留島典子「領主の一揆と中世後期社会」（『岩波講座日本通史』第9巻、中世3、岩波書店、一九九四年）。
（4）小林一岳「鎌倉～南北朝期の領主一揆と当知行」（同『日本中世の一揆と戦争』校倉書房、二〇〇一年、初出一九九二年）。
（5）笠松宏至「契約の世界」（同『中世人との対話』東京大学出版会、一九九七年）。以下、本文で引用する笠松氏の主張は、すべて右論文による。なお「母子契約」という用例も一件だけだが検出された（『鎌遺』二六三二七号。章末表6-25を参照）。

（6）「毛利家文書」（『南中』三八九七号）。本文書は欠損が激しいが、「毛利家什書写」によって字を補充できる。欠損部分をいちいち再現するのは煩瑣になるので省略した。
（7）応安六年十月一日長井貞広譲状（「毛利家文書」『南中』三九九九号）。
（8）永和二年六月日長井広世軍忠状（「毛利家文書」『南中』四二七五号）。
（9）岸田裕之「南北朝と室町政権」（『広島県史』中世通史Ⅱ、一九八四年）二八九頁。
（10）「東寺百合文書」ア函（『鎌遺』一七七九号）。
（11）応安七年八月十日沙弥覚弘契約状写（「萩藩譜録」児玉主計広高、『広島県史』古代中世資料編Ⅴ、二七三頁）。史料中には内藤満廉を「猶子」とするとしか記されていないが、応永九年八月二十二日内藤満廉（沙弥融伝）譲状（『毛利』二二号）の記述から、覚弘と満廉が結んだものが「親子契約」であることが判明する。
（12）秋山伸隆「毛利氏の国人領主制の展開」（同『戦国大名毛利氏の研究』吉川弘文館、一九九八年、初出一九八一年）参照。
（13）前掲史料1・史料2に見えるように、親子契約状の形式にはバラツキがあり、文書様式として安定していない。この事実は、正統的な文書である譲状に比して、親子契約状の法的効力が弱いことを反映していると思われる。つまり、中世法の世界では親子契約状の地位が低かったため、親子契約状の定型化が進まなかったと推測されるのである。
（14）『続群書類従』第十一輯下、八二三頁。
（15）なお現存数は乏しいが、院政期段階から「親子契約之譲状」は見られる。たとえば大治三年十二月日平正頼譲状（「仁和寺文書」『平遺』四九八〇号）には「無二指子息一、而七郎君依レ有二事縁一、成二父子之約一、仍件両職永所二譲渡一也」とある。中世的な「家」の成立は十二世紀前半といわれており（高橋秀樹『日本中世の家と親族』吉川弘文館、一九九六年）、嫡継承される「家」の成立と相即して「親子契約之譲状」が登場したものと思われる。
（16）「香取大禰宜家文書」（『鎌遺』一九九三一号）。
（17）雲厳が所務相論の相手である刑部卿法橋に対抗するために「政治的な譲与」によって稲庭時国の庇護下に入り、刑部卿法橋の主張を排除する訴訟を時国に依頼したという網野善彦の想定は正鵠を射たものだろう。網野「若狭

国太良荘」（同『中世東寺と東寺領荘園』東京大学出版会、一九七八年、初出一九六三年）三八二・三九〇頁。

(18) 親子契約が他人和与と異なり、相続者の譲渡者に対する扶持をともなう場合があることについては、笠松前掲註(5)論文にも言及がある（一七頁）。

(19) 弘長元年十一月日後嵯峨院庁下文（「菊大路家文書」『鎌遺』八七四一号）。表6-10を参照。

(20) 行宗重元田地譲状（「行宗文書」『鎌遺』二二三三三号）。表6-24を参照。

(21) 行宗重元田地売券（「行宗文書」『鎌遺』二二三三二号）。

(22) 註(26)史料。

(23) 寶月圭吾「預状についての一考察」（同『中世日本の売券と徳政』吉川弘文館、一九九九年、初出一九六八年）、久保健一郎「戦国時代の経済紛争」（『早稲田大学大学院文学研究科紀要』五一-四、二〇〇六年）などを参照のこと。

(24) 徳政の適用を免れるために売券の他に寄進状を作成するという慣行（売寄進）については、佐藤進一『新版古文書学入門』（法政大学出版局、一九九七年）二六九頁を参照。

(25) 土地の売買に関しての「戻り」は、笠松宏至・勝俣鎮夫氏らの研究により著名であるが、土地を質（担保）に入れた場合も同様で、「質地は永領の法無し」という慣習が在地社会に存在した。そのため債務者からの質地の返還要求が将来発生することを恐れた債権者はしばしば質券文を譲状に改めさせたという。井原今朝男「中世借用状の成立と質券之法」（同『日本中世債務史の研究』東京大学出版会、二〇一一年、初出二〇〇二年）七九〜八一頁を参照。

(26) 「鎌倉幕府追加法」五五六条。表6-21参照。なお七海雅人「鎌倉幕府の譲与安堵」（同『鎌倉幕府御家人制の展開』吉川弘文館、二〇〇一年）は、この条文を〈沙汰未練書方式〉に引き付けて理解するが（四一・四二頁）、読み込みすぎであろう。本書の主旨から外れるので考証は省略するが、筆者は〈沙汰未練書方式〉の成立は、笠松氏の説くように元亨年間と考える。この点に関しては、高橋典幸「書評　七海雅人著『鎌倉幕府御家人制の展開』」（『史学雑誌』一一二―六、二〇〇三年）八九頁や渡邉正男「「外題安堵法」の再検討」（『日本歴史』六七四、二〇〇四年）三二頁も参照。

(27)　文永八年六月十七日紀伊国那賀郡神野・真国・猿川荘々官等起請文（「宝簡集」三十八、『鎌遺』一〇八三九号）。表6-15参照。

(28)　笠松宏至「中世の政治社会思想」（同『日本中世法史論』東京大学出版会、一九七九年、初出一九七六年）一六六～一七一頁。

(29)　もっとも、前述の雲厳と稲庭時国の親子契約にしても、実質的には「寄沙汰」に等しいと見ることができ、鎌倉前期の段階から親子契約はしばしば〝いかがわしい〟目的で締結されたと考えられる。

(30)　事ここにいたっては、「他人和与」とほとんど変わらないように見えるが、御成敗式目以来、幕府が一貫して「他人和与法」の法効力の圧縮を進めてきたことを考慮すれば（笠松宏至「仏陀施入之地不可悔返」、笠松前掲註28書、初出一九七一年）、一種の抜け道として「親子契約之譲状」が利用されたと推定できる。

(31)　拙稿「白河結城文書の一揆契状」（村井章介編『中世東国武家文書の研究』高志書院、二〇〇八年）二九一頁。

(32)　佐藤前掲註(24)書、二五六頁。

(33)　「小早川家文書」（『小早川家証文』二六四号）。

(34)　（永正十年）四月二十日浦元安外四名連署契状写（「小早川家文書」『小早川家証文』四二五号）。

(35)　久留島前掲註(3)論文、一三一～一三四頁。

(36)　元亨二年五月三日上原基員契約状案（第六章の史料11）。「兄弟の思を成す」については、第六章の史料12も参照のこと。

(37)　正応二年七月二十二日異国降伏祈禱供養法注進状案（「武藤金太氏所蔵文書」『鎌遺』一七〇七三号）。

(38)　「山内首藤家文書」（『山内』五五七号）。

(39)　広沢通実は、波多野氏の支族で備後国人の広沢氏の一員であろう。本文書が「山内首藤家文書」に伝来したのは、山内氏が広沢氏を津田郷和田村から駆逐し所領支配に成功したためと思われる。岸田裕之「備後国山内氏一族と南北朝の動乱」（同『大名領国の構成的展開』吉川弘文館、一九八三年、初出一九七九年）、田端泰子「鎌倉期・室町初期の山内氏と一族一揆」（『京都橘大学研究紀要』三二、二〇〇五年）参照。

(40)　「長谷場文書」（『南九』一五五一号）。

(41) 暦応三年八月十九日門貫貞阿売券（「長谷場文書」『南九』一五七二号）。
(42) 「長谷場文書」（『南九』一五六〇号）。
(43) 嘉吉三年二月二十二日保土原満種一揆契状（「仙台結城文書」『白河』五一四号）。
(44) 「阿蘇家文書」（『南九』二三三〇号）。
(45) 佐藤進一『日本の歴史九　南北朝の動乱』（中央公論社、一九六五年）三五九頁。
(46) 久留島前掲註(3)論文、一二八頁。
(47) 応永八年十月二日某義信契約状（「益田家文書」『益田』五一四号）。
(48) 秋山前掲註(12)論文、二八頁。
(49) 永享八年十月三日近宗清平契約状（「小早川家文書」『小早川家文書』一〇七号）。
(50) 一例として、明応二年六月十九日杉武明契約状（「益田家文書」『益田』六三二号）。
(51) 山室恭子『中世のなかに生まれた近世』（吉川弘文館、一九九一年）参照。
(52) 岸田裕之「芸石国人領主連合の展開」（岸田前掲註39書）三七八頁。
(53) 寛正六年三月二十九日毛利豊元契約状写（「福原家文書」『萩藩』巻八ノ一「福原対馬」五号）。
(54) 年未詳六月二十四日毛利興元書状写（「小早川家文書」『小早川家証文』二六五号）。
(55) 「右田毛利家文書」（『右田』二〇号）。なお年次比定は岸田前掲註(52)論文、四五五頁に従った。
(56) （天文十八年）十二月十二日毛利隆元契約状（「右田毛利家文書」『右田』七三号）。
(57) 岸田前掲註(52)論文、四四四～四四六頁。
(58) 岸田裕之「戦国の争乱と毛利氏の統一」（前掲註9書）五八九頁。
(59) 天文二十一年三月三日小早川隆景契約状（「平賀家文書」『平賀』一〇五号）。
(60) （天文二十二年）二月二十日毛利元就書状（「平賀家文書」『平賀』七九号）。
(61) 天文二十二年二月十日平賀広相・毛利隆元・小早川隆景連署一揆契状（「毛利家文書」『毛利』二二一号）。
(62) 天文二十二年四月二十六日吉川元春起請文（「平賀家文書」『平賀』九五号）。
(63) 鴨川達夫「戦国大名毛利氏の国衆支配」（石井進編『都と鄙の中世史』吉川弘文館、一九九二年）二九五頁。

(64) 菊池浩幸「戦国期領主層の歴史的位置」(『戦国史研究』別冊、二〇〇一年)一二頁。
(65) 天文二十二年二月十日平賀広相起請文(「毛利家文書」『毛利』二二二号)。
(66) (天文二十一年カ)六月二十八日小早川隆景契約状写(「閥閲録」『萩藩』巻五十三「木梨右衛門八」三号)。
(67) 岸田前掲註(58)論文、五八九頁。
(68) 元亀三年七月二十五日毛利輝元起請文(「山内首藤家文書」『山内』二四五号)。
(69) (元亀三年)七月二十八日山内隆通書状案(「山内首藤家文書」『山内』三九九号)、元亀三年八月一日吉川元春・同元資連署起請文(「山内首藤家文書」『山内』二四七号)。
(70) 元亀三年七月二十八日山内隆通・同元通連署起請文案(「山内首藤家文書」『山内』二四六号)。
(71) 吉川元春・元長が山陰全域の国衆と起請文を取り交わし兄弟契約を結んだことで、吉川家が山陰国衆の統制者として位置づけられていったことについては、舘鼻誠「戦国期山陰吉川領の成立と構造」(『史苑』四六―一・二、一九八七年)七〇～七五頁に指摘がある。
(72) 菊池浩幸「戦国期「家中」の歴史的性格」(『歴史学研究』七四八、二〇〇一年)、村井良介「毛利氏の「戦国領主」編成とその「家中」」(同『戦国大名権力構造の研究』思文閣出版、二〇一二年、初出二〇〇五年)。
(73) 峰岸純夫「中世社会と一揆」(同『中世社会の一揆と宗教』東京大学出版会、二〇〇八年、初出一九八一年)、勝俣鎮夫『一揆』(岩波書店、一九八二年)。
(74) 「伝家亀鏡」(『樺山』六九号)。
(75) 第四章第三節第2項を参照。
(76) 新名一仁「日向国人樺山氏の成立過程とその特質」(『宮崎県地域史研究』一六、二〇〇三年)二・三頁。
(77) 応永十八年九月十八日島津久世一揆契状(「二階堂氏正統家譜」『二階堂』一〇三号)。
(78) 「成願寺文書」(『武家家法Ⅱ』二一五号)。
(79) 瀬田勝哉「中世末期の在地徳政」(永原慶二編『戦国大名論集1　戦国大名の研究』吉川弘文館、一九八三年、初出一九六八年)。在地徳政については、拙稿「在地徳政論再考」(天野忠幸ほか編『戦国・織豊期の西国社会』日本史史料研究会、二〇一二年)を参照。

(80)　瀬田前掲註(79)論文、一三頁。
(81)　勝俣前掲註(1)論文、二三九・二四〇頁。序章第二節第4項を参照。
(82)　石井紫郎「中世と近世のあいだ」(同『日本人の国家生活』東京大学出版会、一九八六年)一三一・一三二頁。
(83)　村井章介「鎌倉時代松浦党の一族結合」(同『中世の国家と在地社会』校倉書房、二〇〇五年、初出一九九九年)三八一・三八二頁。
(84)　寺院社会においても、僧侶集団内部の平等性を親子兄弟の関係に喩える言説が見られる。大塚紀弘「中世僧侶集団の内部規範」(村井章介編『「人のつながり」の中世』山川出版社、二〇〇八年)九一頁。
(85)　岸田前掲註(52)論文、四四一・四五六頁。
(86)　応永二十五年五月二十六日毛利光房起請文写(「福原家文書」『萩藩』巻八ノ一「福原対馬」二号)。
(87)　久留島典子氏は、「一族一揆」を称する一揆の多くが他姓を含み込んでおり、一族でないがゆえに一族意識を強調している、と指摘している。従うべき見解であろう。久留島前掲註(3)論文、一一一・一一二頁。
(88)　在地領主層の一揆が軍事的組織から出発したことについては、福田豊彦「国人一揆の一側面」(同『室町幕府と国人一揆』吉川弘文館、一九九五年、初出一九六七年)を参照。
(89)　その意味で、三木靖「南北朝内乱の一揆——太平記を中心に——」(『日本歴史』二七六、一九七一年)のような「一揆」の語源を探る研究も重要である。

表6　『鎌倉遺文』所収の「親子契約」関連文書一覧

	年月日	文書名	文言	出典	遺文番号
1	建久8(1197).2.	石山寺領名寄帳	成父子之契約、譲給田一丁四反小也	石山寺文書	903
2	承元2(1208).4.3	明法博士中原明政勘文	依有父子之契、可賜貞重之由〜	東寺百合文書イ函	1727
3	承元3(1209).2.	雲厳契約状案【史料2】	殊依奉成親子契約	東寺百合文書ア函	1779
4	建暦元(1211).8.16	東大寺年預下文	父子契豈可然乎	東南院文書第一櫃第十巻	1890
5	承久元(1219).11.2	藤原道澄譲状	おやこのちきりを申によて…ゆつりたてまつり候ぬ	青方文書	2557
6	元仁元(1224).2.3	秦時守譲状	依有親子之契約、限永代譲与斯了	高野山文書又続宝簡集三十六	1427
7	貞永元(1232).4.25	山城北野宮寺政所下文	昌宗与覚禅成父子之契約	北野社文書	4322
8	寛元2(1244).4.	大和奈良坂非人陳状案	〜與先長吏、有父子之契約云〃	神宮文庫所蔵文書	6315
9	宝治2(1248).4.23	惣検校僧兼尊譲状案	依成親子之契…所譲与性享房也	大隅台明寺文書	6960
10	弘長元(1261).11.	後嵯峨院庁下文	成父子之契約	石清水八幡宮菊大路家文書	8741
11	弘長2(1262).3.16	辻乗蓮陳状案	為雲厳成親子之思…自雲厳之手被譲与	東寺百合文書ア函	8780
12	文永4(1267).8.22	明法博士中原章澄勘文	疎遠養子財…一旦雖成父子之契約	内閣文庫所蔵大乗院文書明法条々勤録	9757
13	文永4(1267).12.21	僧明心譲状	自本依有父子之契約…所譲進女房五条殿御局也	日根文書	9824
14	文永5(1268).10.19	大江光清譲状	をやこのちきりをなしまひらせ候によりて	陸奥新渡戸文書	10319
15	文永8(1271).6.17	紀伊神野真国猿川荘々官等起請文	称有親子之契約	高野山文書宝簡集三十八	10839
16	文永11(1274).6.18	沙弥阿仏譲状案	殊可成親子之儀、雖可別譲与	薩摩肝属統譜	11675
17	弘安元(1278).7.19	僧能万譲状	父子之契約、于今依不変	百巻本東大寺文書十号	13118
18	弘安3(1280).3.16	尼蓮阿弥陀仏譲状	依有親子之契約、所奉譲渡也	高野山文書続宝簡集六十五	13879
19	弘安5(1282).3.8	山城保津荘預所下文	与亀夜叉丸成親子之契約、致次第之沙汰畢	両足院文書	14588
20	弘安5(1282).3.17	僧快豪寄進状	為親子之契約…譲与覚日房畢	高野山文書続宝簡集六	14594
21	弘安7(1284).8.17	関東評定事書(十一ケ条新御式目)	誘取親子契約之譲状云々	近衛家本追加	15281
22	永仁7(1299).1.20	大中臣実親譲状【史料3】	親子けいやくあるによつて	香取大禰宜家文書	19931
23	嘉元2(1304).7.11	僧禅海起請文	或与浄智成親子之儀、或与七郎兵衛成師弟契	高野山文書宝簡集三十三	21892
24	嘉元3(1305).5.21	行宗重元譲状	重元与国延与相互に親子之約束仕候畢	行宗文書	22223
25	文保元(1317).8.25	北条随時鎮西下知状	永仁二年始成母子契約之由	黒水文書	26327
26	正中2(1325).4.5	北条英時鎮西下知状	親子契約起請文事	宗像辰美氏所蔵文書	29078

第六章　契約状と一揆契状

はじめに

南北朝期以降、在地領主層が一揆を結ぶ際、一揆契状が作成された。したがって一揆契状は国人一揆研究における主要な検討材料といえる。にもかかわらず、一揆契状に関する様式論的・機能論的な考察は、長らく行われてこなかった。

筆者は第四章で、一揆契状の古文書学的考察を行い、一揆契状を二つに大別した。その一つは、充所がなく神に捧げるという起請文的性格の強い〈奉納型一揆契状〉であり、もう一つは、充所を有し人に送るという契約状的な性格の強い〈交換型一揆契状〉である。すなわち一揆契状は契約状と起請文が合体した「契約起請文」の一種、と定立できるのである。

従来の研究では、一揆契状の契約状としての側面には注意が払われてこなかったが、一揆契状が「一味同心」を誓う契約状であることが明らかになった以上、南北朝期に登場する領主層の一揆契状を、契約状の展開過程の中に位置づける必要があろう。

この点に関しては、小林一岳氏が先駆的な指摘を行っている。小林氏によれば、在地領主層は鎌倉期から契約状によって互いに合力を誓い合っていたが、南北朝内乱期になると、そうした契約状が一揆契状という恒常的な成文法（一揆の法）へと発展していくという。[1] いわば小林氏は、契約による近隣領主間の合力関係の延長線上に、新しい当知行保全システムとしての国人一揆（領主一揆）の成立を見ているのである。一揆契状が契約状の一種である以上、氏の指摘は極めて重要であり、一揆契状の成立過程、ひいては〈領主の一揆〉の成立過程を考える上で必ず参照すべきものといえる（第五章参照）。

しかし小林氏の議論には不十分な点も残る。第一に氏は、一揆契状の成立過程に関して古文書学的な検討を行っていない。契約状と一揆契状の連続性、共通点を指摘したにとどまる。そもそも契約状とは何か、一揆契状とは何か、という定義が明確に示されていないので、契約状から一揆契状への発展過程を具体的に跡づけることができないでいる。

第二に氏は、〝契約状から一揆契状へ〟と述べる一方で、鎌倉～南北朝期の譲状・義絶状・和与状・紛失状などに見える、一族による知行保証体制に注目し、在地領主の一揆的結合が「一門評定」という形で、鎌倉期においてすでに成立していたと主張している。[2] つまり南北朝期以降、各地で結成された一族一揆の淵源を鎌倉期の「一門評定」に求めているのである。[3] この「一門評定」論が、先述の〝契約状から一揆契状へ〟という氏のもう一つの議論といかなる形で切り結ぶのか、その整合性は判然としない。

そこで本章では、小林説の成果と課題を踏まえた上で、在地領主の世界において恒常的な成文法である一揆契状という文書様式がどのようにして成立したかを追究し、その上で、鎌倉後期から南北朝期にかけての領主間結合の深化を実証的に明らかにしたい。

第一節 「一味同心」契約

（一） 中世の契約

まず議論の前提として「契約」とは、そして「契約状」とは何か、という点を確認しておこう。黒板勝美の古文書様式論を踏まえて現在に連なる日本古文書学の基礎を築いた相田二郎は、契約状について「かくあるべしかくすべしと将来に向つて約する即ち契り約する為に作る証文を広く契状又は契約状と云ふ」(4)と、簡便な定義を行っている。

それから久しく、契約状に関する理解は右記の相田説の域を出ていなかった。たとえば『国史大辞典』の「契状」の項の説明も、「古文書様式の一つ。将来の行為を約束するための契約あるいは誓約の文言を持った契約状の総称」とするのみで、『沙汰未練書』を引いて「鎌倉時代にはすでに契状の語が一般化していた」と指摘した他には、新味に欠けるものだった。(5)

このような研究の停滞状況を打破したのが、中世の契約状の分析を通じて中世的契約の特質に肉薄した笠松宏至氏の論考である。笠松氏は、中世において売買や譲与や和与が広義の契約として捉えられていたと断った上で、契約状という形で締結される「契約」（狭義の契約）が、売買・譲与・去渡・和与などの正統的な法的行為からはみだしたスキマを埋めるためのものであり、「契約（状）」は、中世のオモテの法秩序の世界では、見劣りのする日影者的存在でしかなかった」と説いた。(6)

右の笠松氏の研究に基づくと、契約状と一揆契状が大きく異なることに気づかされる。南北朝期以降、全国各地で広範に作成された一揆契状が、在地領主の「法」として強い効力を持っていたことは、先行研究の示す通りである（序章参照）。一揆契状は個別領主相互間の関係を規制した公的な法規範であり、決して「日影者的存在」

ではなかった。

そうであるなら、契約状と一揆契状との間には相当の段階差を認めざるを得ない。この点を考慮に入れず、契約状から一揆契状への連続性ばかりを提起した小林氏の議論に瑕疵があるのは、もはや自明であろう。以下では、狭義の契約（状）が一揆契状といかなる意味で異なるのかを具体的に解明していく。

（2）譲状に付随する「一味同心」契約

前述したように小林氏は、従来は惣領制と位置づけられてきた鎌倉期の領主層の族的結合の内部に、一揆的な問題解決方式が存在していたと主張した。ただ氏の例示した史料は、鎌倉後期〜南北朝期のものに限定され、鎌倉前期の領主結合については具体的な検討を行っていない。

この問題点を克服しようとしたのが、小林氏の「一門評定」論の発展的継承を目指す田中大喜氏である。氏が鎌倉前期における一族間相論の解決方法のあり方を示すものとしてとりあげた史料の一つを左に掲げる。

【史料1】（端裏書）「武雄」　藤原家門譲状

譲与

肥前国武雄社大宮司職事、

右、件職者、為㆓家門重代相傳㆒之上、賜㆓代々将軍家御下文㆒、知行年久所也、而雖㆑有㆓嫡・二男㆒、依㆑不㆓其器量㆒、以㆓三男能門㆒為㆓嫡子㆒、相㆓副次第証文於手継㆒、限㆓永代㆒所㆑譲㆓与彼職㆒也、子息等各以㆓能門㆒可㆓仰尊㆒者也、但田畠少々、云㆓男女之子息㆒、云㆓孫子等㆒、譲給事有㆑之、然者能門訴訟出来之時者、一味同心、寄合可㆑令㆓沙汰㆒、又於㆓神事㆒、各無㆓懈怠㆒、任㆓先例㆒、致㆓丁寧㆒、可㆑勤㆓仕　将軍家御祈禱㆒也、若於㆘背㆓此契

状二之輩上者、能門令レ言二上子細一、雖レ帯二家門之譲状一、可レ令レ停二止所領一、仍為二向後之亀鏡一、譲二与能門一之
状如レ件、

嘉禎三年八月廿五日

藤原（家門）（花押）[7]

嘉禎三年（一二三七）、肥前国御家人・武雄社大宮司の家門が三男能門に与えた譲状である。家門は他の「男女之子息」や「孫子等」に対して、能門を中心に「一味同心」することを命じている。田中氏はここから「能門を中心に一味同心させ寄り合う体制」を見出し、鎌倉後期の「一門評定」の歴史的前提として評価している。[8]

しかし、この譲状に見える「一味同心」は、父親が子息たちに対し「一味同心」を誓わせるというものであり、[9]当事者間で自発的に「一味同心」を誓い合って対等な関係を結ぶ一揆契約との距離は遠い。この点は従来から注目されてきた置文の「一味同心」規範も同様であり、[10]親権に基づく〝上からの強制〞としての「一味同心」が、赤の他人同士の「一味同心」へと一足飛びに発展するわけではない。

もう一つ注意すべきは、この「一味同心」が機能する範囲が個別具体的な事項に限定されている点である。田中氏が指摘するように、当時、家門は一族の実直と武雄・黒髪両社本司職をめぐって係争中であり、ために家門は、自分の後継者である能門を実直が訴えた場合を想定して、能門を中心に一族が団結することを命じたのである。[11]逆にいえば、能門と実直が訴訟に及ばなければ、一族は「一味同心」しなくても良いのである。ここに南北朝期以降の一揆契約との違いが如実に見て取れる。

また、田中氏は本史料を根拠に「鎌倉前期の御家人にとって、族内の問題は族内において解決するのが主流」と結論づけているが、本当にそのように断定できるだろうか。本史料の末尾には「若し此の契状に背くの輩に於いては、能門子細を言上せしめ……」とある。能門が「子細を言上」する対象としては、鎌倉幕府が想定される。つまり本譲状には、「一味同心」に従わない一族が現れた場合は幕府への上訴によって解決することが含意され

ており、「家権力の自立性」を過度に強調する田中氏の主張には疑問を感じる。

そもそも譲状や寄進状において違乱防止のために「一味同心」を申し置くことは、何も在地領主の世界に限ったことではない。[12]史料1の「一味同心」規定を領主の一揆に引き付けて理解する「領主制論」的視角には疑問が残る。

さて筆者が前章にて「親子契約之譲状」を例にとって明らかにしたように、中世の契約は必ずしも「契約状」という形をとらず、譲状など他の文書の中に包摂されることもあった。その意味で史料1は「一味同心」契約を包摂した譲状といえるのではないか。

契約（状）が中世の法秩序の世界で低い地位しか与えられていなかったという笠松氏の指摘に従えば、「状」を作成せず、何らかの言語や動作による合意に基づいて契約が成立する場合の方がむしろ一般的であったとも考えられ、「一味同心」契約が付帯条項として譲状などの証拠能力の高い文書に取り込まれることは当然だろう。そのような観点に立つ時、左の史料も「一味同心」契約が付随した譲状と評価することができるのではないか。

【史料2】　沙弥覚念田畠屋敷譲状

　　譲与　　沽却相伝私領田畠等事、

　副渡　　本券等

（中略）

右、件屋敷田畠等者、覚念由緒相伝之私領也、仍今相三副本券等一、子息供僧神釈、限二永年一、所レ令二譲与一実也、然者、令レ得二均分之□一者、将来為二一味同心一、不レ可レ成二向背一、専以二毎月之忌日一、可レ致二孝養一□也、若背二譲状之旨一、於レ成レ妨之輩分一テハ、為二兄弟等之計一、一同擯出シ天、所レ令二譲渡一之田畠等、各可レ令二分取一□、向後、若有二直物要用一之時者、不レ可レ沽二他人一、定二傍例之直法一、可レ放三与兄弟等一也、不レ可レ□〔有〕二過

分之儀一也、仍為二後代一、券契如レ件、
弘長三年癸亥三月廿八日　大神仲子（花押）
沙弥覚念（花押）
「（紙背）ちやくしけんまのせうかゝはう（花押）
筆者御前権検校静兼（花押）」(13)

傍線部を見てみよう。「一味同心」はもとより、違約者に対する追放刑も一揆契状の主要規定である（第四章の史料5を参照）。その意味で右史料から一族間の一揆的結合を読み取ることは不可能ではない(14)。しかし、こうした所領譲渡にともなう「一味同心」契約（違乱禁止規定）は、鎌倉期はおろか院政期から見られるのであり、これを南北朝期の「一揆の法」の直接的な前提として強調した場合、かえって歴史的な段階差を見失ってしまう。親権に基づく子孫への訓誡と、相互に自立的な領主間での対等な契約は、やはり区別して理解すべきであろう。

一揆契約の発生論を考える上では、親権を背景とした「一味同心」契約ではなく、契約の水平性・双方向性が明瞭に表れている事例の検討こそが重要である。

（3）　去状に付随する「一味同心」

次に、去状に「一味同心」契約が付属する事例を掲げる。正応元年（一二八八）、興福寺西金堂家が二尊院に大和国山口荘を去り渡しているが、この際、違乱者が出た場合は「一味同心而可レ止二其妨一者也(15)」と約束している。武家の場合、「一味同心」契約が付属した去状の明確な実例を見出せないが、次の史料が注目される。

【史料3】　藤原義祐契約状

にしまたの事、義祐ニゐこん《〈遺恨〉》なく、するまても水魚のことくならんために、御さりふミ給ハり候了ぬ、尤これ本意候、たかひに御中の事においてハ、ふしん候ましく候、あなかしこ〳〵、

建長六年後五月四日　　藤原義祐（花押）

上総法橋御房《（栄尊）》(16) 御返事

藤原義祐は大隅国御家人の税所氏で、当時、島津荘寄郡薩摩方満家院郡司職を保有していた(17)。充所の上総法橋は比志島氏の祖にあたる満家重賢（沙弥栄尊）である。栄尊は満家院内比志島・西俣・河田・城前田・上原薗五箇所の名主職を保有しており、寛元二年（一二四四）には義祐の承認の下に、幕府から五箇所名主職安堵の関東御教書を獲得している(18)。

さて史料3によれば建長六年（一二五四）、税所義祐は栄尊から薩摩国満家院西俣名の所領を譲り受けた際、「御さりふミ」（御去文）を受給している。その去状は「末までも水魚の如くならんため」に作成されたというから、栄尊の去状に「水魚の思いを成す」といった文言が書かれていた可能性は高い。「一味同心」契約を備えた去状といえよう。これに対して藤原義祐は「互いに御中の事においては不審候まじく候」と同心を約束している。ただし、ここでの「水魚のごとく」とは、具体的には栄尊が義祐に対して追奪を行わないことを意味したと思われる。史料1・2の例と同様、個別具体的な事項に限っての「一味同心」であったと考えられる。

（4）和与状に付随する「一味同心」契約

続いて、和与状に付随する「一味同心」契約について検討する。

【史料4】平子重有和与状

和与

周防国仁保庄・多々良庄地頭平子彦六郎重有与二舎兄如円一相論、同庄多々良法興寺并仁保分極楽院免
田等事、
右、就二亡父唯如遺領事一、雖二相論一、被レ止二沙汰一之上者、向後不レ可レ有二不和之儀一之間、相互所二和与一也、
然者、於二草薗壱丁一（中略）所司供僧等分者、永代去二渡如円一者也、（中略）此上、庄内土居壱丁五段単田定、此内五段者屋敷、号窪垣内、残壱丁者、サイ田一所在之依レ為二和与之儀一、同去渡之上者、於二彼両寺修理一者、可レ被レ致二其沙汰一者也、爰不レ可レ有二不和之儀一之旨、乍レ載レ状、若向後背二自筆契状一、相互令二変改一、致二違乱訴訟一者、経二上訴一、可レ被レ申二行其身重科一者也、然者、向後成二水魚之思一、就二大小事一、雖レ為二一事一、無二隔心之儀一、知行不レ可レ有二松（相）違一者也、次異賊警固并御公事等者、随二分限一、可レ被レ勤二仕之一、於二両寺免田一者、不レ可レ有二御公事一、仍給二御下知一、為レ令二知行一、和与状如レ件、

乾元弐年四月二十六日　　平重有（花押）

（裏書）「為二向後証拠一、所レ加二暑（署）判一也、

平（花押）

徳治二年四月七日　　左衛門尉（花押）[19]」

ここに見える平重有は、三浦氏の一族で相模から周防へ移った西遷御家人平子氏の庶流の人間である[20]。史料4によれば、乾元二年（一三〇三）、周防国仁保荘・多々良荘地頭を称する平子重有は舎兄如円との所務相論を止め、如円と和与しているが、本文書には「向後水魚の思いを成し、大小の事に就いて、一事たりと雖も、隔心無きの儀……」と記されており、重有と如円との間に一揆的な関係が取り結ばれたことが分かる[21]。

ただし「知行相違有るべからざる者也」の文言から分かるように、重有と如円との「一味同心」契約は、基本

的には、今回の和与の約束を遵守することに主眼があった。すなわち所領分配の規定を守り、相手方の所領となった分については干渉しないということである。重有は如円以外にも、一族内に重頼・重連といった競争者を抱えていたから(22)、彼らへの対抗の意味もあったかもしれない。いずれにせよ、仁保荘・多々良荘をめぐる現在進行形の所務相論への対応しか念頭になかったといえよう。所詮ここでの「一味同心」契約は、和与に付随したものでしかないのである。

また注意したいのは、「若し向後自筆の契状に背き、相互に変改せしめ、違乱訴訟を致さば、上訴を経て、その身を重科に申し行わるべきものなり」と記されている点である。わざわざ両者が「自筆の契状」を作成しているにもかかわらず、その契状が破られる可能性があり、その「違乱」への対抗措置は「上訴」しかなかったことが浮き彫りになる。実際、徳治二年（一三〇七）、如円と重有は鎌倉で訴訟に及んでおり、前掲の乾元二年の和与状＝史料4を双方が提出しているのである(23)。ここに西遷御家人の上訴志向を見てとれよう。

御家人層の鎌倉幕府への依存度は強く、幕府潰滅以前には、一揆的結合によって在地の紛争を強力に律していこうという発想は存在しなかったと思われる。

第二節　「一味同心」契約状

（一）　付属文書としての「一味同心」契約状

一揆契状の直接的な源流は何か。小林氏は、鎌倉〜南北朝期に一族内相論を解決するために作成された一族連署の和与状を「法的規制力を持つ一種の契約状」とし、「当該相論に関する永続的効力を期待される成文法」であり、一揆契状と密接な関係があると説く。すなわち、一揆契状が「鎌倉期以来の所務相論解決の体系の中から形成された」というのである(24)。なるほど和与も、広い意味では契約である。しかし文書の様式が大きく異なる和与状と一揆契状を直線的につなげて理解するのは問題があると考える。

次の史料を見てみよう。

【史料5】　沙弥ちれん起請文

さいはい《再拝》〳〵たて申起請文の事、

右、事の元者、ちれんと公重と和与申候うへハ、向後においてハ、相互に、ふちうはらくろのきあるましく候、したかて、かの和与状のむねニまかせて、向後こうかい《後悔》のきあるましく候、又御ためにふちうなる事を、人の申もし、たくみ候ハん事うけ給候ほとにてハ、ゆめ〳〵かくしまいらせ候ことあるましく候、もしこの条々偽申候者、

上ほんてん《梵天》・たいしやく《帝釈》・四大天王おハしめ《始》たてまて《ママ》、日本のちんしゆ《鎮守》天照大神・八幡大ほさつ《菩薩》・当庄ちんしゆしをミ《潮見》・たけを《武雄》、惣てハ日本の六十余州の大少の神祇冥道の御はつ《罰》を、沙弥ちれんまかりかふるへく候、よて起請文如レ件、

元徳弐年十一月十五日　　沙弥ちれん（花押）(25)

右文書には充所はないが、文面から「公重」に送られたものと考えられる。公重とは、西遷御家人橘薩摩一族で肥前国長島荘下村の惣地頭である渋江公重であり、差出の「ちれん」は、同じく橘薩摩一族で長島荘下村の牛島公有（沙弥智蓮）のことであろう。(26) 元徳二年（一三三〇）、牛島智蓮が渋江公重に対し、契約状を提出したものとみなせる。

この史料の傍線部「向後に於いては、相互に、不忠腹黒の儀あるまじく候」とは、お互いに裏切らないことを意味しており、本文書が相互扶助を規定した「一味同心」契約状であることは明らかである。神文も備えており、〈交換型一揆契状〉に近似した文書といえよう。

だが「ちれんと公重と和与申し候上は」（波線部参照）とあるように、この「一味同心」契約の前提には、牛島智蓮と渋江公重の和与があった。智蓮と公重との間には以前から相論があったと思しく(27)、それが和与という形で決着がついたため、史料5が作成されたものと考えられる。まさに「かの和与状」（傍点部参照）に付随する「一味同心」契約状なのであり、和与状の機能を補完するにとどまっている点を理解しなくてはならない。

以上の検討を踏まえて古文書学的に考察を深めた場合、一族連署の和与状よりも、むしろ史料5のような和与状に付随する「一味同心」契約状の方が、一揆契状の母胎に相応しいように思われる。

このような視点に立った時、左の史料も示唆に富む。

【史料6】藤原弥義・義峰・義村連署起請文
（端裏書）「志々女村和与状」

島津御庄大隅方禰寝院志々女村弁済使職、弥義・義峰・義村和与事、
右、件弁済使職事、弥義・義峰所持文書者、曽祖父道意之流也、義村所持之文書者、高祖父仏念之次男西意之流也、然間、三人令二和与一畢、但於二当村惣領主一者可レ為二義村一、然者、於二田畠・山野・薗等一者、三人無二甲乙一三分一宛可レ令二領知一也、但別分状有二別紙一、至二恒例・臨時方々課役一者、三分一宛可レ致二沙汰一也、永代至二子々孫々一、相互不レ可レ有二相違一、此外於下帯二証文一輩上者、以二一味同心之儀一、更不レ可レ令レ叙二用之一、縦雖レ有二京都御下知一、存二上裁一、一切不レ可レ用レ之、如レ此令二契約一之上者、全不レ可レ有二腹黒害心一、若和讒仁出来、以二虚言一雖レ有二申之輩一、且散二不審一、且不レ残二意趣一可二申談一也、又千万一有二変改之事一者、以二一門評定一、可レ被レ付二一人一也、其時申二子細一者、自二一門之中一可レ被二追放一也、全不レ可レ有二後悔一、若此条偽申者、
（神文は省略）仍起請文如レ件、

嘉暦三年三月六日

証人
義村（花押）
義峰（花押）
弥義（花押）
道勝（花押）
道用（花押）
勝慶（花押）
本正（花押）
義与（花押）
行義（花押）[28]

彼らは藤原姓禰寝一族で、島津荘大隅方禰寝院志々目村弁済使職を世襲した一流はのちに富山氏、さらには志々目氏と呼ばれた[29]。史料6は、志々目村弁済使職をめぐる一族三人（義村・義峰・弥義）の相論に関する文書であり、村内の田畠・山野・薗などを三等分するという形で和与が成立し、これを一門が証人として確認・保証したことが分かる。小林氏は右史料に見える「一門評定」（傍点部参照）に注目し、中世前期の在地領主が自律的な課題解決の体制を生み出していたことを強調する[30]。

ところで本文書の端裏書には「志々女村和与状」とあるが、本文には所領の具体的な配分については「別紙」があるとの記述があり、本来は別に和与状が存在したと推察される。

それでは、史料6はどのような機能を果たす文書なのだろうか。傍線部に見える「此くの如く契約せしむるの上は、全く腹黒害心あるべからず。若し和讒の仁出で来たり、虚言を以て申すの輩有ると雖も、且つうは不審を散じ、且つうは意趣を残さず、申し談ずべきなり」といった相互不信解消の規定は、一揆契状の典型的な条文である（後掲史料14傍線部参照）。「此の外証文を帯するの輩」＝敵対者を三人が「一味同心之儀」によって排除するという規定も併せて考えるに、本文書は和与状の実効性を高めるために作成された「一味同心」契約状と捉えるべきである。

さて笠松宏至氏は、売券や寄進状の付帯条項を契約状に別記した事例、つまり契約状が売券や寄進状を補完していた事例を紹介した。笠松氏によれば、売券や寄進状の様式になじまない特殊な細則を規定する場合は、売券や寄進状に記さず、別に契約状を作成するのだという(31)。

また井原今朝男氏は、笠松氏の研究を踏まえて、売買や寄進の追奪担保として契約状が作成されたことを明らかにした。井原氏は、現在は単独で伝来している契約状も、本来は売券や寄進状などの本券に副状として添付された連券であった可能性を指摘している(32)。

これらの見解によれば、契約状はしばしば他の文書とセットで機能しており、しかも〝主〟の文書を補完する役割を担った〝従〟の文書であったといえよう。この事実は、「契約」と表現された法的行為が、売買・寄進・譲渡・和与などと異なり、ある種いかがわしいものとして見られていたという笠松氏の指摘とも照応するものである。

こうした先行研究を踏まえると、「一味同心」契約状たる史料6は、和与状という〝主〟の文書に付随する〝従〟の文書と捉えることができよう。右史料から「幕府裁判権に優先する」「一揆的な関係を基礎としたシステム」を見出すことには慎重でありたい。

寄進状に「一味同心」契約状が付随することもある。寛喜三年（一二三一）四月、紀伊湯浅党の一員である藤原景基が湯浅荘巣原村に施無畏寺を建立し、湯浅党出身の明恵上人に寄進した。この寄進状の奥には「郡内一家之連署」、すなわち湯浅党四九名の連署契状が記されている。連署契状では、寺域での「殺生禁断」に違反した場合は「一家同心而速可レ放二其氏一也」[33]と規定されている。

これは藤原景基が湯浅党の人々に寺域尊重の保障を取り付けるための措置であった[34]。つまり寄進状を補完するための文書として「一味同心」契約状が要請されたのである。これまた〝主〟の文書に付随する〝従〟の文書と理解できる。

（2）寺院の「一味同心」契約状

翻って寺院社会を見てみると、すでに鎌倉中期には独立文書（付属文書ではない）としての「一味同心」契約状の存在が確認される。

【史料7】弘法寺衆徒契状

右元者、当寺四至之内者、大師結界之地、宝字年中之草創也、然藤□（井カ）住人観蓮房、輙於二寺領之内一、追二使田薙（ママ）一、押二取菓子一之条、極僻事也、於二自今已後一者、全不レ可レ用レ之者也、然則寺中老少上下一味同心、可レ致二此沙汰一、若挾二別心一、於二不レ与之輩一者、不レ可レ為二一烈之住僧一、是則為二後代一也、更非レ思二一身利一、誰不二同心一哉、仍契状如レ件、

文永元年甲子九月卅日

僧覚慶（花押）
僧良忠（花押）
僧覚成（花押）
（以下、五一名を省略[35]）

寺僧たちが「一味同心」して観蓮房の押領行為を排除することを誓っている。老少上下といった寺院内の身分

秩序を超越して平等性を実現するという史料7の内容はまさに一揆の思想の体現といえよう。一致団結して敵対勢力を排除するとともに違約者を追放するという領主層の一揆契状の機能が、この文書に先取りされているのである（傍線部を参照）。

さて寺院内の特定僧侶を排斥する際に満山・満寺の意思統一が行われることは従来から指摘があったが[36]、その場合、一揆する過程での起請文の役割が強調されるきらいがあった。つまり、神仏の絶対的な威力によって一揆が結ばれるという理解である。

しかし、史料7の様式は契約状であって、起請文ではない。満寺の「一味同心」を確認する上で最も重要なものは神文や「一味神水」ではなく、全僧侶の署名、つまり「連判」による契約だったのである。とすると、史料7のような「一味同心」契約状に、神文が付加したものこそが一揆契状ではないだろうか。

このように、まず寺院社会において一揆契状という文書様式が準備されていくのである。

（3）「一味同心」契約起請文の成立

笠松氏が指摘するように、鎌倉期を通じて、契約状に「起請の詞（誓詞）」を付す事例は増加傾向を示す[37]。そうした〝神文のある契約状〟の中には、「一味同心」を誓うものも見られる。一例をあげよう。

【史料8】　法印棟清契状

今度超清濫望匪〔妨〕直也事、正直之神慮定有様歟、御辺与棟清一族之上、今一重奉レ成二契約一事、是又神慮令
レ然歟、此事當時向後、成二一味同心粉骨之思一、可□欝訴也、兼又別當職守二次第一不レ可レ致二濫望一、相互責而
為レ散二不審一、所レ出二契状一也、若此条偽申者、可レ罷二蒙　八幡大菩薩神罰一之状、如レ件、
貞応三年十一月　日　（裏書）「十七日贈レ之」

権別當法印楝清（花押）(38)

【史料9】　法印宗清契状案

蒙二神徳一預二天恩一、補二別當職一、於二堂〔當〕社務之時一、随レ被レ仰転二任検校職一、□〔於カ〕別當職者、即可レ奉二挙補一者也、諸事申合、任二道理一相互可レ計二沙汰一、此事非二當時之案一、年来立願也、向後更不レ可二不審一、若此条偽申者、可レ罷二蒙八幡大菩薩神罰一之状、如レ件、

貞応三年十一月　日　（裏書）「十七日遣レ之」

権別當法印宗清加判(39)

貞応三年（一二二四）十一月、石清水八幡宮権別当である楝清・宗清の両名は同日に契状を作成した。それが右の史料8と史料9である。両史料とも充所は明記されていないが、傍点部の記述から二人が契状を交換したことが推定される。実際、翌年に宗清はこの出来事について「一期間事、為二一味同心一、可二申談一之由、去年十一月日相互奉レ任二神明之照鑑一、出二契状一候了」と回顧している（嘉禄元年九月二十四日法印宗清契状案、「石清水文書」『鎌遺』三四〇八号）。

右の二史料で両人は「諸事」の相談や「道理」に基づいた相互協力を誓っている（傍線部参照）。その意味で二人は一揆を結んだといえよう。そして、これらの文書は様式的には〝神文のある契約状〟に該当する。宗清自身、この契状を「契約之誓状」と呼んでいる（前掲『鎌遺』三四〇八号）。つまりは「契約起請文」である。一味同心を誓う「契約起請文」を互いに送り合う、このあり方は〈交換型一揆契状〉に限りなく近い。

一方、寺院の制式・制規は「起請」という文書様式をとることが一般的であったが、鎌倉後期には「契約起請文」の様式をとる寺院法も見られるようになる。一例を左に掲げる。

【史料10】　金剛峰寺衆徒契状

金剛峰寺
　定置条々事
□〔一、〕於二院僧一者、至二慈尊之出世一、不レ可レ許二帰住一、縦雖レ為二上裁一、何度可二訴申一也、理訴若不レ達者、不レ勤二御願一、可レ交二山林一、忘二一味契約一、可レ許二院僧帰山一之由、至下加二評定一之輩上、永削二交衆之札一、可レ追二却山上山下一事、
（中略）仍為レ備二永代亀鏡一、所レ定二条々之契状一也、縦雖二一事一、若令二違越一者、奉レ始二梵天・帝釈・四大天王一、々城鎮守諸大明神、別　丹生・高野両大権現十二王子百廿伴、惣日本国中大小諸神御治罰、可レ蒙二各々身上一之状如レ件、
　弘安九年丙戌八月　日　　　預大法師教算
（以下、一四二名を省略）(40)

弘安九年（一二八六）七月二十四日、高野山において大湯屋の建設を進めていた大伝法院方を金剛峰寺方が襲撃し、合戦になった。そして翌八月、右に見えるように、金剛峰寺の衆徒一同は大伝法院方の高野山からの追放を決議している。(41) 神文を備えた「契状」（傍点部参照）である以上、史料10は様式的には契約起請文として把握できる。(42) そして臨戦態勢において「一味契約」を結ぶという機能（傍線部参照）も併せて考えるならば、南北朝期以降に在地領主層が作成するようになった〈奉納型一揆契状〉に限りなく近い文書と評価できる。

他には、元亨二年（一三二二）に備前弘法寺の衆徒たちが作成した連署起請文が注目される。(43) こちらは事書に「弘法寺僧等一味同心契約事」とあり、書止文言が「仍起請文之状如レ件」とあるから、まさしく「一味同心」を誓う「契約起請文」、つまり一揆契状といえよう。

むろん寺院社会においては早くから「一味同心」の思想が浸透していた。たとえば元暦二年（一一八五）、高

雄神護寺の中興の祖である文覚は、神護寺の寺僧が守るべき規範を列挙した「四十五箇条起請文」を定めており、この第一条が「寺僧等可二一味同心一事」であった[44]。しかしこれは所詮〝上からの強制〟としての「一味同心」である。寺僧たちが「契約起請文」に連署する形で「一味同心」を誓うという「作法」は、鎌倉後期になってから見られるようになるのである。

一味神水や逃散といった行動様式に支えられた「一揆」の思想が寺僧集団内部で育まれ、やがて在地領主層や農民層に波及していくという指摘は前々からなされているが[45]、一揆契状という文書様式の成立も寺院社会が先行していたと考えられる。

ところで小林氏は、悪党に見られる「契約」の論理を南北朝期の一揆契状の前提と見ている[46]。このような理解は悪党を在地領主の地域的結合の一形態と捉える古典学説に依拠したものだが、在地領主層のみならず寺僧もしばしば悪党行動に関与していることはすでに指摘されている[47]。

たとえば正和四年（一三一五）、菅原氏の氏寺たる天満宮安楽寺の別当であった長済は「数輩之悪党」と「連判契約」を結んで押領を行い、京都に送るべき年貢を「一味同心之凶徒」に分け与えている[48]。ここから長済が悪党らと「一味同心」の契約を結んだことが読み取れる。加えて、その際に作成された文書は連判の契約状、おそらくは〈奉納型一揆契状〉に近い形式のものであったと推測される。

とすると、寺僧との接触の中で領主層は一揆契状という文書様式を受容したのではあるまいか。本書では全面的な考察はできないが、領主層の一揆契状の成立過程に関しては、寺社法の継受の問題も考察する必要があるように思われる。

第三節　領主層の一揆契状

（一）鎌倉末期の一揆契状

領主層の一揆契状は南北朝期以降、全国的に展開するが、鎌倉末期にも「一揆契状」と見なし得る文書が少数ながら存在する。たとえば、次のようなものである。

【史料11】上原基員契約状案

（端裏書）「契約状案　平田行秀方へ遣案也」

郡山安堵事者、税所殿御書有之間、就二御教書一、被レ進二御請文一候之条、自レ是不レ及二悦申一候、自分上原薗安堵事、同被レ成二御教書於御方一候、云二当知行之段一、云二幼少養子之篇一、無二子細一候之上、税所殿御放状御見知之候之上者、無二相違一被レ進二御請文一候之条、生前悦入候、向後者、相互成二親子兄弟之思一、悦歎共以我身之大事と存、更不レ可レ有二腹黒害心一候、縦住所者雖レ隔二遠近境一、互用事無二隔心一可二申承一候、

此条々偽申候者、

日本六十余州大小神祇冥道御罰可二罷蒙一候、仍契約状如レ件、

元亨弐年五月三日　　右衛門尉基員在判(49)

元亨二年（一三二二）、薩摩国満家院内上原薗の上原基員が契約状を作成した。本文書の充所は記されていないが、本文書が「比志島文書」に残っていることから判断するに、満家院内比志島の比志島忠範に宛てられたものと見て良いだろう(50)。傍線部に見られるように、この契約状では相互扶助が規定されており、「一味同心」契約状と定義できる。

そして、ここでの「一味同心」は個別具体的なものではなく、普遍的・永続的なものとして規定されている。

加えて注目すべきは、この契約状が付随文書ではなく自己完結的な文書であり、しかも神文を備えている点である。南北朝期以降の一揆契状に限りなく近いものと認められよう。

ただし、この一揆契状が作成された背景に留意する必要がある。薩摩国満家院上原薗をめぐる上原氏と税所氏との間での所務相論において、比志島氏が上原氏の当知行を認める請文を鎮西探題に提出してくれた結果、上原氏が安堵を獲得できたため、上原氏は比志島氏の協力に感謝し、比志島氏に一揆契状を提出したのである。(51)一揆契状作成にいたる経緯について多言を要していることから見ても、上原氏にしてみれば、比志島氏に謝意を示すことに最大の眼目があったと思われ、上原氏が約束する比志島氏への協力がどこまで実質をともなうものであるかは、やや疑問が残る。普遍的に機能するかに見える右の「一味同心」契約も、個別具体的な所務相論を契機に成立している以上、限定的な効力しか持たなかったと考えられる。

続いて、嘉暦二年（一三二七）に志々目一族の藤原行義・員義が作成した一揆契状を実例としてあげる。

【史料12】　藤原員義・同行義連署契約状

行義与弥義契役〔約〕申子細事

右、於二自今以後一者、相互不レ可レ有二遺恨不審一、付二大少事一、被二見継一、可レ奉二見継一候、弥義之敵人と成て候ハん人ニハ、不レ嫌二親子・兄弟幷一門・他人一、行義か可レ為二敵人一也、又行義之敵人となりて候ハん人ニハ、不レ嫌二親子・兄弟・一門・他家一、弥義か可レ為二敵人一也、公家・武家沙汰訴詔一同ニ可レ仕候也、成二後（ママ）更兄弟之思一、至二于子々孫々一、無二隔心一為二申承一所二契申一也、相互身としても、人をかたらいても、腹黒害心の意不レ可レ存候、若此条偽申候者、

奉レ始二上梵天・帝尺一　日本国中大少神祇冥道　熊野三所権現、殊正八幡大菩薩　別ハ当院河上大明神幷村々鎮守神罰冥罰、行義可二罷蒙一也、仍契状起請文之状如レ件、

嘉暦弐年八月廿五日

藤原行義（花押）
藤原員義（花押）[52]

本契状は充所が欠けているが、冒頭に「行義与弥義契役申子細事」とあること、また「志々目文書」には志々目氏の祖にあたる弥義宛ての文書が多く残っていることから、弥義に宛てられたことは確実である。また文面から行義と弥義は相互に同等の義務を負っていることが分かるので（傍線部を参照）、弥義からも行義・員義に対して同内容の契状が提出されたと見られる。

古澤直人氏は小林氏の「一門評定」論を踏まえて、本史料を「相互扶助と一方の敵人に対する連合、神仏に対する誓約など、南北朝期に特徴的な一族一揆の形式をすでに明らかに示した」「領主間結合による一揆の法の成文化」と分析するが[53]、けだし卓見というべきだろう。「公家・武家」文言が畿内・西国における「公方」の別表現であるという氏の指摘[54]をも併せて考慮するに、その様式・内容は南北朝期の一揆契状と何ら異なるところがない。筆者が提唱する〈交換型一揆契状〉に当たると考えられる。

しかしながら、この契状が鎌倉後期の一般的な在地法秩序を象徴しているとは言い難い。まず本契状成立の背景として、正中年間頃から始まったと思われる、島津荘大隅方禰寝院志々目村弁済使職をめぐる相論があることを押さえておきたい。この相論において弥義は、自分は「重代庄官」であるのに対し、同族の彦六義峰ら「競望仁等」は「地頭代縁者」であり「武家被管（官）」に連なる存在であると、領家の興福寺一乗院に訴えており、一乗院留守所から外題安堵を獲得している[55]。その一方で、弥義が幕府に提訴している徴証はない。したがって、藤原弥義は非御家人であると推察される。

この相論の過程で島津荘留守所から何度も安堵状が出ているが、それは結局、荘留守所の安堵では事態は解決されないことを意味する。そのような状況下で弥義が従弟の行義と結んだのが前掲の一揆契状なのである。最終的にこの相論は、藤原姓禰寝一族の弥義・義峰・義村の三人が他者を排して所職を三分割することで決着するのだが[56]、前掲史料に「公家・武家沙汰訴詔」と記されている割には、幕府の介入は最後までまったく見られない。

ここで肥前の松浦一族のことを想起されたい。松浦の領主たちは、近隣諸氏との相論はもとより、親子兄弟間での問題まで、競い合うように鎌倉幕府の法廷に持ち込んだ。ところが鎌倉幕府が崩壊した途端に、彼らは「松浦一族」として「一揆契諾」を結び、在地の問題を在地で解決するようになるのである[57]。

となると、非御家人の藤原姓禰寝氏に見られる早熟な一族一揆的結合は、幕府による安堵が得られなかったことに起因するのではないだろうか。少なくとも史料6や史料12といった志々目氏の事例を、御家人を含む領主層一般に敷衍して議論することは厳に慎まねばなるまい。先述の上原氏と比志島氏の一揆（史料11）にしても、両者が小地頭・名主[58]という九州御家人制の最末端に位置し、幕府からの保護を受けにくい立場にあったことと無関係とは思えない。

南北朝期の一族一揆の直接的な淵源として「一門評定」を措定する小林氏の議論には無理があるといわざるを得ない。

（2）　南北朝期以降の一揆契状

前項で見た鎌倉期の一揆契状の特質を踏まえた上で、南北朝期以降の一揆契状の内容を分析してみよう。

【史料13】　伊達宗遠一揆契状

小沢伊賀守与宗遠一揆同心事

右、於二向後一者、相互堅可下見継被二見継一申上候、於二公方事一者、一揆中有二談合一、可レ致二沙汰一候、至二所

務相論以下私確執一者、任二理非一可レ致二沙汰一候、若此条々偽申候者、
日本国中大少神祇、別者八幡大菩薩御罰可二罷蒙一候、仍一揆状如レ件、
永和二年八月廿八日　　　　　　弾正少弼宗遠（花押）(59)

右の史料13は傍点部に明白なように、南奥の国人である伊達宗遠と小沢伊賀守との間で結ばれた〈交換型一揆契状〉である。史料6・史料12同様、共通の敵に対して団結して当たることが規定されている。

しかし、相違点も見える。それは、「所務相論以下私確執」と対比する形で「公方事」に関する規定が存在することである（傍線部参照）。史料6や史料12が事実上「所務相論以下私確執」を克服するためだけに作成された契約状であったのとは対照的に、史料13は「公方事」への対応を重視している。

では「公方事」とは何か。「公方」は幕府・朝廷など公的な上部権力全般を指す用語であり(60)、一揆契状に見える「公方事」は、上部権力に対する忠節（主に軍忠）を意味する(61)。つまり、私的な領主間紛争が「私確執」であるのに対し、軍勢催促など上部権力の命令に応じることは「公方事」に属する。

ここで重要なのは、南北朝内乱以降、領主層が忠誠を尽くすべき「公方」が複数存在するようになった点である(62)。併存する「公方」の中から、どの「公方」を仰ぐべきか、という政治的選択を、領主層は迫られた(63)。南北朝期の一揆契状に「公方」条項が登場する理由は、まさにこの点にある。内乱期の一揆は、「私確執」の解決のみならず、「公方事」という政治的な意思表示も求められたのである。

一揆契状制定の目的は、一つには一揆内部における紛争の抑止・解決にあり、もう一つには一揆外勢力に対する軍事的圧力の結集にある。南北朝期以降、こうした一揆内外の個別的な領主間紛争が、広域的な戦争と連動する形で惹起するようになったため、おのずと一揆契状は政治的・軍事的色彩を濃厚に帯びることとなった(64)。内乱期特有の緊張感が明確に現れている点で、南北朝期の一揆契状は鎌倉末期の一揆契状とは一線を画す。

こうした南北朝期の一揆契状の性格は室町期にも引き継がれる。第五章第三節の史料10を改めて見てみよう。応永十八年（一四一一）八月六日に島津奥州家当主の元久が亡くなると、元久の妹婿である伊集院頼久は息子の初犬千代丸を家督に擁立したが、頼久の専制的態度に反発した元久の弟の久豊が樺山氏や山田氏の支持をとりつけ日向国穆佐院から鹿児島に帰還、家督を奪取したため、両者の間で抗争が勃発した。(65)この戦いにおいて樺山教宗と北郷知久は島津久豊を「公方」と仰いだ。(66)

また同史料の第二条では、「大小事」について「談合」することを誓約している。さらに第三条では、讒言を述べる者が現れて、北郷・樺山間で不信感が生じた時は、両者が話し合うことで信頼関係を再構築することが規定されている。これらは一揆契状の定型表現であり、(67)本文書は〈交換型一揆契状〉と見なすことができる。一揆を結ぶ相手と「親子の思」を成し、相手の大事を自分の大事と同様に最重視して助け合うという点では、史料11や史料12と共通している。逆に第一条の「公方」に忠節を誓う規定は、史料11や史料12には見えず、最大の相違点である。

ところで、この一揆契状が作成された要因は、先述のように島津奥州家における家督争いである。南北朝合一、幕府による全国支配の完成にともない、全国的には戦乱は減少傾向にあったが、「室町幕府―守護体制」(68)の枠外にあり幕府からの影響力が及びにくい南九州においては、依然として戦争が絶えなかった。その際、戦争の核となったのは家督をめぐる島津一族の内紛であり、複数の家督候補者＝「公方」を周辺領主たちが各々擁立して相争うという構図がしばしば見られた。室町期の南九州において「公方」文言を有する一揆契状が散見されるのは、こうした事情による。

このような「公方」文言を有する一揆契状が室町期にも作成されたのは、何も南九州に限らない。たとえば明応年間の益田宗兼宛て吉見頼見契約状では、第一条に「公方様・大内殿両屋形たいして、いささか緩怠あるべからざるべし」と、足利義尹（のちの義稙）・大内義興への忠誠を誓っている。(69) さらに第三条では「京都・山口、動時も、相共に申合はせ、弓矢などにも忠節申すべく候事」と、京都（幕府所在地）・山口（大内氏本拠）で戦争が勃発した場合には益田・吉見氏が共同して軍忠を尽くすことを規定している。南北朝内乱期に確立した一揆契状の定型が、室町期以降も引き続き用いられたことがうかがえよう。

（3）一揆契状の機能と様式

最後に、最も充実した規定内容を持つ一揆契状を素材として、「一味同心」契約状とは異なる一揆契状の独自性を具体的に明らかにしたい。左に史料をあげる。

【史料14】嘉慶二年下松浦一族一揆契状

□〔下松〕浦一族一揆契諸条々事

一、於二公方御大事一者、不レ云二分限大小一、令二会合一、中途加二談合一而、随二多分之儀一、急速可二馳参一、但火急之御大事出来者、承及次第可二馳参一云々、

一、於二一揆□〔中カ〕一、所務・弓箭・境相論幷市・町・路頭喧嘩闘諍出来之時者、先近所人々馳寄、可レ宥二時儀一、若猶以及二難儀一者、一揆一同令二会合一、任二道理一可レ令二成〔究〕敗一、聊不レ可レ許三容僻事一、次若於二一揆中一、有二讒言凶害之儀一之時、無二是非一不レ可レ含レ恨、相互可レ窮二実否一云々、

一、於二夜討・強盗・山賊・海賊・放火・田畠作毛盗刈族一者、証拠分明者、直可レ行二死罪一、聊以二検〔嫌〕疑一不レ可レ致二理不尽之沙汰一、次同類之事、為二衆中之沙汰一、可レ被二罪科一云々焉、

一、此一揆中之人与二一揆外之人一相論出来之時者、縦雖レ為二重縁一、先閣二一揆外之人一而、馳三寄於一揆中方二而、令レ勘三弁両方理非一、為二道理一者、可レ見三継一揆中一、若雖レ為二一揆中一為二僻事一者、一同令レ教三

訓之一、不二承引一者、両方共不レ可レ見二継之一、但一揆外之人計相論之時者、或依二重縁一、或任二道理一、可レ見二継之一者也矣、

一、就二百姓逃散一、相互可レ扶二持之一否事、所詮為二本地頭一無二不忠之儀一、負物・年貢以下無二怠勘一者、可レ扶二持之一、若負物・年貢等無二弁済一者、不レ可レ令レ扶二持之一云々焉、

一、一揆中相伝下人之事、若隠二居彼衆中之領内一之時、主人致二訴訟一者、或依二支証一、或被レ相二尋近所人々一而、為二下人一条分明者、任二傍例一可レ被レ渡二主人方一云々矣、

若此条々偽申候者、

八幡大菩薩御罰於各可二罷蒙一也、

嘉慶二年六月一日次第不同　　大河内 保闥　（以下三〇名連署、省略）(70)

嘉慶二年（一三八八）、下松浦一族の〈奉納型一揆契状〉である。その内容は詳細であり、一揆契状の完成型と評価できる。以下で概観してみたい。

第一条で「公方御大事」の歳には「馳参」ことを、第二条で一揆中における相論・喧嘩を「一揆一同会合」して「道理」に任せて「成敗」することを、第三条で夜討・強盗以下の重犯罪人を処罰することを、第四条で一揆中の人と一揆外の人との相論では一揆中を優先的に援助することを、第五条・第六条で百姓・下人の逃亡・欠落に対しては「人返」することを規定している。

一揆契状の内容分類については、峰岸純夫氏が対外条項・相互協力条項・「平和」条項・所務立法条項という興味深い分類を行っているが(71)、国人一揆の社会的位置を解明するには一揆の機能の発動対象によって分類した方が適当と考える。そこで(一)公方条項、(二)対内条項、(三)対外条項、(四)人返条項（従者・百姓条項）、(五)検断条項（重犯罪人条項）の五つに分類することを提案したい。

(一)はいわば上向きのベクトルであり、「公方」や「君」などの上部権力への対応について規定している。多くは忠節を唱えているが、対抗的な文言を含むものもある。(二)は内向きのベクトル、一揆成員同士の武力衝突を防ぐための条項で、一揆の「談合」「衆議」による相論の平和的解決などを規定している。(三)は外向きのベクトルであって、一揆外勢力との紛争に関連する条項である。外敵に対抗すべく一揆中の結束・相互援助(「合力」「見継、被見継」)について定めたものである。(四)は下向きのベクトルで、余所から逃亡してきた下人・百姓を元の主人・領主の元に返還するという、成員間での「人返」を定めた条項である。(五)は前四者とやや質を異にし、一揆支配地域における重犯罪人の処罰を定めたものである。

したがって国人一揆は最も発達した形態においては、①上部権力との交渉、②一揆成員の統制、③一揆外勢力への対応、④下人・百姓の支配、⑤支配領域における検断という五つの機能を持つと考えられる(72)。この五つのうち、一揆の本質は②と③にあるといわれている。一揆構成員同士の武力闘争を禁止すると同時に一揆外の敵対勢力に一致して立ち向かうことで、個々の一揆構成員による所領支配の維持拡大を実現しようとする、これこそが国人一揆をはじめとする〈領主の一揆〉の最大の目的であり(73)、在地領主層のそうした動向の萌芽は小林氏が説く通り、すでに鎌倉後期から見える。

しかし、特に本章で重視したいのは、前項でも注視してきた(一)公方条項である。この種の政治的な条項は、鎌倉期の「一味同心」契約状、一揆契状には見られなかった。①、すなわち「公方御大事」という広域的な大規模戦争への政治的・軍事的対応が、第一条という一揆契状の先頭において規定されている点に、恒常的な戦争状況、公権性の分裂など、中世後期という時代の固有性が凝集されているのである。

かくて、一揆契状は普遍的な在地領主の「法」へと飛躍を遂げた。そして、この跳躍に対応する形で、契約状に神文が付加されたのである。契約に実効性を持たせるために神罰という宗教的な強制力が必要だった、と一般的には説明されるが、別の角度からも検討してみたい。

起請文は起請と祭文という文書様式から発生したとされる。この起請とは、もともと事を発起して、それを実行することの許可を支配者に請うこと（上申）であり、ひいては、そのために作成する文書をも起請と呼んだ。(74)この起請という文書形式は、古代より集団を拘束する制式＝法に利用され、中世には新制や禁制が「起請」と呼ばれた。(75)

このような起請による法の公示という「作法」は、武家社会にも導入された。周知のように、御成敗式目の制定時には、執権・連署以下の評定衆全員が署名した起請文が作成された。合議にもとづく公正な意志決定という御成敗式目の精神を実効あらしめるためには評定衆が一揆を結ぶ必要があったことはいうまでもないが、(76)彼らの行為が起請による法の定立という長い伝統を継承したものであることも、また事実である。武家の基本法を制定するにあたって、起請文を付加することが最も適切な形式であると認識されたのではないだろうか。(77)

右の評定衆連署起請文とその性格・内容が共通する在地領主の一揆契状もまた、起請による法の公示という「作法」を踏襲しているといえよう。在地領主が地域支配のための普遍的・永続的な「法」を主体的に制定する際、単なる契約状という日影者的な文書様式ではなく、その公的な内容に相応しい正統的な文書様式が求められた。それが、契約状と起請文の合体形である「契約起請文」であったと筆者は考える。

おわりに

最後に本章での主張をまとめておく。

鎌倉期の在地領主の間では、一味同心を誓い相互扶助を規定する際には「契約」を交わした。その意味で、武家領主の一族結合の内部にはすでに鎌倉期から一揆的な相論解決方式が存在したと唱える小林氏の主張には、一面の真理がある。

しかし、この種の「一味同心」契約は、譲状や和与状に付帯する細則にすぎなかった。のちに譲状や和与状から「一味同心」契約が析出され、契約状という文書として独立するが、これら「一味同心」契約状でさえも、和与状などの文書を補完する性質のものにとどまった。すなわち、〝主〟の文書で規定された所領・財産の移転・配分を円滑に行うための〝従〟の文書として契約状が作成されたのであり、契約状で締結された「一味同心」が機能する範囲は〝主〟の文書に記された個別具体的な事項、特定の分野に限定されていた。

鎌倉後期には、在地領主層において一揆契状らしき文書が作成される事例がいくつか見受けられるようになるが、一揆した領主の多くが鎌倉幕府の御家人制の周縁部ないし枠外にいたことに留意する必要がある。御家人／非御家人という区別の意味が薄れ、「公方」によって一律に編成されるにいたるには、南北朝内乱を待たなければならなかったのである。

南北朝内乱以降の戦争状況、流動化する社会状況に対応するため、在地領主層は前代以上に緊密な相互扶助の関係を築くことを迫られた(78)。この結果、具体的・限定的な「一味同心」ではなく、普遍的・永続的な「一味同心」を誓う契約状が必要となった。こうして生まれたのが、神文を備えた契約状、つまり「契約起請文」たる一揆契状であり、付随的文書、〝脇役〟であった契約状が、自己完結的な文書、〝主役〟へと発展したものと見ることができる(79)。

以上で示したように、筆者は「一門評定」に代表されるような鎌倉期の一揆的結合と、南北朝期の〈領主の一揆〉とをストレートに結びつける見解を採らない。それは南北朝内乱の画期性を重視しているからである。南北朝内乱が公権力の分裂・多元化を促した結果、領主間協約の重要性が飛躍的に高まったことは、否定しようのない事実である。

在地領主間の紛争解決のために機能する集団的な法秩序が、鎌倉期においてすでに成立していたことは間違いないが、局所的・個別的に行われていた紛争処理が、南北朝内乱を契機に「制度化」したことにこそ注意を払うべきであろう。[80]「一揆契状」という文書様式の成立は、この変化を象徴するものである。

そして、在地領主の世界における一揆契状の成立にあたっては、寺院社会の一揆契状からの影響が想定され、在地領主制の内在的な発展の所産（在地領主法）としてのみ一揆契状を理解することはできない。[81]

なお、本章では一揆契状の成立過程に関心を集中させたため、いったん成立した一揆契状が時代とともに、どのような変化を遂げていくか、その歴史的展開を明らかにすることができなかった。この問題に関しては、戦国期の一揆契状は前代よりも(四)人返条項や(五)検断条項の比重が増しているとの指摘があるのみで、[82]議論を深める余地が残されている。この点については第三部で論じたい。

（1）　小林一岳「鎌倉～南北朝期の領主一揆と当知行」（同『日本中世の一揆と戦争』校倉書房、二〇〇一年、初出一九九二年）。

（2）　小林一岳「一揆の法の形成」（小林前掲註1書、初出一九八七年）。以下、本章で引用する小林氏の主張は、特に断らない限り、すべて右論文による。

（3）　小林氏の「一門評定」論に関しては、これを発展的に継承した田中大喜「一門評定の展開と幕府裁判」（『歴史学研究』七八六、二〇〇四年。以下、本章で引用する田中氏の主張は、特に断らない限り、全て右論文による）がある一方で、渡邉正男「「外題安堵法」の再検討」（『日本歴史』六七四、二〇〇四年）が小林説に疑義を呈するなど、評価は依然として定まっていない。

（4）　相田二郎「契約・契約状」（同『日本の古文書』上巻、岩波書店、一九四九年）九二〇頁。

（5）　国史大辞典編集委員会編『国史大辞典』（吉川弘文館、熱田公執筆分）。

(6) 笠松宏至「契約の世界」(同『中世人との対話』東京大学出版会、一九九七年)二九頁。以下、本書で引用する笠松氏の主張は、特に断らない限り、すべて右論文による。なお笠松氏が「契約(状)」と表現するのは、中世の契約は契約状という文書の交換によって成立するとは限らず、しばしば口頭で契約が締結されたという事情に基づく。中世の法秩序と文書との関係については、山田渉「中世的土地所有と中世的所有観」(歴史学研究別冊『東アジア世界の再編と民衆意識』一九八三年)、菅野文夫「本券と手継」(『日本史研究』二八四、一九八六年)参照。

(7) 「武雄神社文書」(『鎌遺』五一七〇号)。

(8) 田中前掲註(3)論文、五頁。ただし、田中氏は同論文を著書『中世武士団構造の研究』(校倉書房、二〇一一年)に収録する際には、この文章を削除している。

(9) 長男・次男をさしおいて三男の能門を嫡子に立てたがゆえに、家門がことさらに「一味同心」を強調しなければならないという側面もあったように思われる。

(10) 岡邦信「置文と一族間相論」(同『中世武家の法と支配』信山社、二〇〇五年、初出一九八二年)など。本書第五章も参照。

(11) 田中氏は「能門訴訟出来……」という文言を「家門の子孫同士の相論は「寄合」=族内にて解決させる」(五頁)と解釈するが、史料中の「訴訟」や「沙汰」は、幕府への上訴と関連づけて理解する方が自然だろう。本文で示したように、能門が幕府に提訴する際に一族が協力することを意味すると筆者は考える。

(12) 天福二年八月五日比丘尼清浄等寄進状(「肥前河上神社文書」『鎌文』四六八五号)、嘉禎二年五月日権大僧都道教譲状案(「醍醐寺文書」『鎌遺』四九九二号)、弘安二年七月二日僧俊円所領譲状(「醍醐寺文書」『鎌遺』一三六二九号)など。

(13) 「永弘文書」(『鎌遺』八九四七号)。

(14) なお史料1と異なり、上訴に関する規定がないのは、非御家人であるためと思われる。この問題に関しては、第三節第1項で詳述する。

(15) 正応元年五月日興福寺西金堂家去状案(「関白宣下并拝賀記」裏書、『鎌遺』一六六五一号)。

(16)「比志島文書」(『鎌遺』七七五七号)。
(17)五味克夫「大隅の御家人について(上)」(『日本歴史』一三〇、一九五九年)四二頁。
(18)五味克夫「薩摩国御家人比志島氏について」(『鹿大史学』八、一九六〇年)六頁。
(19)「三浦家文書」(『鎌遺』二一四五八号)。
(20)重有が嫡子として、父・重親から仁保荘内五箇郷地頭公文両職を譲渡されたことを示す譲状の案文が「三浦家文書」所収の平子氏本領相伝重書案の中に見える(「三浦家文書」『鎌遺』一八二六号)。しかし服部英雄氏は、この譲状は偽文書であり、実際には重有は重親の嫡子ではなく、上領の浅地という仁保荘の外れに居館を構えていた庶子にすぎなかったことを指摘している。服部英雄「周防国仁保庄の荘園地名」(同『景観にさぐる中世』新人物往来社、一九九五年、初出一九八一年)三八・三九頁。
(21)村井章介「西国の三浦氏」(『三浦一族研究』九、二〇〇五年)二〇・二一頁。
(22)徳治三年四月二十五日平子重頼和与状(「三浦家文書」『鎌遺』二三三二四一号)、文保元年十月六日平子重連契約状(「三浦家文書」『鎌遺』二六三九〇号)。
(23)徳治二年五月九日関東御教書(「三浦家文書」『鎌遺』二二九六四号)。
(24)小林前掲註(2)論文、一三八頁。
(25)「橘中村文書」(『鎌遺』三一二七九号)。
(26)服部英雄「肥前国長嶋庄と橘薩摩一族」(服部前掲書、初出一九七八年)。
(27)嘉暦四年二月二十七日沙弥爰蓮和与状(「小鹿島文書」『鎌遺』三〇五一九号)。
(28)「志々目文書」(『鎌遺』三〇一七五号)。
(29)五味克夫「志々目家文書」(『鹿大史学』一四、一九六六年)。
(30)小林前掲註(1)論文、一八一・一八二頁。
(31)笠松前掲註(6)論文、五～九頁。
(32)井原今朝男「中世契約状における乞索文・圧状と押書」(同『日本中世債務史の研究』東京大学出版会、二〇一一年、初出二〇〇六年)三二六～三二八頁。

(33)　寛喜三年四月日藤原景基寄進状（「紀伊施無畏寺文書」『鎌遺』四一三七号）。
(34)　峰岸純夫「中世社会と一揆」（同『中世社会の一揆と宗教』東京大学出版会、二〇〇八年、初出一九八一年）四九・五〇頁。
(35)　「弘法寺文書」（『鎌遺』九一六二号）。
(36)　峰岸前掲註(34)論文、四五頁。
(37)　契約状の文書様式は必ずしも一定せず、何をもって「契約状」とみなすかという明確な基準を設けるのは難しいため、正確な数値を示すことはできない。ただ概観した印象では、誓詞を持つ契約状は十三世紀後半から一般化し、十四世紀以降に広く普及しているように思われる。
(38)　「石清水文書」（『鎌遺』三三二八号）。
(39)　「石清水文書」（『鎌遺』三三三一九号）。
(40)　「続宝簡集」五十二（『鎌遺』一五九六九号）。
(41)　山陰加春夫「鎌倉末期の社会変動と天野社・高野山」（同『中世寺院と「悪党」』清文堂、二〇〇六年）九七・九八頁。
(42)　のちに高野山では、このような形態の契約を「起請契約」と呼んでいる。応永三十一年正月十九日金剛峰寺衆徒一味起請契状（「続宝簡集」二十五、『高野山』三一四号）などを参照のこと。また、久留島典子『一揆の世界と法』（山川出版社、二〇一一年）五五〜六〇頁も参考になる。
(43)　元亨二年正月七日弘法寺衆徒連署起請文（「弘法寺文書」『鎌遺』二七九四〇号）。
(44)　勝俣鎮夫『一揆』（岩波書店、一九八二年）一三頁。なお「四十五箇条起請文」は、文書様式としては、院政期の荘園・寺院において用いられた「起請」に該当し、古文書学的な意味での「起請文」（自己呪詛文言が記されている）とは異なる。この問題については次節で詳説する。
(45)　入間田宣夫「逃散の作法」（同『百姓申状と起請文の世界』東京大学出版会、一九八六年、初出一九八〇年）一二・一三頁。なお峰岸純夫氏は入間田説を踏まえつつ、「中世後期の一揆は、寺社組織→寺社領荘園を一つのルートにして、また百姓であり同時に奉仕者集団の神人・寺人などを媒介にして成立してきた」と、より具体的な見通しを述べている。峰岸前掲註(34)論文、四八頁を参照。
(46) 小林前掲註(1)論文、一九二・一九三頁。本書第五章も参照。
(47) 山陰加春夫「「悪党」に関する基礎的考察」(『日本史研究』一七八、一九七七年)。
(48) 正和四年四月日菅原氏連署義絶状(「壬生文書」『鎌遺』二五五〇一号)。
(49) 「比志島文書」(『鎌遺』二八〇一五号)。
(50) 七海雅人「鎌倉幕府の譲与安堵」(同『鎌倉幕府御家人制の展開』吉川弘文館、二〇〇一年)五二頁を参照。
(51) 七海前掲註(50)論文。本史料について七海氏は、「〈沙汰未練書方式〉の運用を契機として、在地社会における御家人間の個別的な「一揆」が形成されていた」と述べているが、近隣御家人間の連帯は、何も幕府による当知行実否調査時にのみ発揮されるわけではない。「地縁的な在地領主間の結合関係が、幕府の安堵体系のなかで、より強固な形で再生産され得る」として、南北朝期にすぐさま連続させる発想には危うさを感じる。むしろ幕府の安堵体系の不備ゆえに彼らは「一揆」によって知行保全を図る必要があったと思われる。高橋典幸「書評　七海雅人著『鎌倉幕府御家人制の展開』」(『史学雑誌』一一二―六、二〇〇三年)九〇・九四頁参照。
(52) 「志々目文書」(『鎌遺』二九九四三号)。
(53) 古澤直人「公方の成立に関する研究」(同『鎌倉幕府と中世国家』校倉書房、一九九一年)三七〇頁。
(54) 古澤前掲註(53)論文、三七二頁。
(55) 正中二年閏正月日藤原弥義言上状(「志々目文書」『鎌遺』二八九七九号)・嘉暦二年七月日藤原弥義代定末言上状(「志々目文書」『鎌遺』二九九一〇号)。
(56) 史料6参照。
(57) 白水智「西の海の武士団・松浦党」(網野善彦編『海と列島文化』第四巻、小学館、一九九二年)が最も分かりやすく、的確に整理している。
(58) 惣地頭―小地頭制に関する最新の研究成果は、清水亮「鎌倉時代の惣地頭・小地頭間相論と鎌倉幕府」(同『鎌倉幕府御家人制の政治史的研究』校倉書房、二〇〇七年、初出二〇〇二年)、同「鎌倉期九州の国御家人統制と惣地頭」(清水前掲書、初出二〇〇六年)に示されている。

(59)「伊達家文書」三二号（『南東』一九七四号）。
(60)古澤前掲註(53)論文、三九九頁。
(61)伊藤喜良「南奥の国人一揆と「公方事」」（細井計編『東北史を読み直す』吉川弘文館、二〇〇六年）一二二・一二三頁。
(62)久留島典子「領主の一揆と中世後期社会」（『岩波講座日本通史』第9巻、中世3、岩波書店、一九九四年）一二五頁。
(63)村井章介「南北朝の動乱」（村井章介編『日本の時代史10　南北朝の動乱』吉川弘文館、二〇〇三年）八三頁。
(64)南北朝期、中央政界における上部権力の分裂（南北朝内乱）と結びつくことで、個別的な領主間紛争が広域化・長期化していったことについては、小林一岳「地域紛争からみた南北朝の「戦争」」（小林前掲註1書、初出一九九九年）を参照のこと。
(65)郡山良光「室町時代の鹿児島」（『鹿児島市史』第一巻、第三編第三章、一九六九年）二一八〜二二一頁、新名一仁「島津久豊の家督継承と庄内の国人」（『都城市史　通史編　中世・近世』第一編第三章第一節第四項、二〇〇五年）一七〇頁。
(66)福島金治「室町・戦国期島津氏の領国支配と国人」（『九州中世史研究』一、一九七八年）四二三〜四二五頁。
(67)たとえば「一揆契状事」で始まる永徳四年八月十五日藤原守綱一揆契状（「遠野南部文書」『南東』二二六四号、第四章の表5-⑥）では、「大小の事に就き見継ぎ見継がれ申すべく候」、「不思議の凶害出で来たり候はば、相互に申し披くべく候」、「此中沙汰に於いては、理非に依り申し談じ、相計らうべく候」とある。
(68)室町幕府―守護体制については、川岡勉『室町幕府と守護権力』（吉川弘文館、二〇〇二年）参照。
(69)「益田家文書」（『益田』六三六号）。
(70)嘉慶二年六月一日下松浦一族一揆契状（「青方文書」『武家家法II』一〇二号）。
(71)峰岸前掲註(34)論文、七一頁。
(72)ただし、百姓の「人返」を実施する国人一揆は極めて稀であり、松浦一揆は例外に属する。この点に関しては第三部第七章を参照。

（73）久留島前掲註（62）論文、一二六頁。

（74）佐藤進一『新版　古文書学入門』（法政大学出版局、一九九七年）二二二頁。

（75）保立道久「中世初期の国家と庄園制」（『日本史研究』三六七、一九九三年）三八・三九頁。

（76）勝俣前掲書、一〇・一一頁。ただし御成敗式目に付された起請文は、「起請」という書き出しからも明瞭なように、古代の起請の性格を引きずっており、「まさに一揆契約状そのものである」という勝俣氏の評価には従えない。よって、一揆契状という文書様式が確立した点に、一揆史における南北朝時代の画期性を認めることができるだろう。

（77）古くは佐藤前掲書が指摘しているように、中世における起請文の発達は、訴訟制度における証拠法の発達と不可分の関係にある。すなわち、起請文による立証が中世の裁判では広く用いられたのである（二三二頁）。その意味で、起請文を神判思想とのみ関連づけて理解する研究姿勢には問題がある。神への誓約に文書が介在するという事実を看過してはならず、中世法や中世的文書主義との関わりの中で起請文を捉えることが必要であろう。なお、この問題に関しては、近年、佐藤雄基「鎌倉幕府の起請文と裁許」（同『日本中世初期の文書と訴訟』山川出版社、二〇一二年、初出二〇一一年）が、鎌倉幕府法廷において起請文が理非判断を補完するために利用されていたことを指摘し、合理的判断を超越した呪術性を帯びていたとする旧来の社会史的な評価を批判している。

（78）在地領主層の一揆が軍事的組織から出発したことについては、福田豊彦「国人一揆の一側面」（同『室町幕府と国人一揆』吉川弘文館、一九九五年、初出一九六七年）を参照。

（79）松浦一揆の場合、南北朝初期の段階から個別具体的な訴訟案件に対する一揆の裁許（判決）として「連署押書状」と呼ばれる契約状が発給されるようになり、ここに示された一揆の法的規範がのちに抽象化・体系化されて一揆契状という成文法へと結実している。本書第一部第三章参照。

（80）新田一郎氏は、依存するにせよ対抗するにせよ、「公方」との関わりを尺度とすることで、個々の成員の社会的立場が平準化・類型化され、個別具体的な関係性を超えて「一揆」として結集することができたと説く。新田一郎「中世後期の社会と法」（水林彪ほか編『新体系日本史２　法社会史』山川出版社、二〇〇一年）一八七・一八八頁。本書第一部第三章も参照。

(81)　この際、寺院社会の一揆が必ずしも仏教本来の原理である「一味和合」に基づいたものではないことは注意されて良い。起請文に勧請されるのが彼岸の仏ではなく此土の〈神〉であることからも分かるように、大衆の集会はサンガ（僧伽）の伝統ではなく中世社会に共通する結合原理によって成り立っていた。だからこそ、寺院における〈一揆の作法〉が世俗社会に受け容れられたのであろう。佐藤弘夫「怒る神と救う神」（同『神・仏・王権の中世』法蔵館、一九九八年、初出一九九五年）、大塚紀弘「中世僧侶集団の内部規範」（村井章介編『「人のつながり」の中世』山川出版社、二〇〇八年）参照。

(82)　永原慶二「国一揆の史的性格」（『永原慶二著作選集』第四巻、吉川弘文館、二〇〇七年、初出一九七六年）。

第三部

戦国大名・惣国一揆への展開

第七章　領主の一揆と被官・下人・百姓

はじめに

国人・侍といった中世の武家領主は所領・所職の知行のため、従者〈被官・中間・下人〉[1]や百姓と密接な関わりを持っていた。このため武家領主が一揆を結成する際には、しばしば従者や百姓に関する条項を「一揆の法」たる一揆契状の中に盛り込んでいる。

一揆契状などの領主間協約における従者・百姓条項のうち、研究史上、最も著名なものは「人返」規定である。「人返」は、他所に移動した従者・百姓を元の主人・領主に返還するという措置であり、長らく〈農民の土地への緊縛〉を目的としたものと解釈されてきた。[2]この理解に基づき国人一揆を、逃亡・逃散といった広域的な農民闘争を抑圧するための領主層による階級的結集と捉える向きも少なくなかった。[3]

しかし一揆契状や武家奉公人〈被官人〉に関する研究の進展、[4]百姓の逃散に対する理解の深化[5]など、実証的な研究成果の蓄積により農民闘争への見方が大きく修正された結果、旧来の〈農民緊縛説〉は否定されつつある。また、近年の移行期村落論〈「自力の村」論〉が〈領主と百姓の階級的対立〉という図式に根本的な疑問を投げかけたことで、[6]国人一揆を農民抑圧のための権力組織と考える古典的理解もそのままの形では成り立ち得なくなっている。昨今の領主一揆論や家中論も、[7]こうした研究史の転回を反映したものとなっている。

このように領主間協約における「人返」をめぐる研究状況は大きく変化した。だが〈農民緊縛説〉の問題点が指摘された一方で、この通説に代わる新しい見解は必ずしも明確な形で提示されていない。これは一つには、戦後歴史学の基調であった階級闘争史観や封建制論の退潮にともない、「人返」に対する関心そのものが薄れたことに起因すると思われる(8)。

だが、「人返」をはじめとする従者・百姓条項は、〈領主の一揆〉が従者・百姓をどのように認識していたかを考察する上で極めて貴重な素材であり、〈領主の一揆〉の組織原理を解明するためには従者・百姓条項の検討は欠かせない。本章では、なるべく多くの地域に目配りしながら領主間協約の従者・百姓条項を再検討することで、一揆成員間で従者・百姓に関わる問題がどのような形で惹起され、そして処理されたのかを具体的に明らかにしたい。分析の折には、一揆の性格の時期的変遷にも留意していく。

第一節　南北朝期の一揆契状における「下人」「百姓」条項

(一)　鎌倉期の状況

本節では南北朝期の一揆契状における「下人」「百姓」条項を検討していく。ただ最近、田中大喜氏が南北朝期の人返法を研究する際には、その前段階である鎌倉期の領主—百姓関係を把握すべきであると主張しており(9)、その提言を無視するわけにはいかない。そこで、まずは田中氏の議論に対して論評を加えておきたい。

田中氏は鎌倉後期の断続的な飢饉状況を社会背景として百姓が年貢・公事未進のまま逃亡する件数が増加し、これを要因として領主間の債権債務問題がしばしば発生したことを指摘している。つまり借米・借銭を返済しないまま百姓層が他領に逃亡することで彼らの身柄をめぐって領主間の相論が頻発したというのである。

筆者も田中氏の実態認識には同意する。というより、鎌倉期において債権債務関係に限らず、下人や百姓の帰属をめぐって領主間の相論が発生していることは、氏の指摘を待つまでもなく先行研究で指摘がある[10]。史料として残っているのは、返還交渉が不調に終わり訴訟に発展した事例に限られるが、訴訟に及ぶことなく領主間で合意が成立し、逃亡先の領主が逃亡元の領主に逃亡者を返還した事例も当然あっただろう。

　しかし、領主間で「人返」が個別的に実行されることと、領主間協約で「人返法」が規定される（ルールが制定される）こととは、別次元の問題である。田中氏は「人返法は南北朝期以降の社会に広く浸透した」[11]と説くが、氏が論拠としてあげる事例は、松浦一揆の一揆契状を除けば、鎌倉時代に負債百姓の帰属をめぐる領主間相論が鎌倉幕府や鎮西探題の法廷に持ち込まれたというものにすぎず、論証として不十分といわざるを得ない。

　田中氏は人返問題を領主間相論と捉えておきながら、「室町期以前の在地領主は、都鄙間交通に立脚して所領支配を行う一方で、単位所領を越えた地域社会に広く影響力を行使しうる存在であった」と、在地領主の百姓に対する支配力の問題として人返を検討している。結局、氏もまた旧来の〈農民緊縛説〉、さらにいえば「領主制論」的視角に囚われているのではないだろうか。

　田中氏は在地領主の人返ばかりにこだわるが、寺社権門の場合はどうなのか。この点で、元亨三年（一三二三）に山城国の神護寺と高山寺が交わしている契約状[12]は注目される。この契状の第一条では「両寺可二一味同心一事」が、第二条では「可レ禁二遏下部狼藉一事」が、第三条では「両寺下部等、有二子細一被二追放一之時、互不レ相二触本所一、不レ可二召仕一事」が規定されている。

　より詳しく内容を見てみると、第二条は、両寺の下部等が「不慮之喧嘩」を起こすことで両寺が対立することを避けるため、相互に連絡を取り合って厳しく下部を取り締まることを誓ったものである。また第三条は、罪を犯して追放された相手方寺院の下部が当方に駆け込んできた場合、「本所」＝「本主」（先方の寺院）に了解を取ってから召し使うことを誓ったものである。返還規定ではないが、自由扶持の禁止規定とはいえよう。

これらの規定は厳密には「人返法」ではないが、室町期以降に在地領主間で一般的に取り交わされる被官・下人条項（後述）と酷似している。寺院社会の方が「人返法」の制定において先行していたと思われるが、これをもって寺社権門が在地領主よりも強力な個別人身支配を実現していたと見る者はいないだろう。「人返」は直接的には（対下人・百姓ではなく）逃亡元領主と逃亡先領主の間での問題、すなわち領主相互の関係一般の問題であり、個別領主の下人・百姓への統制力の問題とは必ずしも直結しないのである。田中氏の議論はこの点を見落としており、疑問を禁じ得ない。

（2）松浦地域の一揆契状

五島列島や北松浦半島の一帯はかつて肥前国下松浦郡と呼ばれていた。当地域には「松浦一族」を名乗る領主層によって南北朝期に制定された一揆契状が集中的に残されている（第三章参照）。これらの一揆契状は、残存数の多さもさることながら、規定内容が充実していたため（第四章の史料5、第六章の史料14を参照）、戦前から学界の注目を集め、多くの研究が積み重ねられてきた。[13]

松浦一揆に関する諸研究が国人一揆研究を進展させる上で果たした役割は、どんなに強調してもしすぎることはない。だが、その反面、松浦地域の一揆契状が一揆契状の典型例と見なされ、松浦一揆が南北朝期の国人一揆の〝代表〟として扱われるようになった点も否めない。つまり、松浦一揆のイメージで全体を語る傾向が強いのである。

実際、従来の研究が、国人一揆の主要な機能として、下人・百姓の「人返」を重視するのも、松浦地域の一揆契状の詳細な「人返」規定に負う所が少なくない。[14]そして、松浦一揆研究が低調になった現在においても、この視角は大筋において踏襲されていると考えられる。

たとえば最近、田中大喜氏は南北朝期の人返法を「当該期の領主―百姓、および領主相互の関係一般の中で普遍的に生じる問題を解決すべく制定された、普遍的な規定[15]」と評価している。

しかし田中氏も認めるように、南北朝期の国人一揆契状のうち、人返規定が存在するものは松浦地域の一揆契状に限定される。にもかかわらず、先行研究が松浦地域の一揆契状のみを根拠に、「人返」規定の存在を一揆契状一般に敷衍してきたのは、一揆契状の「在地法」としての側面に関心を集中させてきた研究史上の問題に起因する（序章参照）。すなわち先学は、松浦地域の一揆契状のような、在地領主法としての具体的内実をともなう一部の一揆契状をもっぱら研究対象とする一方で、それ以外の圧倒的多数の一揆契状を軽視してきたのである。だが全国の一揆契状を概観してみると、松浦の一揆契状は典型例というよりも、南北朝期においてはむしろ例外に属する可能性が高い。実は、この点については早く永原慶二が指摘している。永原によれば、南北朝期の国人一揆は一時的な軍事連合であり、人返や市場問題など領域支配のための規定は戦国期になって登場する。そして松浦一揆だけが南北朝期というきわめて早い時期に日常的な問題を扱っている、というのである[16]。

（3）　松浦地域の特殊性

ではなぜ、松浦一揆だけが極めて早い時期に「人返法」を制定していたのだろうか。ここで思い返したいのが、松浦地方の漁業地域としての特殊性である。

先行研究が指摘するように、五島列島や北松浦半島では漁業や塩業が人々の生活を支える産業で、農業は補助的なものにすぎなかった。そもそも松浦一揆じたいが漁業協定の延長線上に成立したものであり、「海の武士団」松浦一族による特異な一揆であった[17]。

白水智氏が「史料中の「百姓」を「農民」と理解し、貢納物を指して「年貢」と言うところから五島地域の歴史像を解き明かすことはできない」[18]と説くように、松浦の一揆契状に出てくる「下人」および「百姓」は、海夫・海民的な性格を持っていた。そして全般的に、海民には定住という発想はなく、むしろ船による移動・遍歴が生活の基本であった[19]。当該地域においても、松浦一揆を構成する在地領主たちの所領は海縁的かつ散在的で、海岸線や島づたいに点在していたので[20]、その麾下の「下人」や「百姓」は日常的に船で島々を往来していたであろう。

一般的に漁業は農業に比して、従事者個人の技量と収穫量の相関性が高い[21]。また漁場は農場に比べてフレキシブルで、逃亡者の受け入れも容易と考えられる。旧来の「農民闘争史観」の影響からか、百姓の逃亡というと、領主の圧制に耐えかねてやむなく逃亡という印象が強いが、松浦の漁民にとっては、より良い労働条件を求めて奉公先を変えるという側面もあったはずである[22]。松浦のような海を基盤とした社会の場合、一般の農業社会よりも流動性が高く、下人・百姓の「逃亡」＝移動が激しかったと思われる。

たとえば対馬では、島民は日常的に朝鮮半島南岸の海域にまで出漁していたこともあり、そのまま朝鮮半島に移住してしまう者も少なくなかった。人口流出に悩まされた対馬島主宗氏は朝鮮王朝に対して対馬島民の送還を頻繁に要請している[23]。

こうした動向は対馬—朝鮮間に限ったものではなく、宗氏が壱岐に逃亡した百姓を取り戻したという事例も指摘されている[24]。五島列島が古代より日中間航路の寄港地であり、十二世紀以降は倭寇勢力の根拠地であったことを考えれば、松浦地域も同様の状況を想定できよう[25]。実際、この地域では鎌倉期から百姓層の他領への逃亡が散見され[26]、対馬の事例を勘案するに、これらの逃亡は船による移動の可能性が高い。松浦一揆の「人返」協定は、そのような社会に対応したものだったのではないだろうか。

このように考えていくと、やはり松浦の一揆契状は、南北朝期の一揆契状においては例外的な存在だったと見るべきである。[27] 換言すれば、南北朝期の一揆契状においては、下人・百姓を統制する規定は一般的には存在しなかった。[28]

永原が指摘するように、南北朝期の一揆契状は〝軍事同盟〟としての性格が強い。これは内乱期においては、「戦争」への対応こそが在地領主層にとって最優先課題であったからに他ならない。在地領主法としての一揆契状研究が進む一方で、この当然の事実がやや閑却されてきたように筆者は思う。武家の一揆の軍事性に改めて注目する必要があろう。

第二節　室町期の領主間協約における「被官」条項

（一）被官の台頭と被官問題の発生

南北朝内乱の収束を機に、在地領主層は戦時体制を解除した。彼らの関心は〝外〟から〝内〟へ、軍事的課題から日常的課題へと移り、流動的であった所領や従者の範囲を確定すべく、国人の「家」が再編された。

たとえば石見国人の益田兼見は、永徳三年（一三八三）八月に置文を制定し「扶持人」の統制に乗り出しているが、[29] これは永徳元年に大内義弘・満弘兄弟の争いがいったん終結して以降、石見で平和が続いていたことが大きな要因となっている。益田氏は永徳三年二月には室町幕府から所領安堵を受けており、長い戦争の過程で維持拡大した所領の確保に成功している。置文制定は内戦終結、そして安堵獲得を受けての措置といえよう。このように、戦時から平時への移行の中で、膨張した「家」の組織改革が課題として浮上したのである。

また応永十年（一四〇三）には安芸国人の熊谷宗直が置文を制定しているが、そこでは「重代相伝家人」や「重代相伝下人」の「退散」への危機意識が表明されている。[30] これも戦争に〝内包〟されていた被官・下人問題の表面化の一例であろう。

中でも重視されたのは、国人の「家」において軍事力の中核を担う上級従者たる被官層への対応である。菊池浩幸氏は益田氏を事例に、被官人の国人家産からの自立化を十四世紀末からの現象とするが[31]、ちょうど同時期に、益田氏においては、「一族・若党」が家督継承者を「主人」として推戴する体制が確立する[32]。被官の自立化を抑止することを主眼とした国人の「家」再編運動＝内部統制の一つの帰結と表現できようが、被官層の取り込みは新たな〈被官問題〉をも惹起した。

被官が引き起こすトラブルとは、具体的にはどのようなものか。研究史においてはもっぱら「逃亡」問題が注目されてきたが、当時は被官など従者の「喧嘩」も国人層の大きな課題であった[33]。従者の喧嘩が問題視される理由の一つは、彼らの暴力的なメンタリティーにある。左に史料を掲げる。

【史料1】　室町幕府奉行人連署奉書写

和州発向事、伊予国幷他国輩相交之間、在陣中被官人等、若就二喧嘩以下一不慮之子細令二出来一者不レ可レ然、所詮厳密被レ加二下知一、可レ被レ抽二別忠一之由所レ被二仰下一也、仍執達如レ件、

永享拾一年三月廿七日

（飯尾貞連）大和守判

（飯尾為種）肥前守判

河野九郎殿（教通）[34]

これは永享十一年（一四三九）に伊予守護の河野教通が伊予の国人を引き連れて大和に出陣する時の史料であるが、伊予の国人の被官人が他国から来た国人の被官人と戦場で喧嘩をすることがないよう、幕府が河野教通に対して注意を与えている。こうした無軌道な武家奉公人をいかに統制するかが国人層にとって大きな課題だったのである。

もう一つの理由は、甲と乙という個人の喧嘩が、甲が属する集団と乙が属する集団との喧嘩に即座に発展する

という、中世独特の集団主義である。[35] 特に上層従者として国人の「家」で確固とした地位を与えられた被官が引き起こす喧嘩は、主人である国人にとって看過できる問題ではなかった。被官の個人的な喧嘩が領主間紛争に転化することを、彼らは何よりも恐れたのである。

（2）　領主間紛争と被官の人返

さて従来の「人返」の議論は、主人による従者に対する個別人身支配という構図が前提になって進められてきた。[36] しかし喧嘩の問題を通して国人と被官の関係を見てみると、被官が主人たる国人によって抑圧されているという見方が果たして妥当なのか、疑問なしとしない。

そこで改めて被官の逃亡問題を見直してみたい。永享十一年、石見の国人で互いに所領が近接する三隅氏と益田氏との間で被官人の争奪が行われ、幕府と石見守護山名氏が両者の対立を調停して、双方に人返命令を出している。[37] この事件に関して井上寛司氏が「益田・三隅の両氏とも、それぞれ相手側の被官人の動きを利用しながら、彼らを取り込むことによって被官人の組織的拡大を図ろうとしていた」と推測しているが、[38] 卓見であろう。被官たちは主人の〝圧制〟への抵抗運動として「逃亡」を敢行したわけではない。むしろ余所の国人からのヘッドハンティングに応じて〝転職〟したと見るのが実態に近いと思われる。

それでは、三隅氏と益田氏はなぜ、この時期に相手方の被官を引き抜こうとしたのだろうか。最大の要因は軍事的な事情だろう。足利義教期には幕府による国人に対する軍勢催促が急増しており、[39] 国人たちは幕府の軍役賦課体制に対応すべく、被官組織を拡大することで軍事力の強化を目指したと考えられる。三隅と益田との抗争を幕府―守護が調停したのも、戦争遂行のために国人からの軍役を確保する必要があったからであろう。

次に文安六年（一四四九）に石見吉見氏と益田氏との間で結ばれた領主間協約を見てみよう。以下に史料を掲げる。

【史料2】　吉見頼世起請文

益田・吉見書違条々事

一、黒谷地頭職并美濃地事条々、　公方様雖二御判明白候一、能州御口(三隅信兼カ)入候之間、渡進候、然者至二子々孫々一迄、無二等閑一可二申承一候、

一、寺戸事、如レ元御扶持、令二悦喜一候、

一、上領事、末代不レ可レ有二御許要(容)一由承候、可レ然候、

一、万一　上意御とかめ、又者守護方(山名教清)よりも、自然難二意得一由、雖レ有二申子細一、同心上者、一具可二歎申一候、

一、如レ此条々申定候上者、都鄙共大小事申談、立二御役一被レ立可レ申候、

若此条偽申候者、

上梵天・帝釈・四大天王、八幡大菩薩、殊者　伊勢天照太神宮、熊野三所大権現、惣日本六十余州大小神祇御罰可二蒙罷一候、仍起請文如レ斯、

文安六年己巳三月八日　頼世(吉見)（花押）

益田殿(兼堯)（神文以下は熊野牛玉宝印を料紙にしている）[40]

先行研究は、石見吉見氏と益田氏との間の和解が、幕府―守護という上部権力の介入ではなく近隣国人の三隅氏の仲介によって成立していることに注目し、地域秩序の成熟と捉えている。[41]筆者も異論はないが、ここでは契状の内容から、協約締結にいたるまでの吉見氏と益田氏との対立を復元してみたい。

第二条では、益田氏の有力被官である寺戸氏[42]を再び益田氏が「御扶持」することになったことを吉見氏が了承

している。益田氏から離反し吉見氏に走った寺戸氏が、益田と吉見の和睦を受けて、再び益田の元に戻ったことが分かる。第三条では上領氏を「御許容」しないという益田氏の方針を吉見氏が確認している。これも同様に、吉見氏から離反した上領氏を保護していた益田氏が、和睦にともない方針を転換したことを示している。(43)

寺戸氏の益田氏からの離反と、上領氏の吉見氏からの離反が偶然、同時に発生したとは考え難い。両事件は自然発生的なものではなく、生活に困窮しての逃亡ではあり得ない。

ここで史料2の第一条を見てみると、美濃郡の黒谷郷と美濃地村をめぐって吉見氏と益田氏が争っていたことが分かる。この所領紛争を有利に展開するために、吉見と益田は互いに相手方被官の引き抜きを行ったのではないか。ここでも被官が軍事力として期待されていたこと、被官の「逃亡」が近隣領主による働きかけという外的要因によって誘発される側面もあることが推測される。(44)

こうした事例は他地域でも見られる。第四章の史料10、文安元年の樺山孝久宛て伊東祐堯一揆契状の第四条では「其方向より此衆中に隔て候而、我等に申され候方候共、御意共放ち候て申し談ずる事有まじく候」と規定されている。この条文は樺山ら「衆中」の支配領域において、樺山らに反旗を翻して伊東氏に協力を要請する者がいたとしても、取り合わないことを誓約したものと解釈できる。逆にいえば、今回の一揆契約によって同盟が成立する以前は、樺山氏と伊東氏は敵対関係にあり、互いに相手方被官人の取り込みを図っていたのだろう。(45)つまり戦闘態勢の解除とともに相手方被官への働きかけを停止したのである。

被官組織の維持拡大は国人の「家」の浮沈に関わる重要な課題であったため、右にあげたように、領主間紛争と被官逃亡問題は密接に連動して展開した。そして領主間紛争が解決したのち、戦後処理の過程で被官の人返が行われた。当該期においては、被官の逃亡問題は個別具体的に対処されており、被官逃亡問題一般に適用できるような普遍的・包括的な人返法は未だ成立していなかったといえる。国人と被官との主従関係が依然として流動的であった室町期にあって、被官の逃亡問題への在地領主層の対応策にはおのずと限界があったのである。

（3）　領主間紛争予防策としての被官問題対策

室町期の国人は親類・被官の規制を受けるとはいえ、「家」の所有者であり、対外的には「家」を代表する唯一の存在であった。〈領主の一揆〉は本質的に「家」と「家」との一揆であるが、一揆を結ぶことができるのは「家」の代表者たる国人のみであった（第五章を参照）。

しかし応仁・文明の乱が勃発すると、本国＝地方と京都＝中央での戦闘を同時に遂行するため、国人の「家」において被官層への委任傾向が強まった。[46] これを一つの契機として、当主と家臣団の二重構造に基づく領主組織たる「家中」が成立する。

文明九年（一四七七）の益田氏と三隅氏との協約を一例としてあげると、双方の「老者中」（家老衆）が参会し、連署起請文を取り交わしたのち、互いの当主が起請文を交わすことで協定が成立している。[47] 当主を支える重臣団が外交権の一部を行使しているわけで、上層従者たる被官層が明確に「家中」の内部に位置づけられたことを意味している。被官は「家中」運営に参画するとともに「家中」から規制を受けることになる。この結果「家中」と「家中」との協約によって、被官の逸脱行動を抑止することが可能になった。

たとえば永正元年（一五〇四）の石見小笠原氏と大家氏との間の協約では、「御方之衆」（大家氏「家中」の人間）と「此方之衆」（小笠原氏「家中」の人間）との間で万一「喧嘩口論」が発生したら、領主間紛争に発展させることなく、穏便に話し合いで解決することを規定している。[48] 「家中」成立にともない領主間協約の整備が進み、領主間紛争を未然に防ぐために、被官問題への対応が事前に規定されるようになったのである。

このように「家中」の成立に呼応して、国人間、「家中」間の連携も深化していく。こうした動向は「衆中」

などと呼ばれる広域的・恒常的な国人連合へと結実していく。[49] つまり戦国期の地域社会は、「衆中」と「家中」の動静を軸に展開する。次節においては、この点に関して考察することとする。

第三節　戦国期の「衆中」と「家中」

（一）　戦場の従者たち

従者絡みのトラブルは日常においてのみ発生するわけではない。むしろ戦いの場においてこそ先鋭的に現れてくるものである。

享禄四年（一五三一）、上条氏の乱に接し、越後の国衆一八名が連署して軍律を制定している。[50] 第一条では、「陣取」の時に、「陣場相論」や「陣具等奪合」の末に「喧嘩」に及ぶことを禁止している。ここで喧嘩の主体として想定されているのは、佐藤博信氏が推定するように、国衆自身というより国衆の被官・中間・小者といった戦闘要員であろう。[51] 史料1でも示したが、戦場に到着した指揮官が何よりも先に心配しなければならないことは、気の荒い武家奉公人たちの喧嘩なのであった。だがここでは史料1と異なり、統制主体は守護ではなく国衆連合である。

また安芸でも弘治三年（一五五七）、毛利氏をはじめとする国衆たちが軍律を定め、「此衆中」においては、誰の被官・僕従であっても、軍勢狼藉を行った者には制裁を加える、としている。[52] 菊池浩幸氏は「軍勢狼藉などの違反者を処罰する際には、各国衆が持つ排他的『家中』処分権を否定」し、「各署判者がどの国衆の家臣でも処罰できることを規定」したものと評価するが、[53] 至言であろう。戦場での軍紀粛正を契機として、国衆による「家中」統制に「衆中」が介入する端緒が開かれたのである。

（2）国衆「家中」の確立と反逆する被官

右に見たように、大勢の国衆によって構成される連合軍においては、参加国衆全員による多者間協約が結ばれ、すべての従者に対する広範な規制が行われた。このような広域的な従者統制は戦場だけでなく日常的にも行われるようになる。とりわけ重視されたのは、「家中」構成員である被官層への統制である。次に史料を掲げる。

【史料3】安芸国衆連署一揆契状

申合条々

一、雖下従二上意一被二仰出一之儀候上、又雖下自二諸大名一蒙レ仰之儀候上、為二一人一不レ可レ致二才覚一候、此衆中相談、可レ有二御事請一候、仍各愁訴之儀候共、可レ為二同前一事、

一、此衆中親類・被官已下、或軽二主人一、或蒙二勘気一、他出之時、於二申合洞一、不レ可レ有レ許容一候、但依二罪軽重一、一端之儀者可二愁訴一事、

（以下、三ヶ条を略す）

此儀偽候者、

日本国中大小神祇、殊者八幡大菩薩・摩利支尊天、可レ罷二蒙御罰一者也、

永正九年壬申
三月三日　天野讃岐守
興次（花押）

（以下八名、連署）

（本文書の神文以下は「牛玉宝印」を料紙に用いている[54]）

この史料は、天野氏ら安芸の国衆九名によって結ばれた連署起請文である。ここで注目したいのは第二条である。先行研究では人返規定と理解されているが[55]、「勘気を蒙り他出」とあるから、主従の縁を切って追放した親類・被官に関する規定であることが分かる。また「許容あるべからず候」との記述を素直に解釈すれば、「この

洞（衆中）に属する国衆は、逃亡してきた他の国衆の親類・被官を受け入れてはならない」ということであって、元の主人に返還することを必ずしも主眼としていない。むしろ「主人を軽んじ」て追放された家臣の逃げ場を断つことを企図したものであり[56]、いわば「衆中」＝国衆連合からの〝追放刑〟である[57]。

もともと右の一揆契約は、上洛中の大内義興を支持するか否かで分裂しつつあった安芸国衆が相互の不信感を取り除いて結束するためのものであった[58]。国衆が政治路線の選択に逡巡すれば、被官層に対する統率は困難になる。国衆が被官層の突き上げを押さえ込むには、周囲の国衆と連携して、「人返」よりも厳しい措置を取ることが必要だったのである。

同様の規定は他地域においても見られる。大和国宇陀郡の沢・秋山・芳野・小川の四氏は、享禄五年に一揆契約を結んでいるが[59]、その第四条には「我・人不レ寄ニ被官一、聊尓之働仕、走入候共、不レ可レ有ニ許要〔容〕一事」とある。これは被官が主人に反抗して、他の一揆構成員のもとに走り込んだ場合、それを受け入れないという取り決めである[60]。これも逃亡被官の返還（人返）よりも反逆被官への制裁に力点が置かれた規定といえよう。

また越後では、享禄四年に小泉荘の本庄・色部・鮎川・小河という四人の国衆が互いに起請文を交わしているが、そこでは第五条に「相互之家中」で「逆意之者」が現れた場合は「御同心」によって「成敗」することが規定されている[61]。この四者間協約の直接的な契機としては永正の乱に始まる戦乱の激化が指摘されており[62]、厳しい軍事情勢の中で国衆の「家中」支配は動揺し、「衆中」の力を背景に被官統制が強化されていったと見られる。

享禄四年の本庄氏らの懸念は、天文四年（一五三五）に現実のものとなった。それが本庄氏「家中」での謀叛未遂事件である。本庄氏の「洞之者共」が当主の本庄房長に対し「謀心」を企てるが、未然に発覚して四、五人が逃亡する。本庄房長は色部勝長に対し「御家風へ罷り越し候はば、きつと成敗させられ候て給はるべく候」と、逃亡被官が色部氏「家中」に逃げ込んだ場合は処罰するよう要請している[63]。ここでも、逃亡者を返還してもらい

たのである。(64)

〝再雇用〟するという「人返」の発想はない。領主間協約が、反逆する被官への制裁として機能するようになっ

さらにこの事件で興味深いのは、佐藤博信氏が着目しているように、本庄房長が色部勝長に対し「御家風にも有りげに候、生口あつて明白に申し候間、御糺明も候べく候や」と述べている点である。(65)すなわち色部氏「家中」に、逃亡被官への協力者がいるらしいのである。本庄・色部両「家中」においてクーデターが計画されていたと考えられよう。国衆当主たちの横のつながりができる一方で、家臣団同士の交流を通じて被官層の地域的連帯も進行していたのである。(66)

それにしても「人返」だけでは対処できないほどに、被官が暴走するようになったのはなぜか。一つには先述したように、被官層の「家中」の枠を越えた地域的連帯があげられるが、より本質的には「家中」の確立そのものが要因と考えられる。

国衆の「家中」が固定化するとともに領主間協約が進展してくると、家臣の個人的な逃亡は困難になる。〝転職〟にともなう政治的影響力が大きい重臣クラスではなおさらである。(67)いきおい家臣たちは余所に移るよりも、「家中」内部での出世、主導権掌握を目指すようになる。(68)結果として、「家中」における権力闘争は激化し、時には当主に対する反逆という形をとることになるのである。(69)かくして深刻化する被官問題に対応すべく、領主間協約における被官条項は厳格なものになっていった。

（3）国衆「家中」の分裂と近隣国衆の動向

前項で示したような「家中」での権力闘争が激化すると、「家中」が分裂するという事態が招来する。たとえば明応四年（一四九五）、伊勢では、高柳方幸や大宮勝直ら伊勢国司北畠氏の「被官人」が当主・北畠具方に対

し、同じく北畠氏被官である稲生光遠・佐々木秀盛らの生害や追放などを要求している。[70]だが具方はかえって高柳や大宮らの所領を没収して追放したため、高柳らは具方の弟で木造政宗の女婿である師茂を擁立した。[71]かくして被官同士の争いは、ついには「伊勢国司兄弟合戦」[72]へと発展したのである。[73]こうした「家中」の内紛において追放刑が多用される点は留意されて良い。

次に明応年間の三隅氏「家中」の事例をとりあげる。この三隅氏「家中」の騒動については先行研究で詳細に検討されているが、[74]改めて事件の経緯を整理しておく。

事の発端は、明応四年に三隅氏当主の中務少輔（貞信か）と重臣の三浦氏一族が、三隅兵庫入道信光らによって追放されたことにある。その後、近隣の国衆である益田・福屋・石見小笠原氏が両者の対立を調停する。おそらく三隅信光は、三浦一族を三隅氏「家中」に復帰させないことを条件に、当主の「帰郷」を認めたものと思われる。調停に対する報酬として、益田氏は三隅氏から美濃郡津毛郷を譲り受けた。福屋・小笠原氏も同様に三隅氏から所領を獲得した。

しかし三隅郷に「還住」した当主中務少輔は信光らとの約束を破棄して、信光方の「被管〔官〕人数輩」を追放し、追放されていた三浦一族を呼び戻した。これに対して信光は、前回の調停者である益田・福屋氏に援助を依頼する。この時、信光は益田氏に対しては、津毛郷に加えて疋見郷・丸毛郷の割譲を約束している。

そして益田・福屋の援助を受けて、信光らの三隅郷「帰住」は成功、信光方は三浦一族を再追放した。信光方は新当主として藤五郎興信を擁立した。新当主の興信や、信光ら「年寄共」は約束通り、津毛・疋見・丸毛を益田氏に割譲した。代わりに三浦一族の「帰郷」を阻止することに協力するよう益田氏に要請している（後掲の史料6を参照）。

以後も三隅氏の権力基盤は非常に劣弱であったようで、享禄五年には親尼子派の「一家中」と対立して追放された三隅興兼が大内氏・益田氏の後援により「帰郷」している。

こうした内紛は、権力基盤が脆弱な三隅氏「家中」に特有のものではなく、当該期の「家中」が構造的に抱えていた問題と思われる。永正十八年（一五二一）に当時富強を誇っていた大内氏が出した法令では、「或は御分国中を追放せられ、或は刑罰等の難を逃れて、他国遠所に隠れ居る輩」が、大内氏当主から「召返」されていないにもかかわらず、「或は権門の威力を憑み、或は縁者の扶助にちなみて、自由に立帰て、所々に徘徊」(75)する行為を徹底的に取り締まることが宣言されている。ここから類推するに、前掲史料3＝永正九年安芸国衆連署一揆契状の第二条の「許容」禁止規定は、国衆に追放された被官が近隣国衆の扶助を得て「自由に立帰」という事態をも念頭に置いていたのではないか(76)。

類似の事例は他地域でも見られる。大和国宇陀郡では、享禄四年、沢氏の与力である赤埴満近が沢親満に対し「拙者披官逃散之儀、為ニ御下知一致ニ還住一候、此儀ニ付、拙者聊尓之成敗不レ可レ仕候」と誓っている(77)。赤埴氏「家中」において当主と被官の間で何らかの対立が発生し、被官が沢氏領に逃散したのであろう。沢親満はこの対立を仲裁し、彼の斡旋で赤埴氏被官の「還住」が実現した。赤埴満近は帰還した被官に対して「聊尓之成敗」、すなわち制裁を行わないことを、調停者である沢親満に約束したのである。

また越後揚北では天文四年、色部氏「家中」の重臣である田中長義・早田守吉・布施家秀が他の家老衆から専横を糾弾されて本庄氏のもとに逃亡した。しかし本庄氏の「御刷」によって「彼三人帰参」が実現している(78)。

陸奥では、元亀元年（一五七〇）に伊達家重臣の中野宗時とその次男・牧野宗仲が当主・伊達輝宗に対して謀叛を起こすも失敗、伊達氏領国から追放され、相馬氏を頼って落ちのびる（元亀の変）。事件ののち、中野父子は帰参を願い、輝宗の父で隠居の晴宗と、輝宗の叔父の実元が取りなすが、結局、輝宗は許さなかった。伊達氏が近世に編纂した家譜では中野父子の専横が強調されているが、実際には、伊達晴宗・輝宗・実元・中野宗時の四者が「家中」の主導権を争った結果と考えられる[79]。

九州では、天正八年（一五八〇）、豊後大友氏の年寄・重臣が当主義統に圧力をかけ、義統の側近四名を国外に追放させている[80]。

これらの事例は、「家中」内での派閥抗争に敗れたグループが「召放」された後に、主君からの赦免・帰参許可＝「召直」「召返」を目指す、というものである。これは人返＝〝強制送還〟とは逆パターンということが出来よう。逃亡した被官を本主人が連れ戻すのではなく、追放された被官が本主人の元に戻ろうとしているのである。要するに〝追いたがる主人と戻りたがる被官〟という構図であり、被官の目的は〝転職〟ではなく〝復職〟である。これは先述したように、「家中」の確立と領主間協約の強化にともない、領主間の合意がない状態で被官が〝移籍〟することが困難になったことが影響している。

ここで興味深いのが近隣国衆の対応である。今まで見てきたように、「家中」と「家中」との協約に基づき、個別的・散発的な逃亡被官は受け入れないというのが国衆たちの基本方針である。しかし前掲の本庄氏の例から分かるように、「家中」への復帰を最終目的とする集団的・組織的な亡命被官は保護するのである。国衆間の協約は〝内政不干渉〟が原則だが、被官たちが大量に追放されて「家中」が分裂したり機能不全に陥ったりした時には、近隣国衆が「家中」再建のために介入する、と考えられる。このように、国衆たちはさまざまな形で「衆中」としての連携を深め、「家中」の安定化に腐心したのである。

また周知のように、毛利元就は小早川・吉川・平賀・天野といった周辺国衆の家督問題（「家中」の内紛）に介入して、新当主擁立を梃子として国衆「家中」を服属させていった[81]。この戦国大名毛利氏の戦略も「衆中」による「家中」再建という運動の延長線上に位置づけられよう[82]。

第四節　戦国期の領主間協約における「下人」「百姓」条項

前節では侍身分を有する上層従者である被官の動向と国衆側の対処策について検討したが、下層従者たる下人に対する国衆の認識はどのようなものだったのだろうか。まず、史料を示す。

（一）　領主間協約の「下人」条項

【史料4】　天野隆重・同元明連署契状

又縦雖レ為二譜代人一、自二弘治四九月二日以前一之儀者、蒙レ仰申入間敷候、自今以後之儀、堅申談候、
御家来・愚領之悴者中間之法度、興次・祖父元貞被二申談一、于今無二相違一候、本望候、雖レ然下人之事、依
レ不レ被二申合一、御領之者ハ当所へ罷越、此方之者ハ御分へ罷退候、如レ此猥候へハ、毎事在陣之時、郎従以
下及二迷惑一候之条、従二只今一下部沙汰申合候、至二後代一無二相違一之様ニ被二仰付一、堅可二申含一之覚悟候、次
西条(安芸国)之御領・某西条ニ知行之在所、是又同前ニ右之法度申談候、将亦七条(安芸国)かは〈椛〉坂之事、少輔四郎(天野元友)拝領候、彼
地茂右之人沙汰可二申合一候、為二後日一候条、以二一通一、蒙レ仰申入候、恐々謹言、

弘治四
九月二日　　　隆重（花押）
　　　　　　　元明（花押）

（切封ウワ書）
「（墨引）　　　　　　　中務少輔
藤次郎殿(天野元定)　　　　余五郎
　御宿所　　　　　　　　　隆重」(83)

右史料によれば、弘治四年（一五五八）安芸国衆である志和堀天野氏の隆重・元明親子と志和東天野氏の元定という両天野氏の間で、「人沙汰」（傍線部）すなわち人返協約が結ばれた。「悴者・中間之法度」（二重線部）つ

まり被官・中間の逃亡問題に関しては前々から協定があったものの、下人の逃亡に関しては申し合わせて来なかったため、下人の逃亡問題に関しては対処できていなかった。そこで今回、新たに「下部沙汰」（太線部）、下人に対する人返を規定したのである。

この史料に関して岸田裕之氏は、「この緊縛対象の段階的進展は当該期における逃亡が悴者・中間層から下人層へと拡大・進行したことに対応するもの」と述べている[84]。また菊池浩幸氏も「下人逃亡の深刻化という時代情況から、それまで規定していなかった下人の人返（下部沙汰）について約束したのがこの協約であった」と、岸田氏とほぼ同様の評価を下している[85]。

しかし十六世紀半ばに、下人逃亡が急激に増えたとは考えがたい。下人逃亡じたいは、安芸において以前から問題化していた。たとえば毛利氏「家中」では、享禄五年に福原広俊ら重臣たちが毛利元就に対して起請文を提出しているが[86]、その第三条には人返規定がある。「傍輩中」＝同じ毛利氏の家臣仲間の所から、「悴被官・小中間・下人」が逃げ込んできた場合は、元の主人に連絡して、その返事によって受け入れるか追い返すかを決めるよう、定めている。領主間（「衆中」）レベルで「人返」が成立する前から、「家中」内部では「人返」制度が機能していたことが分かる[87]。

したがって史料4に関しては、下人の逃亡の発生件数が少なかったというよりは、下人逃亡はあったが人返という解決の枠組みがなかった、と考えるべきであろう[88]。

それでは、弘治四年になるまで下人の人返が規定されなかったのはなぜか。これは領主間協約における優先順位の問題と考えられる。つまり下人の人返よりも被官の人返が優先されたのである。国衆を政治的・軍事的に支える被官層の逃亡は、国衆「家中」の動揺に直結し、また領主間のパワーバランスを崩す危険性すらあった。そのため領主間協約においては、まずは被官逃亡問題の解決が図られたのである。

改めて史料4に注目すると、波線部に「毎事在陣の時、郎従以下迷惑に及び候」とある。下人の逃亡で直接被害を受けるのは、彼らを指揮下に置いて軍役を勤めている「郎従」＝被官層であり、天野氏当主ではなかった。国衆当主は、被官の人返が軌道に乗ってから、下人の人返に取り組んだのである。

（2）領主間協約の「百姓」条項

一般に、室町・戦国期の領主間協約においては、百姓の人返も積極的に推進された、と理解されている。しかし、このような見解は[89]、戦国大名の人返政策を室町期にまで遡及させたものにすぎない[90]。現実には、領主間協約において百姓に関する条項が存在する事例は極めて少ない[91]。具体的に何点かとりあげてみよう。

【史料5】島津友久外五名連署一揆契状写

契状案文

一、御当家、或者被レ引二縁者一、或者依二年来之知音一、動背二守護之下知一、国家以及二動乱度々一事、先祖以来口惜題目候、仍此番一家親類、以二一味同心之儀一、一偏二仰二　武久御成敗之儘《儀歟》一、各可二進退一事、

一、雖レ為二親子兄弟・年来之知音一、対二　武久一有下存二非儀一族上時者、依レ為二旧好一、再往可レ加二教訓一、若違三背其儀一者、直申三入御成敗之儀一、可レ致二奔走一事、

一、依二三ヶ国代々傳《轉カ》変候一、成レ敵、成二御方一、近所・他方、私二雖レ挿二宿意一、於二此一筆以後一者、不レ存二旧悪一、可レ為二武久御為一題目之時者、依二前々一捨二鬱憤一、相互一味同心二可レ有二扶助一事、

一、一家一味同心之談合之以後、万一不慮之子細出来、於二一家中一有二不和之儀一時者、自余之一家、応二一大事一、武久受二御意一、相三償内外一可レ存二無為無事之儀一事、

一、寄々之所領依ニ相交一、有ニ四辺郷境論、百姓逃散、夜討・山賊一時者、相互ニ決断候而、可レ有ニ其沙汰一事、

一、一家中如レ此申談候上者、談合之時、不レ残ニ心中一可ニ申出一候、縦又雖レ非ニ愚意一、可レ同ニ衆中之儀過半之宜一事、

一、如レ此申談候衆中ニ、自然従ニ屋形一も、無理之子細欲ニ仰懸一時者、相共ニ侘事可レ申事、

右、此条々偽申候者、

御神名

文明十二年十月廿日

(朱書、以下同じ)「相州家」相模守友久
「薩州家」薩摩守国久
「伊作」式部太輔久逸
「豊州家」修理亮忠廉
「知覧」下野守忠山
「新納」近江守忠続

「忠昌公御譜中ニ載セ有リ」(92)

右の史料は島津友久ら島津氏「一家親類」六名が、薩隅日三ヶ国守護＝島津本宗家当主（屋形）である武久に対して提出した一揆契状である（第四章参照）。文明年間には島津一族は内紛を繰り返しており、「一家親類」は当主武久を上に戴く形で「一味同心」して「一家中」＝「衆中」を結成することで、分裂を克服しようとした。(93)この一揆は一族一家の結集という形式を取っているが、本質的には地域における領主の結集であり、右の契状も一種の領主間協約とみなすことができよう。

さて本契状の第五条には、「百姓逃散」への共同対応が規定されている。ここから領主間協約においても百姓に関する条項が存在することが知られるが、右の契状の中で「百姓」条項の比重が非常に小さい点には注意すべきであろう。

すなわち、ここにおいては、百姓の逃散は、「四辺郷境論」＝堺相論や、「夜討・山賊」＝検断といった、所領錯綜にともなって発生した諸問題の一つ、という扱いなのである。百姓逃散への対応は、むしろ寺社間での協定において目立つのが現実であった[94]。

続いて、別の史料を掲げる。

【史料6】　三隅興信契約状

条々

一、津毛・疋見・丸毛三ヶ所事、依レ為二御由緒一、御当知行上者、於二已後一、可レ止二競望之儀一候、早如レ元可レ有二御知行一事、

一、雖下対二何方一及二興信弓矢一候上、被レ捨二一家・他家一、可レ預二御合力一之由承候、目出度候、

一、自然　上意、又者従二大内殿守護方一、被レ仰之儀候共、同心可二歎申一事、

一、三浦者共事、操二諸家一望二帰郷一、又者致二緩怠一候者、以二御合力一、可レ致二成敗一事、

一、土民等、何様にも致二緩怠一、及二異儀一候者、即時申合、何方も可二成敗仕一事、

右、如レ此条々申定、一筆進レ之置、又御一行被レ懸二御意一候上者、一切不レ可レ有二聊尓之儀一、雖レ然、被レ対二此方一、少も於二御聊尓一者、不レ可レ立二支証一候、仍為二亀鏡一之状如レ件、

明応五年丙辰卯月十三日　　三隅藤五郎 興信（花押）

益田孫次郎(宗兼)殿御宿所[95]

この史料6は、前節で紹介した明応年間の三隅氏「家中」の内紛に関するもので、益田氏ら周辺国衆の援助を得て新当主の地位に就いた三隅興信が、益田宗兼に宛てた契約状である。

本契状の第五条では、「土民等」が三隅氏に対して反抗的な態度をとった場合、三隅氏と益田氏が協力して鎮圧に当たるという合意事項が記されている。ここでいう「土民」はおそらく名主・百姓層を含んでいると見られ、本条項は〈百姓条項〉と見なし得る。

だが、一つ問題になるのは、このような規定が必要になった背景である。わざわざこのように規定されている以上、現実に地域社会において不穏な兆候が少なからず見られたものと思われる。なぜこの時期に突然、百姓たちは動き出したのか。

ここで第四条に注目したい。権力闘争に敗れて三隅氏「家中」から追放された三浦一族が、「諸家」＝近隣国衆から支援を取り付けて三隅郷への「帰郷」を図ることを、新当主興信が警戒していることが分かる。とすると、百姓たちの策動の背後には、復権を狙う三浦一族がいる可能性が高い。

したがって、この三隅氏と益田氏との間の協定は、三浦一族対策に最大の眼目があり、百姓への統制そのものを目的としているわけではない。

類似の事例は関東でも見られる。

【史料7】　佐竹義舜起請文写

一、於二当方一江戸刷之事、自今以後、可レ為二一家同位一事、
一、対面之上、庭之礼・書状之認様、末世末代義舜至二于子々孫々一迄、可レ為二一家同位一事、
一、自今以後、対二但馬守子々孫々一、至二于義舜子々孫々一迄、一点不レ可レ存二余儀一之事、

永正七年庚午十二月二日　(佐竹)義舜「血判」(花押影)

江戸但馬入道殿（通雅）
同　彦五郎殿（通泰）
「右熊野午王一枚〇ノ裏ニ書之」

【史料8】

一、人返之事、江戸譜代之者、至二名代・土民・百姓一迄、可レ帰之由申付、不レ用候者、始二当所於義舜直々成敗之地一、至二于子々孫々一、不レ可二許容一事、猶以致二追放一候者、於二当方中一、如何様之人体候共、許容之方候者、成二其咎一、其地不レ可二指置一事、

一、於二洞中遠所之面々一も、人返之事、岩城方申談、連々可レ加二催促一候、若堅於二難渋之上一者、其間之可レ為二覚悟一事、

一、人返之段、義舜如レ此相定已後、江戸領分之者、引越許容之儀候者、加二催促一、不二同心一候者、可レ加二退治一事、

右、彼六ヶ条、江戸懇望之旨、自二岩城一任二催促一、令二同心一候上者、対二他家一弓矢之馳引等、洞之諸沙汰以下、義舜無二可二申合一事簡（肝）要候、万一但馬守父子被レ存二疎意一候者、何事於申合候共、不レ可レ有二其曲一候、若此旨偽候者、（神文は省略）

仍起請文之状如レ件、

永正七庚午年十二月二日　義舜（佐竹）「血判」（朱書）「居判同前」

江戸但馬入道殿（通雅）
同　彦五郎殿（通泰）
「右熊野午王三枚之裏ニ書之」(96)

右の史料7・史料8は永正七年（一五一〇）、佐竹氏当主の義舜から常陸江戸氏の通雅・通泰父子に宛てられた二通の契約状で、史料8の末尾に「彼六ヶ条」とあるように、二通が一体となって機能している。「江戸懇望の旨、岩城より催促に任せ、同心せしめ候」との波線部の表現から、江戸氏が岩城氏を通じて佐竹氏に盟約の締結を願ったことが分かる。当時の佐竹氏は、永正元年に宿敵であった庶子家の山入氏を滅ぼすなど急速に勢力を回復しており、一方の江戸氏は当主の通雅が老衰して死期が迫るという危機的な状況にあった。(97) 江戸氏としては、佐竹氏に歩み寄らざるを得なかったのである。岩城氏は佐竹氏・江戸氏の双方と姻戚関係にあり、和解の斡旋役としては適任であった。

こうした力関係を反映して史料7では、佐竹氏が江戸氏を佐竹一家と同格に扱うことなどが約束されている。佐竹氏優位の形で両氏は同盟を結んだのである。(98)

同年同月同日付のもう一つの契約状である史料8は、史料7に付随するものであり、両氏間での人返協定である。その第一条の前半では、江戸氏の譜代家臣だけでなく、江戸領の名代（名主か）・土民・百姓が逃亡してきた時も江戸氏に送還するよう、佐竹氏「家中」の人々に命令することを、佐竹義舜が約束している。

これも百姓の人返をも含む領主間協約といえるが、文章表現からすると「重要度の低い土民や百姓であっても、きっちり返還する」という意味と考えられる。つまり、本条項では譜代家臣の返還に比重が置かれているのである。それは第一条の後半で、江戸氏によって「追放」された者を受け入れない旨が規定されていることからも読み取れる。ここで「追放」の対象として念頭に置かれているのは、被官・中間・下人といった従者であって、やはり百姓ではないだろう。

さらにこのことは、少し時期が遡るもののほとんど同時期かつ、同一地域における、他の起請文からも裏付けられる。一例として、明応三年（一四九四）に江戸通雅が岩城親隆・常隆父子と岩城一族の好間（好島）氏に宛てた起請文[99]をとりあげたい。この文書は、江戸氏が長く敵対関係にあった佐竹氏と和睦するに際して岩城氏が斡旋してくれたことを受けて、江戸氏から岩城氏に提出されたもので[100]、第四条では岩城氏と江戸氏との縁談が約束されている。

そして第五条には「御家風中、背二御意一罷越、我々於雖二被レ憑候一、不レ可レ致二許容一候」と記されている。つまり「岩城家中の者が、岩城氏当主の意に背き、江戸領に逃げ込んできて、我々に助けを求めてきたとしても、これを保護しない」と確約しているのである[101]。これは明白に被官統制の協約である。前掲の史料8は百姓統制にまで踏み込んでいる点で、これより一歩前進を見せていることは間違いないが、基本的には明応三年の領主間協約の延長線上に理解できよう。

いわゆる「人返」ではないが、以下の事例も興味を惹かれる。永正八年、伊勢国司北畠氏は大和国宇陀郡に本領を持つ沢氏に対し、沢氏が伊勢国に保有している所領内の「寺庵・神人・被官・百性《（姓）》以下」を扶持しないことを約束している[102]。つまり北畠氏は「御扶持人」との主従契約を解除し、沢氏が彼らを支配下に置くことを承認したのである[103]。これも広い意味で百姓の帰属に関する領主間協約といえようが、「東川八郎兵衛被レ放二御扶持一、并寺庵又百性等御扶持仁不レ可レ召二置之一」といった記述を考慮すると、やはり東川ら被官の帰属が最重要の問題であったことが了解される。

以上のように見ていくと、領主間協約において、百姓よりも従者、特に「家中」構成員たる被官の逃亡の方が重要視されていたことは確実である。ここに百姓の統制にまで手が回らない国衆連合の限界が見てとれる[104]。

（3）　戦国大名の人返政策

領主間協約による百姓統制が脆弱であるのに対し、戦国大名は百姓対策に多くの力を注いでいる。武田氏や後北条氏は百姓が「欠落」＝逃亡した場合、逃亡元の領主の「侘言」＝請求に基づいて人返状を発給し、彼らが逃亡先へ入部し「召返」することを「国法」によって保障している。[105]また被官・下人の場合は「譜代相伝」であることを根拠に「人返」が行われるのに対し、百姓の場合は「年貢引負」であり、権力発動の根拠がまったく異なる。[106]ここでは百姓の人返が、被官・下人といった従者の人返とは区別された、独立した〝政策〟として展開されているのである。

戦国大名による人返は、領主間紛争の抑止のみを目的としたものではなかった。対被官の場合は軍役の確保、対百姓の場合は開発・復興のための労働力の確保という、高次の立場からの〝政策〟であって、[107]領主間協約による人返と位相を異にする。この点に、国衆連合と戦国大名との、権力としての段階差を認めることができるのではないか。

すなわち〈領主の一揆〉においては、構成員である個々の領主が自分の領内の百姓を各々規制するにとどまり、他の領主や他領の百姓が絡む問題を解決する確固としたシステムは存在しなかった。よって広域的な村落結合の動向には対応しきれなかった。そのことが、戦国大名や惣国一揆といった新たな権力体が誕生した一因であったと思われる。

ところで毛利氏分国内の人返規定について検討した菊池浩幸氏は、戦国期の毛利氏が発令した人返法は武家奉公人（被官・中間・下人）を対象としたものであり、百姓の人返を規定した法令は豊臣政権服属後に初めて現れることを明らかにしている。[108]ここから、国衆連合の盟主として出発した毛利氏権力が、その初発の条件に長く規制されたことをうかがうことができよう（第五章第二節を参照）。

おわりに

以上、〈領主の一揆〉と被官・下人・百姓との関わりが、歴史的にどのように推移したかという問題について考察してきた。本章で明らかにしたように、武家領主がその統制に最も意を払ったのは、侍身分を有する被官層であった。戦闘集団として出現した国人一揆も、被官統制の機関として機能するようになる。

やがて国人たちは国衆となり、「衆中」「郡中惣」「洞」などと呼ばれる国衆連合へと結集していく。対する侍たちは同名や被官として国衆の下に組織されていくものの、一方で「家中」ないし「同名中」といった一揆的結合へ結集することで横の提携を深めていく。[109]そのため国衆連合は、各々の「家中」における政治的・軍事的中核である被官層の動向を規制することに重点を置いた。やがて〈領主の一揆〉は、被官層にとどまらず中間・下人層への統制をも行い得る集団へと〝改良〟されていくが、百姓層への統制にまではいたらなかった。

このように武家社会においては、〈領主の一揆〉と〈被官の一揆〉という、組織原理の異なる二つのタイプの社会集団が形成された。ここで留意したいのは、両者を分かつ身分的な壁である。〈領主の一揆〉は、現実社会において身分の上下がある個々の領主を「平等」とする理念に支えられて創り出された集団である、というのが通説的な理解だが、[110]現実には許容される身分差にはおのずと限度があり、身分の異なる領主を暗黙裏に排除する性質を持っていた。[111]一揆の平等性とは、同一階層における平等性にすぎないのである。

第三節で触れた享禄四年の小泉荘内四氏の一揆は、その好例である。本庄・鮎川・小河の三氏が色部氏に宛てた起請文が現存するが、本庄・鮎川の起請文がほぼ同内容であるのに比して、小河の起請文は前二者のそれと大きく異なる。小河長基は色部・鮎川・本庄の三氏が一揆を結んだことに祝意を表し、続けて「然るに拙者の事、御文言に載せられ候、恐悦の至りに候」と感謝の意を示している。[112]すなわち小河氏は三氏の一揆に〝参加させていただく〟という立場なのである。

小河氏が三氏に対して従属的な位置にいるのは、三氏が平姓秩父一族であり鎌倉御家人の系譜を引くのに対し、小河氏が小泉本荘小川村の土豪出身であることに由来するといわれている[113]。本庄・色部・鮎川らが署名している享禄四年の越後衆連判軍陣壁書（註50）に小河氏の名が見えないのも、同様の事情によるものだろう。武力や所領支配など実力面で遜色がなくとも、地頭御家人としての家格や由緒を有していないと、国衆連合への加入は困難だったのである。

もっとも、小河氏のような侍層が常に国衆への上昇指向を有し、それを国衆たちに阻まれていたとはいえない。戦国期に益田氏や三隅氏、小笠原氏などが村落に根差していた土豪層をリクルートして被官組織を増強していったことから分かるように、在地から台頭してきた侍衆はむしろ国衆「家中」に積極的に参入した[114]。明応期の三隅氏など、「家中」の内紛がしばしば家督候補者を各々擁立した家臣グループ同士の争い、つまり家督紛争として具現化したことも、その証左であろう。家臣が君位を〝簒奪〟するという形式にはならないのである。

戦国期畿内の地域社会の情勢から立論された「侍」身分論において、村落を主導する侍層が主体的・戦略的に主人を選び取っている状況が明らかにされた[115]。右の事実を踏まえた近年の研究では、有力者を主人と仰ぎ、その庇護下に入ろうとする行為が中世社会に普遍的な現象であることが指摘されている[116]。何らかの集団に属さぬ限りみずからの生命・財産・地位を守ることが難しい中世社会において、主従契約も一揆契約もともに重要な〝保険〟である。久留島典子氏が指摘するように「タテ系列の人的関係とヨコ系列のそれとは、けっして矛盾しあうものではない[117]」のである。

最後に、本章の主要な議題の一つであった「人返」協約について補足しておきたい。従者に関する「人返」協約が結ばれる原因としては、元の主人（本主人）と現在の主人（当主人）との間で従者の帰属をめぐる争いが多発していたことがあげられる。こうした主人権をめぐる争いには、既述の通り政治的・経済的・社会的な背景があるが、より根源的な問題が潜んでいることも無視できない。それは中世人の名誉観念に関わる問題である。

鎌倉後期の宮廷女房が著した日記文学『とはずがたり』には、作者が備後国和知郷の地頭代官和知氏の家に泊まっていたが、のちに和知氏の兄の家に移ったところ、和知氏が「年来の下人に逃げられ、しかも兄にかどわかされた」と怒り、兄弟喧嘩に発展した、という有名な逸話が見える。先行研究は、仮初めに宿泊した者を下人とみなす和知氏の認識に注目し、在地領主層のイエ支配権（家父長権）の強大さを説いている[118]。だが兄との対決をも辞さない和知氏の激昂ぶりからは、自分の支配下にあった者に逃げられることは恥辱である、という意識も読み取れるのではないだろうか。被保護者＝従者にしてみれば単なる〝移動〟のつもりでも、保護者＝主人側には〝逃亡〟と映るのは、そのためである。

したがって従者の主人権をめぐる争いは、従者に逃げられたことを屈辱と感じる本主人と、まだ短期間の主従関係とはいえ一度扶持した者を手放しては沽券に関わると考える当主人という、双方の面子のかかった戦いであり、ゆえに平和的な解決は難しかったのである。

（1）　これまでの研究により、当時の史料に見える従者（武家奉公人）は三つの階層に分類できることが明らかにされている。最上位は「被官」で、「内者」「郎従」「悴者」「若党」などとも呼ばれる。彼らは有姓で侍身分を有し、みずから同名や従者を抱えてイエを形成している。次が「中間」で、「僕従」「小者」などとも表現される。彼らは無姓・凡下である。最下位が「下人」で、「中間」よりも身分が低く隷属性が強い。以下、本章では右の定義に従って、従者の階層差を意識しながら議論を進めていく。峰岸純夫「身分と階級闘争」（同『中世の東国――地域と権力――』東京大学出版会、一九八九年、初出一九八一年）、菊池浩幸「戦国期人返法の一性格――安芸国を中心として――」（『展望日本歴史12　戦国社会』東京堂出版、二〇〇一年、初出一九九三年）、田中慶治

「中世後期の若党に関する一考察――大和国を中心にして――」（大乗院寺社雑事記研究会編『大乗院寺社雑事記研究論集』第一巻、和泉書院、二〇〇一年、初出一九九七年）などを参照。

（2）膨大な研究蓄積があるので、個々の論文を列挙することは差し控える。そうした研究動向の一つの達成点として、岸田裕之『大名領国の構成的展開』（吉川弘文館、一九八三年）の存在を指摘しておく。

（3）代表的見解として佐藤和彦「国人一揆の研究視角」（同『南北朝内乱史論』東京大学出版会、一九七九年、初出一九六七年）がある。

（4）中世の武家奉公人については、菊池前掲註（1）論文が基本的な視座を提供している。

（5）特に御成敗式目四十二条の法文解釈に基づく百姓「去留の自由」論の進展は目覚ましいものがある。研究史については、鈴木哲雄「式目四二条と「去留の自由」をめぐって」（同『中世日本の開発と百姓』岩田書院、二〇〇一年）、木村茂光「「式目四二条」を読み直す」（『歴史評論』七一四、二〇〇九年）を参照されたい。

（6）勝俣鎮夫「戦国時代の村落」（同『戦国時代論』岩波書店、一九九六年、初出一九八五年）、藤木久志『村と領主の戦国世界』（東京大学出版会、一九九七年）、黒田基樹『中近世移行期の大名権力と村落』（校倉書房、二〇〇三年）など。右の諸研究は、領主と村落の「契約」関係に着目した点に大きな特徴を有す。これに関連して、中世の主従関係における双務性・契約性に注目した笠松宏至『中世人との対話』（東京大学出版会、一九九七年）も貴重な研究である。

（7）領主一揆論や家中論の動向については、菊池浩幸・清水亮・田中大喜・長谷川裕子・守田逸人「中世在地領主研究の成果と課題」（『歴史評論』六七四、二〇〇六年）を参照。

（8）もちろん「人返」研究が完全に途絶してしまったわけではない。戦国大名による開発・復興（労働力招致）政策の一環としての「人返」＝百姓還住奨励策については、久保健一郎「戦国大名領国における訴訟と裁許」（同『戦国大名と公儀』校倉書房、二〇〇一年、初出一九八八年）、稲葉継陽「村の再開発と名主」（同『戦国時代の荘園制と村落』校倉書房、一九九八年、初出一九九七年）、浅倉直美「後北条領国の「人返」に関する一考察」（所理喜夫編『戦国大名から将軍権力へ』吉川弘文館、二〇〇〇年）などの成果が見られる。また戦国大名による軍役確保策としての被官の「人返」については、峰岸前掲註（1）論文、鈴木将典「被官の安堵」（『日本歴史』

七〇一、二〇〇六年）といった業績がある。そして戦争・飢饉にともなう百姓の「欠落」および、その渡り奉公人化については、藤木久志氏の一連の研究が存在する。加えて則竹雄一「戦国期駿豆境界地域の大名権力と民衆」（同『戦国大名領国の権力構造』吉川弘文館、二〇〇五年、初出一九九九年）は、大名領国と大名領国が接する境界地域における百姓の分国外への「欠落」と、大名と大名との間の人返を論じる。しかし、これらの研究は戦国期、特に戦国大名の人返政策のみに焦点を当てており、南北朝～戦国期の領主間協約における「人返」規定に関する研究は停滞している。

（9）田中大喜「「人返法」の誕生」（同『中世武士団構造の研究』校倉書房、二〇一一年、初出二〇一〇年）。以下、本章で引用する田中氏の主張は、すべて右論文による。

（10）たとえば村井章介「鎌倉時代松浦党の一族結合」（同『中世の国家と在地社会』校倉書房、二〇〇五年、初出一九九九年）三七四頁。

（11）田中前掲註(9)論文、三〇六頁。

（12）元亨三年九月日山城神護寺・高山寺契状案（「高山寺文書」『鎌遺』二八五四一号）。

（13）松浦一揆関係の研究は枚挙に暇ないが、現在の研究史の到達点は村井章介「在地領主法の誕生――肥前松浦一揆――」（村井前掲書、初出一九七五年）に示されている。本書第一部第三章を参照。

（14）石母田正「解説」（『日本思想大系21　中世政治社会思想・上』岩波書店、一九七二年）六〇〇・六〇一頁。

（15）田中前掲註(9)論文、三〇六頁。

（16）永原慶二「国一揆の史的性格」（『永原慶二著作選集』第四巻、吉川弘文館、二〇〇七年、初出一九七六年）。

（17）網野善彦「青方氏と下松浦一揆」（同『悪党と海賊』法政大学出版局、一九九五年、初出一九六一年）、白水智「肥前青方氏の生業と諸氏結合」（『中央史学』一〇、一九八七年）。

（18）白水前掲註(17)論文、六五頁。

（19）網野善彦「海民の諸身分とその様相」（同『日本中世の非農業民と天皇』岩波書店、一九八四年、初出一九七一年）。

（20）村井前掲註(10)論文、三四九・三五〇頁。

(21) 近世の事例になるが、安房国長狭郡浜波太村の浦請負人である平野仁右衛門家の場合、幕末期にはわざわざ伊豆国の田牛村から採鮑技術に優れた海士を雇い入れている。後藤雅知「浦請負人」(塚田孝編『職人・親方・仲間』吉川弘文館、二〇〇〇年)を参照。

(22) これまた近世の事例になるが、山口徹「地曳網漁業の網元と水主」(同『近世漁民の生業と生活』吉川弘文館、一九九九年、初出一九九〇年)によれば、九十九里の鰯地曳網漁業においては、水主(漁夫)は給金を前借する形で網元に雇用されているものの、奉公先の変更、つまり別の網元の所に移ることも可能であったという。

(23) 関周一「移動する倭人と宗氏・朝鮮王朝」(同『中世日朝海域史の研究』吉川弘文館、二〇〇二年)一〇六・一〇七頁。

(24) 荒木和憲「宗貞茂の政治的動向と朝鮮通交」(同『中世対馬宗氏領国と朝鮮』山川出版社、二〇〇七年、初出二〇〇二年)三七・三八頁。

(25) 関周一「壱岐・五島と朝鮮の交流」(関前掲註23書、初出一九九一年)一九二頁。

(26) 村井前掲註(10)論文、三六八〜三七〇頁。

(27) なお田中大喜氏は、三つの下松浦一揆契状(永徳・嘉慶・明徳)の人返規定を各々詳細に分析し、その立法趣旨が「旧領主の逃散百姓に対する債権の回収」にあることを指摘している(二九六頁)。この指摘は、下松浦一揆契状の人返規定が鎌倉期以来の「年貢未済の逃亡百姓の身柄をめぐる領主間相論」(三〇一頁)を社会的背景とした「普遍的な規定」(二九七頁)であり、けっして例外的なものではない、という文脈、つまり拙論への批判として登場している。しかし田中氏は一方で、三つの下松浦一揆契状は積極的に百姓を返還することを規定していないと論じ、これらを「人返法」と評価することの妥当性に疑問を示している(二九七頁)。この田中氏の見解は、下松浦一揆契状の人返規定を過大評価することを戒める拙論とむしろ適合的であるように思われる。すなわち、田中説に従った場合、下松浦一揆契状を室町〜戦国期の人返法の直接的前提と捉えず、両者の断絶性を強調する拙論の妥当性はかえって高まるように感じるのだが、いかがであろうか。

(28) この点に関して田中大喜氏は、卑見に対して「松浦地方の漁業地域としての特殊性は、人返法がわざわざ成文化されたところに見出すべき」と批判を加えている(二九七頁)。つまり成文化はされていないものの、他地域でも人返法は存在したはずだ、という認識である。他地域でも人返法があったかどうかに関しては史料がない以上、決め手はなく、判断を留保したい。しかし、田中氏の批判はそれ以前の問題を抱えている。なぜなら、一揆契状や領主間協約そのものを主たる研究対象とする筆者の立場からすれば、「わざわざ成文化」されているか否かが決定的に重要な指標となるからである。氏の批判は拙論への理解不足に基づくものであるといわざるを得ない。成文法の制定が国人一揆の画期であることについては本書第一部第三章を参照。

(29) 永徳三年八月十日益田祥兼置文条々（「益田家文書」『武家家法Ⅱ』九五号）。

(30) 応永十年二月二十八日熊谷宗直置文（「熊谷家文書」『武家家法Ⅱ』一一八号）。

(31) 菊池浩幸「国人領主のイエと地域社会」（『歴史評論』六七四、二〇〇六年）。

(32) こうした動向を久留島典子氏は、「被官の一揆」による主君推戴と捉える。首肯すべき見解であろう。久留島典子「領主の一揆と中世後期社会」（『岩波講座日本通史』第9巻、中世3、岩波書店、一九九四年）一三一～一三四頁を参照。ちなみに松浦一揆の一員で五島列島北端の宇久島の領主である宇久氏においても、応永二十年に被官たちが宇久松熊丸を当主に擁立している。本書第一部第三章を参照。

(33) 天文二十二年二月十日小早川隆景条書（「平賀家文書」『武家家法Ⅱ』四二二号）では、第一条で小早川氏の郎従・僕従が平賀氏の従者と「口論」になった時の対応が、第二条で被官・中間の「逐電」への対応が定められている。

(34) 「河野家文書」（『萩藩』巻一一一「河野右衛門」三号）。

(35) 勝俣鎮夫「国質・郷質についての考察」（同『戦国法成立史論』東京大学出版会、一九七九年、初出一九六九年）、清水克行「室町社会の個と集団」（同『喧嘩両成敗の誕生』講談社、二〇〇六年）など。

(36) 中世の下人に関する研究は、安良城盛昭らによる「中世の下人は奴隷であるのか、農奴であるのか」という論争に端を発しており、一九七〇年代に社会史的な方法論が導入されて以降も、奴隷制論的な性格は完全には払拭されていない。磯貝富士男『日本中世奴隷制論』（校倉書房、二〇〇七年）などを参照のこと。こうした研究姿勢を否定するつもりはないが、被官層の分析に援用することは困難である。

(37) 永享十一年十一月十四日室町幕府御教書（「益田家文書」『益田』一〇八号）。なお（永享十一年）十二月三十

日吉見頼弘書状（「益田家文書」『益田』五三九号）は、今後は益田氏の被官人を扶持しないことを山名氏に誓っており、同時期に、益田氏と石見吉見氏との間でも被官人の争奪があったことがうかがえる。

(38)『史料集・益田兼堯とその時代』（益田市教育委員会、一九九六年）三〇頁。

(39)吉田賢司「室町幕府の軍勢催促」（同『室町幕府軍制の構造と展開』吉川弘文館、二〇一〇年、初出二〇〇三年）一一八・一一九頁。

(40)「益田家文書」（『益田』五四四号）。

(41)菊池浩幸「室町・戦国期在地領主のイエと地域社会・国家」（『歴史学研究』八三三、二〇〇七年）など。地域社会における紛争解決能力の向上の契機としては、嘉吉の乱による上意の不在化という現象が指摘できよう。川岡勉「室町幕府—守護体制の変質と地域権力」（同『室町幕府と守護権力』吉川弘文館、二〇〇二年、初出二〇〇一年）を参照。

(42)永享七年七月二十五日益田氏一族・若党連署起請文（「益田家文書」『益田』八五五号）では、寺戸氏からは一〇名が署名しており、益田氏被官と見られる五六氏のうちで最多の署名人数を誇る。

(43)『萩藩』巻五六「赤木九郎左衛門」所収の系譜によると、上領氏は石見吉見氏の一族である。

(44)応永期の安定を経て、当該期には国人間で優勝劣敗が進行している。たとえば益田兼堯は文安六年、俣賀孫三郎に偏諱を与えており、鎌倉期以来の地頭御家人である上俣賀氏を服属させている（前掲註38書、四三頁）。こうした国人の「家」の再膨張の道程で被官の〝引き抜き〟が横行したことは想像に難くない。また、この時期に「企業体としての家」という観念が成立したと説く桜井英治氏の所説も示唆に富む（桜井英治『室町人の精神』講談社、二〇〇一年、一七四頁）。

(45)新名一仁「文安元年日向南部国人一揆の意義」（『都城地域史研究』九、二〇〇三年）一一頁。

(46)この傾向は守護クラスにも見られる。大内氏の場合、当主政弘が上洛したため、分国支配は「大内殿御留守衆」、すなわち陶弘護ら宿老衆が代行した。藤井崇「大内政弘の権力構造と周防・長門支配」（『年報中世史研究』三三、二〇〇七年）二〇四頁を参照。

(47)久留島前掲註(32)論文、一三四頁。

(48) 永正元年十二月六日小笠原長隆一揆契状（「益田家文書」第八十三軸―十五）。なお永正七年三月五日高橋元光一揆契状（「益田家文書」、第四章の史料8）でも、高橋氏と益田氏との間で同様の「喧嘩口論」対策が規定されている。

(49) この連合体の構成員は、もはや前代の「国人」とは異質の存在であり、別の研究概念が必要になる。戦国期の領主をどう評価するかという問題に関しては、「地域領主」や「戦国領主」など学術用語が乱立して依然として定説を見ない状況にある。本書では差し当たり、史料用語に則して「国衆」と表現しておく。戦国期権力論の研究史に関しては、市村高男「戦国期の地域権力と「国家」・「日本国」」（『日本史研究』五一九、二〇〇五年）、長谷川裕子「戦国期在地領主論の成果と課題」（『歴史評論』六七四、二〇〇六年）、平出真宣「戦国期政治権力論の展開と課題」・西島太郎「中世後期の在地領主研究」（中世後期研究会編『室町・戦国期研究を読みなおす』思文閣出版、二〇〇七年）を参照。

(50) 享禄四年正月日越後衆連判軍陣壁書（「上杉家文書」『武家家法II』三〇八号）。

(51) 佐藤博信「戦国社会論ノート」（同『越後中世史の世界』岩田書院、二〇〇六年、初出一九七二年）一五一頁。国衆と国衆との「喧嘩口論」については、本軍律の第二条で規定している。

(52) 弘治三年三月十二日毛利隆元外七名国衆連署契状（「毛利家文書」『武家家法II』四六二号）。

(53) 菊池浩幸「戦国期「家中」の歴史的性格」（『歴史学研究』七四八、二〇〇一年）一三頁。

(54) 「右田毛利家文書」（『武家家法II』二五五号）。

(55) 岸田裕之「芸石国人領主連合の展開」（岸田前掲註2書）四一七頁や、菊池前掲註(53)論文の一三頁を参照されたい。

(56) とはいえ但書に見られるように、他の国衆による帰参口入は条件付で認められていた。山口道弘「勘気と宥免（二）」（『法学協会雑誌』一二七―八、二〇一〇年）四一頁を参照。なお、この問題については次項で詳述する。

(57) 延徳三年（一四九一）に立法された『大内氏掟書』一四三条（『中世法制史料集』第三巻、武家家法I、九二頁）では、大内氏当主の「御勘気」を蒙り追放された家臣は、「公界往来人」同然の存在であるから、これを殺害しても加害者の罪を問わないと規定している。勝俣鎮夫氏は『中世政治社会思想』上巻（岩波書店、一九七二年）の補注で本条文に関して「分国よりの追放刑と同じ意味を持った」と明言している（四五三頁）。「家中」や村落といった組織から追放されて一切の保護を喪失した中世人の苛酷な境遇に関しては、網野善彦「公界所と公界者」（同『無縁・公界・楽』平凡社、一九七八年）、藤木久志「逐電と放状」（同『戦国の作法』平凡社、一九八七年、初出一九八六年）、清水克行「室町幕府「流罪」考」（同『室町社会の騒擾と秩序』吉川弘文館、二〇〇四年）などを参照。

(58) 岸田前掲註(55)論文、四一七頁。

(59) 享禄五年六月二十九日大和国宇陀郡国人連署事書（「沢氏古文書」『武家家法Ⅱ』三一一号）。

(60) 池上裕子『戦国の群像』（集英社、一九九二年）二七三頁。

(61) 享禄四年八月二十日鮎川清長一揆契状（「色部家文書」『新潟県史』資料編4、二七頁）。

(62) 佐藤博信「戦国大名制の形成過程」（佐藤前掲註51書、初出一九七三年）一一七頁。

(63) （天文四年）四月二日本庄房長書状（「色部家文書」『新潟県史』資料編4、四四・四五頁）。

(64) なお、被官の主人に対する反逆の心性については、清水克行「室町人の面目」（清水前掲註35書）、山田邦明「一五世紀の人々、その思考と行動」（『日本史研究』五四六、二〇〇八年）参照。

(65) 佐藤前掲註(62)論文、一二〇頁。長谷川伸「小泉荘域における在地紛争とその解決方法」（『村上市史』通史編1、一九九九年）三七五頁も参照。

(66) 中国地方では、国衆の家臣に周辺国衆の家臣と同姓の者が多く見られ、他家に仕える同族との紐帯の存在が想定される。村井良介「毛利氏の「戦国領主」編成とその「家中」」（同『戦国大名権力構造の研究』思文閣出版、二〇一二年、初出二〇〇五年）七九〜八二頁参照。しかも戦国期には、国衆間での婚姻や養子縁組を基点とした家臣の移動は広く行われていた。佐々木倫朗「佐竹氏の南奥進出と船尾氏の存在形態」（同『戦国期権力佐竹氏の研究』思文閣出版、二〇一一年、初出二〇〇八年）二四二・二四三頁などを参照。

(67) 事実、中国地方においては、国衆の有力被官が逃亡して他の国衆に仕えるようになった事例は見当たらない。人返の対象になるのは、国衆の下人や陪臣である。菊池前掲註(53)論文を参照。

(68) 久留島典子「中世後期の社会動向」（『日本史研究』五七二、二〇一〇年）は、戦国時代を通じて被官関係の一元化が進んでいくことを指摘しているが（六二頁）、被官の逃亡の減少も、このような社会的動向の中に位置づけることができよう。

(69)　このような筆者の見解に対し、最近、遠藤ゆり子「大崎氏「天文の内乱」の一考察」（蔵持重裕編『中世の紛争と地域社会』岩田書院、二〇〇九年）が、天文期に南奥の大崎氏家中で勃発した内紛を題材として、家臣の当主への反逆は家中内での権力闘争に起因するのではなく、家臣同士の「縁近之好」（血縁や地縁といった日常的な交流に支えられた合力関係）に基づくものであった、と批判を加えている（一六七頁）。後代に成立したと見られる軍記物「古川状」の記述・表現にどこまで信を置いて良いものか、という遠藤説への根本的な疑問はさておくとしても、家督に従うか「縁近之好」を重視するかという二者択一的理解には違和感がある。筆者は何も地域社会における領主層の血縁的・地縁的なネットワーク（遠藤氏がいうところの「縁近之好」）を否定しているわけではない。むしろ「縁近之好」を前提として、その上で当主と家臣との関係について考察しているのである。すなわち、「家中」の確立にともない、「縁近之好」に基づいて余所に移るという方向から、「縁近之好」を利用して「家中」での権力闘争を優位に展開するという方向へ、家臣たちの行動原理がシフトしたという見通しを立てたのである。そもそも遠藤氏自身が認めるように、地域社会における合力とは、無数の「縁近之好」の中から一つを選ぶ政治的行為に他ならない（一六六頁）。大崎氏「天文の内乱」に見られる「縁近之好」は主君への反逆を正当化するための論理にすぎず、合力の本質的要因ではない。単なるレトリックである「縁近之好」に実質的な意味を求め、さらにはその背後に「村の存続とも関わる生業問題」（一六七頁）を読み取ろうとする遠藤氏の研究姿勢は〝はじめに結論ありき〟のものに映る。

(70)　「大乗院寺社雑事記」明応四年十二月十二日条。

(71)　「大乗院寺社雑事記」明応六年三月四日条。

(72)　「大乗院寺社雑事記」明応六年六月十九日条。

(73)　池上前掲註(60)書、二六八〜二七一頁。

(74)　倉恒康一「戦国初期の石見国の政治秩序について――明応期の紛争を通じて見た――」（『芸備地方史研究』二五四、二〇〇七年）、菊池前掲註(41)論文。

(75)『大内氏掟書』一七〇条（『中世法制史料集』第三巻、武家家法Ⅰ、一〇八頁）。
(76)この問題を考える上で参考になる事例を掲げておく。応仁元年十月十八日江田武経起請文（「吉川家文書」『吉川』三三四号）は、安芸吉川氏の一族である江田武経が吉川元経の元に還住する際に提出された文書だが、その第三条には「我々事、以三隅殿・福屋殿御扶持、雖御免候、如此目証文言上之間、自今日而、不可憑他之力事」とある。江田武経は近隣の三隅・福屋両氏の力を借りて、吉川元経から「御赦免」を得たわけだが、吉川は「家中」の問題に近隣国衆を巻き込んだ江田のやり方に嫌悪感を抱き、以後は外部勢力を利用しないよう江田に迫ったのである。山下和秀「『正任記』よりみた石西国人領主の動向と大内氏」（『古代文化研究』一七、二〇〇九年）三五頁を参照。
(77)（享禄四年）二月晦日赤埴満近書状（「沢氏古文書」、『史料纂集』古文書編二十三、一九六号）。
(78)佐藤前掲註(62)論文、一一八～一二〇頁。池享「長尾為景」（『新潟県史』通史編2、一九八七年）五六三頁。長谷川前掲註(65)論文、三七二・三七三頁。
(79)黒嶋敏「はるかなる伊達晴宗」（『青山史学』二〇、二〇〇二年）四二頁。
(80)渡辺澄夫「諸将の反乱と領国の崩壊」（『大分県史』中世編Ⅲ、一九八七年）一九六頁。
(81)菊池浩幸「戦国期領主層の歴史的位置」（『戦国史研究　別冊　戦国大名再考』、二〇〇一年）一一頁。
(82)こうした戦略は他の戦国大名にも見られる。たとえば上杉謙信は、色部勝長の死去を受けて、後継者の弥三郎顕長を盛り立てるよう、色部氏の重臣たちに命じている。平出真宣「上杉謙信の軍事編成の特質」（『新しい歴史学のために』二七五、二〇〇九年）二二・二三頁。
(83)「右田毛利家文書」（『右田』一〇七号）。
(84)岸田裕之「戦国期安芸国における農民緊縛の歴史的発展」（岸田前掲註2書）三六五頁。
(85)菊池前掲註(53)論文、一四頁。
(86)享禄五年七月十三日福原広俊以下毛利氏家臣連署起請文（「毛利家文書」『武家家法Ⅱ』三一二号）。
(87)家中法における人返については、長谷川裕子「紛争裁定にみる戦国大名権力の特質――分国法・裁判文書の検討を通じて――」（『史苑』一八一、二〇〇九年）一三二～一三四頁を参照。

(88)　岸田氏の議論の根底には、当時の研究状況を反映して、農民闘争が直線的に拡大・進行していくという発展段階論的な発想がある。被官・下人の逃亡を農民闘争へと還元する旧来の研究姿勢に対して菊池氏は批判を加えているが、当の菊池氏自身が農民闘争史観的な枠組みから必ずしも自由になれていないように感じられる。
(89)　小田原北条氏や甲斐武田氏といった戦国期の広域的権力は一般に「戦国大名」と定義されてきたが、一九七〇年代以降、「戦国大名」に代わる新たな概念として「地域的統一権力」「戦国期守護」「戦国期大名権力」など諸説が提起されている。本書では人口に膾炙した名辞である「戦国大名」を用いておく。前掲註(49)の諸論文を参照。
(90)　藤木久志「在地法と農民支配」(同『戦国社会史論』東京大学出版会、一九七四年、初出一九六九年)など。
(91)　家中法においても百姓に関する条項は一般的に存在したとはいえない。一例をあげれば、下総結城氏の家中法である「結城氏新法度」においては、人返など下人に関する条項が充実している一方で、百姓の人返規定はない。鈴木哲雄「東国社会の下人と所従」(鈴木前掲註5書)参照。
(92)　「薩藩旧記雑録」(『武家家法Ⅱ』一九九号)。
(93)　久留島典子『一揆と戦国大名』(講談社、二〇〇一年)一二二頁。
(94)　一例として応永三十一年八月十二日崇寿寺士恩契約状(「黒田太久馬氏所蔵文書」『中世法制史料集』第六巻、公家法・公家家法・寺社法、五三七頁)。この契状については峰岸純夫「十四～十五世紀東国の寺社領における農民闘争と権力」(峰岸前掲註1書、初出一九八六年)二七三・二七四頁を参照。
(95)　「益田家文書」(『武家家法Ⅱ』二一七号)。
(96)　「岡本家文書」(『秋田藩』「岡本又太郎元朝家蔵文書」九八・九九号)。
(97)　佐々木銀弥「常陸・下総における戦国のはじまり」(『茨城県史』中世編、一九八六年)二六八頁。
(98)　市村高男「戦国期における東国領主の結合形態」(同『戦国期東国の都市と権力』思文閣出版、一九九四年、初出一九八一年)七八頁。
(99)　(明応三年)八月十六日江戸通雅起請文写(「岡本家文書」、『秋田藩』「岡本又太郎元朝家蔵文書」一〇二号)。
(100)　ちなみに佐々木倫朗「佐竹義舜の太田城復帰と「佐竹の乱」」(同『戦国期権力佐竹氏の研究』思文閣出版、二〇一一年、初出一九九八年）によれば、岩城氏は古河公方の意を受けて和議を仲介したという（六〇頁）。

(101)　清水前掲註(35)書によると、中世社会においては「憑む」という言葉は、現代語のような「あてにする」「依頼する」という程度の意味ではなく、むしろ「主人と仰ぐ」「相手の支配下に属す」というような強い意味をともなっていたという（五八頁）。白川部達夫「戦国期の頼みと公儀」（『東洋学研究』四四、二〇〇七年）も、中世の「頼み」が主従制的関係を意味していたことを指摘している（一六七頁）。

(102)　永正八年十月二十二日北畠具方条書（「沢氏古文書」『武家家法Ⅱ』二五二号）。

(103)　村田修三「「扶持放」の世界」（『史敏』一、二〇〇四年）三頁。

(104)　なお田中前掲註(9)論文は、「室町期以降、人返しの対象が被官＝奉公人になったという事実は、南北朝期の百姓の人返法が領主層に広く浸透した結果、彼らの主たる関心が百姓から被官へ変化したことを示す」（八四二頁）という見通しを開陳している。これは拙論の〈被官から百姓へ〉という議論の正反対を行くものだが、理解に苦しむ。田中氏の真意を忖度するに、おそらく百姓の人返が円滑に行われることになったから、百姓の人返法を改めて規定する必要がなくなり、領主間協約では被官の人返に重点が置かれるようになった、という意味なのだろうが、常識的に考えて、そんなことがあり得るだろうか。一般に、百姓の領主に対する隷属度・従属度は下人のそれに比してかなり低いとされる。にもかかわらず、被官の人返よりも百姓の人返の方が厳格に行われたというのだろうか。宝徳元年の信濃高梨一族の一揆契状には、「百姓逃散」の「遺跡」を地頭が「負物」と号して没収することを禁止する規定がある（「高梨文書」『武家家法Ⅱ』一七四号）。つまり、百姓側の合法的な「逃散」を領主側が違法な「逃亡」と認定したために起こるトラブルの解決策である。この規定の背景には、当該期の百姓が合法的な「逃散」はもとより、違法な「逃亡」をもしばしば行っていたという社会状況が想定できよう。したがって室町期になっても、百姓が在地領主の元から逃亡することは広範に見出されるのであって、百姓の人返法が在地領主層に広く浸透していたとは思えない。加えて、この一族一揆契状において興味深いのは、「他人之中間」や「銭負之下人」を召し使うことを禁じる「人返」的規定が見られる一方で、「撫民の法」とでもいうべき百姓保護規定が存在する点である。やはり奉公人の人返法が百姓の人返法に先行したと理解した方が自然であると思う。室町期の武家領における百姓の逃亡・逃散については、伊藤喜良「国人の連合と角逐の時代」（同

『中世国家と東国・奥羽』校倉書房、一九九九年、初出一九七八年）四六六・四六七頁も参照されたい。

(105)　久保前掲註(8)論文、四一頁。

(106)　峰岸前掲註(1)論文、三〇四頁。

(107)　前掲註(8)の諸論考を参照のこと。なお農民＝耕作労働力獲得競争を淵源とする大名相互の人返は近世初期まで継続される。宮崎克則『大名権力と走り者の研究』（校倉書房、一九九五年）参照。

(108)　菊池前掲註(1)論文、二二〇頁。

(109)　久留島前掲註(93)書は、「家中」が神仏という絶対者の代わりに当主を推戴した一揆であることを喝破している（九頁）。

(110)　勝俣鎮夫「戦国法」（勝俣前掲註35書、初出一九七六年）二三八頁。

(111)　身分の上下を問わぬ一揆的な「無縁の場」とされる連歌会・茶会・祭礼などの寄合の文化においても、平等性・開放性という側面のみならず、序列性・閉鎖性という側面が裏に存在していたことが指摘されている。榎原雅治「寄合の文化」（『日本史講座　第４巻　中世社会の構造』東京大学出版会、二〇〇四年）参照。

(112)　享禄四年八月二十日小河長基一揆契状（「色部家文書」『新潟県史』資料編4、二八頁）。

(113)　佐藤前掲註(62)論文、一一六頁。

(114)　石見国那賀郡小石見郷の岡本氏が三隅氏の被官に、また石見国邑智郡久永荘井原の井原氏が石見小笠原氏の被官になったのは、十五世紀後半以降である。松村建「中世後期の村落と土豪――石見国岡本氏を中心に――」（『山陰史談』二三、一九八八年）、佐伯徳哉「戦国期石見小笠原権力と地域社会構造」（『古代文化研究』一、一九九三年）、菊池浩幸「戦国期における在地領主と地域社会」（池享編『室町戦国期の社会構造』吉川弘文館、二〇一〇年）参照。なお他地域の事例については、徳永裕之「百姓層の武家被官化と守護権力」（蔵持前掲註69編著書）九八頁を参照。

(115)　稲葉継陽「村の侍身分と兵農分離」（稲葉前掲書、初出一九九三年）、湯浅治久「戦国期在地領主層と「惣国一揆」」（同『中世後期の地域と在地領主』吉川弘文館、二〇〇二年、初出一九九三年）。これらの研究は、在地における横断的な階層としての「侍」身分（「侍衆」）の形成を外在的な要因（領主による上からの編成）に求めず、かつ村落での「侍」の成立を百姓層の上昇指向（村落からの離脱、支配者側への転化）という角度からのみ捉えない点でも興味深い。

(116) 池上裕子「戦国時代の位置づけをめぐって」（同『戦国時代社会構造の研究』校倉書房、一九九九年）、桜井前掲註44書（一八九頁）。

(117) 久留島前掲註(32)論文、一二九頁。

(118) 永原慶二「中世国家の成立と構造」（『永原慶二著作選集』第七集、吉川弘文館、二〇〇八年、初出一九九一年）六九頁。一方で、こうした家の不可侵性を「アジール」と捉える見解もある。勝俣鎮夫「中世武家密懐法の展開」（勝俣前掲註35書、初出一九七二年）、網野善彦「「アジール」としての家」（網野前掲註57書）、清水前掲註(35)書などを参照。

第八章　乙訓郡「惣国」の構造

はじめに

室町期社会を語る上で「国人一揆」、また戦国期社会を語る上で「惣国一揆」という用語は欠かせないものだろう。

永原慶二は「国一揆」と「土一揆」を峻別した稲垣泰彦の視角[1]に一定の理解を示しつつも、稲垣の「国一揆」概念に対しては、「安芸国一揆」など南北朝~室町期に登場する「国一揆」は支配階級たる「国人領主」の一揆であり、「山城国一揆」など応仁の乱以降に畿内地域で展開した農民闘争的な「国一揆」とは区別する必要がある、と批判を加えた。そして前者を「国人一揆」、後者を「惣国一揆」と称すべきとして、両者の区分を提唱したのである。

永原は「惣国一揆」を、「国人」層（ここでは土豪＝小領主と呼ばれる中間層の意）と農民との〝統一戦線〟として形成されたもので、「惣」を基礎単位とした一国規模の反権力闘争である、と規定した[2]。二つの異なる階層が手を結んだ連合体としての一揆という永原の研究視角は、その後の一揆研究を大きく前進させたが、「惣国一揆」という分析概念の定義や範疇をめぐって激しい論争を引き起こすことにもなった。

惣国一揆の性格規定に関する議論は多岐にわたるが、惣国一揆の担い手をどの階層に見るかが主要な論点だった。特に、永原慶二・村田修三・宮島敬一といった諸氏と峰岸純夫・石田晴男両氏との間には、大きな見解の対立があった。

村田・宮島両氏の場合、惣国一揆の主体を村落上層たる中間層とする点で永原説に近い(3)。

これに対し峰岸氏は「惣国一揆」を、さまざまな地域的偏差・特色を含みながら、その内部に同名中という一族・被官の組織を内包した国人・小領主連合(領主組織)であり、村落共同体(惣村)を支配する共同団体と定義した(4)。惣村を基盤とする農民闘争の一種とみなす永原の「惣国一揆」概念とは対極的な学説といえる。

領主側の論理を重視する峰岸説と親和性が高いのが石田説である(5)。石田氏は国人＝幕府御家人の主導性をより高く評価しており、また守護権力との関係を重視している。石田説においては、南北朝・室町期の「国人一揆」が守護権力と対抗的な国人連合であるのに対し、室町幕府・守護・国人体制を前提として戦国期に成立した「惣国一揆」は守護権力を推戴した国人連合である、と把握される。そして「惣国一揆」体制は「戦国期守護」による支配体制と比べて守護の主導性が弱いため、国衆同士が相互に規制し合い、さらに土豪層や農民層に下から規制される結果、在地主義的な性格を強く持つという(6)。

惣村を基盤とする一揆か、それとも惣村とは明確に区別される領主の一揆か。こうした二者択一的な議論の枠組みに挑戦したのが、一九八〇年代以降の地域権力論的視角に基づく一連の研究である。池上裕子・湯浅治久氏らは惣国一揆を、領主の一揆と百姓の一揆が共同した重層的な一揆と捉え、前代の国人一揆とまったく異質な、新段階の地域権力として位置づけた(7)。

自律的地域秩序の形成を追究する一九九〇年代の「地域社会論」は、池上・湯浅氏らの議論をさらに押し進め、「合力関係にあった村々＝「地下」と在地領主は、戦乱や臨時役の賦課回避など「地域社会」の共通の政治的課題に直面すると、「地域」の秩序を支える仏神に結集して、地域社会の公共性を根拠に、ともに一揆した。これが「惣国一揆」である」と主張した(8)。

ここにおいて惣国一揆は戦国期の一揆として、その特殊性と画期性が明確に意義づけられるようになった。けれども、その反面、室町期の国人一揆との連続性が見えにくくなってしまった。そうした研究動向を象徴するのが、「「惣国一揆」論が提起する最も本質的な論点は、戦国期の「一揆」が村落・百姓層を含みこんで成立することの意味を問うこと(9)」という湯浅氏の提言であろう。領主の一揆と百姓の一揆の連合と言いながら、現行の惣国一揆論では村落・百姓の台頭が強調され、領主の存在は後景に退いてしまっているのである。

また、史料用語としての「惣国」の語義を確定せずに議論を進めた結果(10)、史料に見える「惣国」を分析概念としての「惣国一揆」へと無条件で変換する傾向が強い点も問題である。このため、戦国期畿内に発生した「惣国」や郡一揆のほとんどが、その多様性が正確に評価されないまま「惣国一揆」に認定されていった(11)。

そこで本章では、史料に即した形で「惣国」の構成主体を明らかにし、惣国一揆論再検討の参考に供したい。具体的な検討対象としては、山城国の乙訓《おとくに》郡「惣国」をとりあげる。これは、乙訓郡「惣国」が他の「惣国」に比して、東寺文書をはじめとする豊富な史料に恵まれており、史料に登場する「惣国」文言を分析する上で格好の素材だからである。

第一節　乙訓郡「惣国」をめぐる研究史

京都近郊の桂川西岸、西岡の乙訓郡において、長享元年（一四八七）と明応七年（一四九八）に結成された乙訓郡一揆は、先行研究において「惣国一揆」と規定される一揆の一つである。

乙訓郡一揆は山城国一揆とほぼ同時期に存在したため、かつては山城国一揆の一組織とみなされていたが(12)、現在では相楽《そうらく》・綴喜《つづき》・久世の宇治川以南の山城国上三郡を基盤とした山城国一揆とは別組織であることが明らかに

されている。(13)

右の研究史の展開に規定され、山城国一揆と乙訓郡一揆は一括して論じられることが多かった。石田晴男氏は、両一揆に細川氏の被官衆が多数参加していることに注意を喚起し、両一揆を細川氏による山城領国化の過程で発生した過渡的な産物と評価した。(14)しかし、乙訓郡一揆成立の要因として細川政元による「承認」の存在を説く石田氏の議論は、今谷明氏の京兆専制論を前提にしていたため、畿内政治史研究の進展にともない京兆専制論が否定されていく中で批判に晒されることになった。(15)

玉城玲子氏は、「山城国一揆」と「乙訓国一揆」が同様の内部構造を持っていると漠然とみなしてきた先行研究に疑問を呈し、網羅的な史料検証を行った。そして乙訓の「惣国」は山城国一揆と異なり、半済賦課権や検断権を有しておらず、また「各庄園内の支配者層」の参加しか見出せないと主張した。(16)乙訓郡「惣国」の初の専論として重要である。

これらの研究を批判的に継承し、乙訓郡一揆を素材に惣国一揆論を展開したのが湯浅治久氏である。湯浅氏は、革島氏という具体例の分析に基づき、西岡の中小国人の存在形態を在地領主と定義した。その上で、乙訓郡において神足氏ら在地領主と寒川氏ら荘園村落を代表する沙汰人層が、上田林や香西といった外部勢力の侵入に際して、これを排除するために共闘していることに注目した。そして乙訓郡の「惣国」とは、「日常性を越えて形成された非日常的な一揆」であり、「本来は対立すべき階層が談合という手段で一揆した「一揆の重層構造」」を持っている、と説いた。(17)

湯浅氏の惣国一揆論は、一九九〇年代には「地域社会論」の中に組み込まれ、その一角を担うにいたった。その結果、乙訓郡「惣国」は主に地域社会論の文脈で論じられるようになる。

榎原雅治氏は、乙訓郡の「惣国」を下から自律的に形成された地域社会と捉え、久世荘などの「惣荘」を地域社会の構成要素であるとともに荘園制という国家秩序の一端を担うものとみなした。そして「惣国」と「惣荘」の関係を、「惣国」は「惣荘」に対し、地域社会の平和を維持するための義務の遂行を求めている、と解した[18]。

さらに、湯浅氏の議論を受けて下川雅弘氏が地域の視座から乙訓郡一揆を再検討した。惣国一揆である乙訓郡一揆には、国衆や侍衆だけでなく、名主・百姓も関わっていたことを主張している[19]。

一方、徳政一揆研究や村落史研究の進展にともない、戦乱が恒常化する戦国期における京都周辺地域の軍事的・政治的情勢にも目が向けられるようになった。田中克行は、戦国期には幕府や細川氏が半済給与（年貢の半分免除）を条件に京都近郊郷民を軍事動員していたことを指摘している[20]。また酒井紀美氏は、応仁の乱における西岡衆や山科七郷の軍事行動を分析し、東軍・西軍双方が半済給付などの恩賞を通じて在地の武力を組織していったことを具体的に明らかにしている[21]。

こうした研究に基づき、惣国一揆論とは一線を画して、応仁の乱を契機とする荘園制社会の解体という斬新な観点から乙訓郡「惣国」を捉え直したのが早島大祐氏の研究である[22]。

早島氏は十五世紀中葉に西岡地域で地域住人が衆としての武家被官化を遂げ、応仁の乱における武家からの大規模な軍事動員と恩賞給付を経て、東軍に与した西岡被官衆の在地における知行地が飛躍的に拡大したことを指摘する。そして、「乙訓惣国」を「国衆が外部の侵入から地域の平和を守った事例」と評価する地域社会論に対して「歴史具体性に乏しい」と鋭い批判を加え、「乙訓惣国」の本質を、応仁の乱後の知行のあり方を巡る、被官衆と細川氏の間の問題として捉える。すなわち、被官衆が応仁の乱を通じて新たに獲得した所領・所職を維持するために主人である細川氏に知行保証を求めるという一種の請願行動、と評価するのである。

早島氏の研究は、近年の地域社会論が抱えていた「地域」へのある種のこだわりを切り落とし、荘園制の解体に対応した武家や寺社本所（荘園領主）の知行再編策という国制レベルの問題、換言すれば中央の問題に的を絞り込んだことで、議論を明快なものにした。だが、その過程で、地域社会の自律的な動向は事実上捨象された[23]。確かに西岡衆は乙訓郡「惣国」の関連史料において「西岡御被官中」や「西岡御被官人」などと表現されることがあるが、一方で「郡内国人中」「乙訓郡之面々」とも呼ばれており、主従制の論理だけで乙訓郡「惣国」を説明するのは困難である[24]。やはり「地域」の論理を考察する必要があろう。

加えて、早島論文は乙訓郡「惣国」の歴史的前提となる西岡地域の社会情勢を考究したものであり、論文の性格上、乙訓郡「惣国」そのものに対する分析は十全ではない。

したがって、地域社会論批判という早島氏の問題意識を引き継ぎつつも、早島説に単に追随するのではなく、乙訓郡「惣国」結成の主体と論理を独自の視点から検討することが求められよう。次節以降では、関係史料を洗い直したい。

第二節　乙訓郡「惣国」結成の経緯

本節では、明応七年の乙訓郡「惣国」の活動経過を関係史料から復元する。

明応六年（一四九七）、管領細川政元の有力被官である香西元長が、山城国下五郡（宇治川以北）の守護代に補任された[25]。翌年二月、細川政元は香西元長に対し、「城州河北」の「愛宕・宇治・紀伊・葛野《かどの》・乙訓五郡内」の「寺社本所領幷在々所々」の「年貢・諸公事物等五分一」の徴収を許可し、その旨を各郡の「郡内国人中・郡内名主沙汰人中」に通達している[26]。つまり半済の五分の一版である。以下、五分一済と呼ぶ。

その後、香西元長は同じ政元被官の安富元家と争い守護代の地位を失ったため[27]、五分一済徴収はいったん中止された。しかし香西はすぐ守護代に再任され、十一月一日には五分一済徴収の許可を再度獲得している[28]。

これを受けて十一月二十三日、「乙訓郡之面々」が「朝暮」に「談合」し、「当郡」を「国持」にするための

「侘事」を行うことを決定した。そして「乙訓郡之面々」は東寺領上久世荘に対し、香西への礼銭の分担金として「出銭三貫文」を「相懸」たのである。上久世荘公文の寒川家光は二十四日、「乙訓郡之面々」に「一味」して分担金を支払うべきかどうか、東寺にうかがいを立てている。(29)ここに見える「国持」とは後述の史料から守護使不入の事と推察される。(30)

十一月二十七日、寒川家光は東寺に対し書状を送り、明日二十八日に「向日宮」で「国之寄合」があるので、東寺の意向を承っておきたいと述べている。その上で、「一味」すれば「郷次」に賦課された五分一済を払わないですむので協力すべきである、東寺領は元来は守護不入であるが、今回は「郷次」に賦課されるであろう、と上申している。(31)

十一月三十日、寒川は東寺に折紙を送り、「向日宮」での「国之寄合」の結果を以下のように報告している。「乙訓郡之内寺社本所」についても、当年に限り、「礼物」を支払うことで「五分一」を免除してもらうべきであると決議されたが、東寺の考えがどのようなものかが問題になった。明日の十二月朔日に「諸本所之返事」を聞くために「国之衆」が「鶏冠井在所」に「参会」するので、東寺も覚悟を決めてほしい。「国次」から外れて「一味之儀」に参加しなかったら（礼銭を支払わなかったら）、香西から「五分一之催促」を受けるだろう。先日の注進内容と今回の注進内容が食い違っているように思われるだろうが、それは「国之儀」が変更になったからである、うんぬん。(32)恒久的な「国持」から「当年計」の五分一済免除へと、香西に対する要求内容が後退していることがうかがわれる。

十二月十一日には神足友春・物集女光重・野田泰忠の三人が「久世上・下庄御沙汰人中」に宛てて連署書状を出している。(33)その内容は次のようなものである。「当郡」への不入については、以前香西に「侘事」した結果、いったんは認められたが、(34)今度香西方は「五分一配符」を持って「在々所々」に入部している。そこで我々は再び「侘言」を行う。当郡においては、「在々所々」同様、「諸本所」も「礼物」を「用意」すべきである。この旨をよくよく東寺にお伝え願いたい。ご了承いただくために、「惣中」からも詳しく申し上げる。（礼銭の）「御無沙汰」は許されない。東寺から「御返事」が来たら、すぐに「催促」するのでよろしく。寒川は同月二十日、東寺に対し神足らの要請を注進している(35)。

こうした乙訓郡「惣国」の奔走により、礼銭を支払うことで明応七年の香西による五分一済賦課は最終的には回避される(36)。

第三節　乙訓郡「惣国」結成の主体と論理

一連の経緯から、乙訓郡内の「寺社本所領」の五分一済は寒川ら「名主沙汰人中」に、「在々所々」の五分一済は神足・物集女・野田・鶏冠井ら「国人中」に、それぞれ納入義務があったということが分かる。

この「名主沙汰人」と「国人」という両階層が、香西方の入部という外部勢力の侵入に対処すべく、日常的な対立関係を越えて重層的に「一揆」したのが乙訓郡「惣国」であると湯浅氏は説くのだが、果たしてそうであろうか。

まず、明応七年の五分一済免除交渉の中で「惣国」はどのような形で登場するのか、確認しておく。以下に史料を掲げる。

【史料1】　上久世荘公文寒川家光書状

当郡不入之事、自ㇾ国御詫事申、御成敗出候者、五分一之事、為二御礼物一国より可二押置一之由申候て、年老衆以二折紙一上・下庄へ被ㇾ申候、為二御心得一注進申候、恐々謹言、

（明応七年）十二月廿日　　公文 家光（花押）

公文所
御坊(37)

明応七年の五分一済免除交渉に関する史料のうち、行為主体としての「国」文言が見える唯一の史料である。この史料によると、香西方に対し「国」（太線部）が「当郡不入之事」を願い出ている。そして、当郡不入が認められた場合、五分一済免除の「御礼物」を香西に支払う必要があるので、(38)東寺領である上久世・下久世荘に対して「国」が礼銭の分担を要求している。ここでの「国」は、「年老衆」（傍線部）を中核とする支配団体という意味で用いられている。(39)

この「国」の決定を上久世荘公文の寒川家光に通知した「年老衆」の「折紙」とは、次の史料のことであろう。

【史料2】　神足友春等連署書状

先日会合之折節雖レ申、尚以申入候、当郡除之事、以前致二侘事一候間于今無為二候処、今度五分一配符就下被レ入二在々所々一候上、重而致二侘言一候、然者当郡同為二諸本所一、礼物可レ致二用意一候、御拘方へ此由能々可レ被二仰届一候、為二御心得一、自二惣中一委可レ申由候、御無沙汰不レ可レ然候、依二京都之御返事一、軈而可レ致二催促一之由候、恐々謹言、

（明応七年）十二月十一日

野田上野介 泰忠（花押）
物集女四郎右衛門 光重（花押）
神足備前守 友春（花押）

久世上・下庄 御沙汰人中(40)

神足友春・物集女光重・野田泰忠の三人は、史料1に従えば、「国」＝「惣中」（太線部）の「年老衆」ということになる。彼らはいずれも国人、幕府直勤の御家人である。(41)

このことを踏まえて、乙訓郡「惣国」の構成主体を考えてみたい。前述したが、香西による五分一済徴収を回避すべく、「乙訓郡之面々」は「談合」を行い、「当郡」を「国持」にするよう「侘事」することを決定している。(42)この「乙訓郡之面々」こそが「惣国」の運営者であろう。では「乙訓郡之面々」とは、どのような人たちなのか。十一月二十八日には乙訓郡の郡鎮守である向日宮で「国之寄合」が行われている。(43)この「国之寄合」とは、十二月一日に鶏冠井氏の在所で行われた「国之衆参会」(44)から察するに、「国之衆」つまり国衆の寄合と考えられる。よって乙訓郡「惣国」を構成する「乙訓郡之面々」とは国衆のことであろう。具体的には神足・物集女・野田・鶏冠井ら「郡内国人中」、乙訓郡の幕府御家人を指す。(45)

この「国之寄合」には寒川ら寺社本所領の荘官も参加していたが、寺社本所の意向を聴取するために国衆が彼らを招いたのである。彼ら「名主沙汰人」は在京領主である寺社本所の代弁者でしかない。寒川家光が十一月二十四日の書状で「兎にも角も寺家之御返事ニ可ㇾ任候」(46)と判断を仰いでいることが、その事実を端的に示す。また同二十七日の書状では、明日の「国之寄合」では「御返事之様」を尋ねられるだろうから「寺家之御返事之趣」を「内々」に知っておきたいと寒川は東寺に申し入れている。(47)寒川らは決して地域社会の代表ではないのである。(48)

香西方の入部が「在々所々」から始まったことが明瞭に示すように、(49)守護方の脅威をより強く感じていたのは、寺社本所ではなく「在々所々」の「国人」の方であった。

これに対し、東寺は「惣国」への協力には消極的であった。(50)これは一つには、寺社本所領が原則的に守護不入であったからだろう。寒川氏が「御寺領之御事者、不入之儀ニ候へ共、当時之事ニ候間、郷次ニさせられ候」(51)と東寺に警告していることが、この推定を裏付ける。

実際、明応六年に香西元長が下五郡守護代に初めて就任した時、現地に入部した香西方の違乱行為に対し、在京の荘園領主たちは守護不入を根拠に、将軍足利義澄・細川政元・伊勢貞陸（山城守護）らに「寺社本所領」の保護を依頼している。[52]

明応七年の香西方の再入部に際しても、宇治郡の勧修寺領や葛野郡の太秦広隆寺領、愛宕郡の下鴨社領など、下五郡に荘園を持つ在京領主は、幕府に働きかけて使者の入部を停止する奉行人連署奉書を獲得している。[53]乙訓郡上久世荘の領主である東寺にいたっては、寒川が「惣国」への参加を東寺に進言している明応七年十一月末に、「惣国」とは別に香西方に礼銭を貢納している。[54]有力者との関係を持つ在京の諸権門は、国衆ほどには危機感を抱かず、在地の「惣国」に協力するよりは自力での解決を志向したと思われる。[55]

しかしながら「在々所々」の国衆は、「当郡を国持」にするという〈地域の論理〉を掲げることで、「乙訓郡之内寺社本所」を五分一済免除運動に巻き込もうとしたのである。事態は常に、国衆からの要請→名主沙汰人による取次→寺社本所の返事という形で推移する。ここに国衆の圧倒的な主導性が認められる。荘園村落が主体的に「惣国」実現を目指したわけではないのである。

先行研究は乙訓郡「惣国」を「領主層と百姓の重層的一揆[56]」と評するが、「在々所々」の国衆と「諸本所」の名主沙汰人との間での立場の相違に留意する必要がある。先述したように、「国之寄合」は国衆の集会であり、沙汰人は各々の寺社本所（在京領主）の意見を代弁するために「国之寄合」にオブザーバーとして個別的に出席したにすぎない。彼らの間に横の連携があった確証はない。[57]

ならば、地域社会における礼銭費用の共同負担、国衆から寺社本所への協力要請（「一味之儀」）という評価にも再考の必要があろう。寒川の書状の「出銭三貫文被二相懸一[58]」という表現が、事の本質を如実に表しているように、実際には「惣国」から「惣荘」への賦課以外の何物でもなかった。「惣国」側が割当額を一方的に決定していること一つ取っても、在地領主と村落百姓との間で共同性が形成されたという先学の理解[59]は成り立ち難い。

同様の事態は、これより以前の長享元年（一四八七）にも認められる。細川政元の被官である上田林氏が西岡の畠山義就被官跡の闕所に入部しようとしたので、乙訓郡の「国衆」は「屋形」（細川政元）に「礼銭」を支払うことで、上田林の入部を停止してもらうことにした。だが「礼銭」が「過分」であったため、国衆は「諸郷」に対して「出銭」を課した(60)。

ここで注目したいのは、「出銭」要求に際して「国衆以二連判一申(61)」した点である。国衆は一揆的結合を遂げることで、寺社本所領荘園に対する強い交渉力を得たのであろう。この国衆の連合こそが「惣国」であると考えられる。別個に活動する沙汰人層とは対照的な動向である。

長享元年閏十一月三日、神足・平孫・物集女・竹田・鶏冠井・小野という乙訓郡の国衆六氏は寒川家光に対し連判の書状を送っており、「郷々出銭」に「御承引」しない「御本所」（東寺）を再度説得するよう依頼している(62)。国衆は「惣国大儀之事候間、御合力之事、寺社本所へ悉申候」と述べ、この問題が乙訓郡全体に関わる問題であることを力説しているが、「惣国」を実質的に運営しているのは国衆の一揆的結合である。各荘園の沙汰人は「惣国」から圧力を受ける客体にすぎない。

同月十三日、寒川は東寺に対し説得を試みているが、その折、「国之面々、去七日より御陣へ罷下、大略事調候間、堅申越候」と報告している(63)。細川方と交渉しているのはもっぱら国衆であり、上久世荘などの寺社本所領は、割り当てられた「出銭」を納入するだけの存在にすぎない。

東寺は「国衆申出銭事、更以於二当庄一無二其謂一」と難色を示したが、「雖レ然以二連判一申之間、被レ相三尋地下之儀二」と、しぶしぶ出銭に応じる姿勢を見せた(64)。五〇〇疋の下行を要求する地下に対し、東寺は一〇〇疋のみ下行して残りは地下＝荘園現地で負担するよう命じた(65)。だが東寺が少額とはいえ礼銭を拠出したことは重要である。そして東寺の譲歩を引き出したのは、「国衆」の「連判」という集団的圧力であった。さらに踏み込んでいえば、「談合」の結論を「連判」形式の文書によって対外的に表示するという「作法」（習俗）が国衆の主張に一種の正当性を与えていたと思われる。すなわち、国衆は〈一揆の作法〉によって「惣国」に結集することで、寺社本所に対して優位に立つことができたのである。

先学は在地領主層と荘園村落の利害の一致を説く[66]が、細川京兆家権力への礼銭納入の動機は国衆の側にあり、ゆえに彼らは「談合」「寄合」という〈一揆の作法〉によって意思統一を図った。これに対して寒川ら沙汰人は、寺社本所（在京領主）の代理人として「惣国」に合力する立場にとどまる。にもかかわらず寒川家光がかくも熱心に「惣国」への協力を東寺に訴えるのは、地域社会における国衆との日常的な合力関係に基づくと思われる[67]。だがそのことは、寒川氏が「惣国」の構成員であることを意味しない。

明応八年、山城に侵攻してきた畠山尚順方との合戦[68]のため、細川政元は「西岡中脈被官中」に対し兵粮料として半済を給付した。この政元による半済充行（「右京兆下知」）を根拠に、西岡衆が寺社本所領から年貢の半分を徴収しようとしたため、東寺など寺社本所は押領停止の奉行人連署奉書を幕府から獲得している。しかし、その後も押領行為は続き、東寺は「国衆かつて承引せす、なおもつて違乱におよふ」と再度幕府に訴えている[69]。

早島氏が批判するように、地域社会論の視座に立った時、明応七年の五分一済免除運動の翌年に起こった西岡衆（乙訓郡「惣国」の構成員を含む）の寺社本所領への乱入を整合的に解釈できない[70]。

右の事情を考慮すると、日常的対立を止揚した重層的な一揆として乙訓郡「惣国」を捉えることは難しい。乙訓郡「惣国」の運営者はあくまで〈一揆の作法〉を経た乙訓郡の国衆だった。明応八年になって突如「一揆を支えていた地域の論理が消滅[71]」したというよりも、最初から武家領の領主（国衆）と寺社本所領荘園の村落・百姓との連帯は実現していなかった、と見るべきではないだろうか[72]。

一方、早島氏のように、〈地域の論理〉を完全に切り捨てて主従制の論理だけで説明する手法にも限界がある。

香西の五分一済賦課は山城国下五郡全域に及ぶものであるから、乙訓郡「惣国」を西岡の細川氏在地被官衆の一揆と捉えた場合、なぜ一揆の範囲が乙訓郡という一郡に限定されるのか理解できない[73]。また当該地域の公文・沙汰人の中には、寒川氏をはじめ、細川京兆家の被官となっている者が少なくないが[74]、彼らは「惣国」の構成員ではなかった。

したがって乙訓郡「惣国」は、幕府御家人という同一身分をメンバーシップとする集団＝国衆によって運営されたと考えられる。乙訓郡の国衆は、ある時は〈地域の論理〉を標榜して（「惣国大儀」）五分一済免除交渉に寺社本所領荘園を引き込み、またある時は〈主従制の論理〉をより所にして（「右京兆下知」）寺社本所領に半済を賦課したのである。

なお永正年間と天文年間にも、課役免除を目的として乙訓郡「惣国」による武家への礼銭納入が行われた[75]。国衆が寺社本所領荘園に対して礼銭の分担を要求するという構図は長享年間から天文年間にいたるまで一貫して見られるのである。ただし、この時期には上久世荘を代表して荘園領主東寺と交渉する主体が、公文寒川氏から和田・利倉ら侍衆へと移行している。この段階になって初めて、地下において一揆的結合が成立したといえよう。

第四節　「惣国」と「惣国一揆」

以上のように見ていくと、乙訓郡「惣国」は、文明十七年（一四八五）以降南山城に展開した南山城「惣国」（山城国一揆）と基本的に同一の構造であることが了解されよう。

文明十八年、「山城国人」は宇治平等院で会合し、「国中掟法」を定めた[76]。宇治平等院の北を流れる宇治川は山城国の下五郡と上三郡を分かつ南北の境界線であり、平等院は宗教的な結界としての意味を持っていたという[77]。支配領域における中核的な寺院が集会の場所に選ばれている点で南山城「惣国」の「国人集会」は、乙訓郡「惣国」の「国之寄合」に類似している。

さて文明十七年に「国一揆」として蜂起し、両畠山（義就・政長）の撤退後に南山城「惣国」を運営したのが、「国中三十六人衆」を中核とする「山城国人」「山城国衆」であることについては、研究者間で見解の一致を見ている(78)。にもかかわらず、先行研究の多くが民衆の参加にこだわり、「山城国一揆」における百姓層の役割を特筆するのは、「大乗院寺社雑事記」に「今日山城国人集会上ハ六十歳、下ハ十五六歳云々同一国中土民等群集(79)」という有名な記述があるからである。

先学も説くように「国一揆」運動の目的は、両畠山を南山城から撤兵させることにあった。そして両畠山と交渉するに際して、「山城国人」が土民の協力を必要としていたことは確かである。だが史料に「山城国衆令㆓一味同心㆒、両陣江致㆓訴訟㆒(80)」と見えるように、「集会」「一味同心」「訴訟」といった一揆的な行動様式をとっているのは国衆だけである。乙訓郡の国衆が集団で細川京兆家権力と交渉したことと同質の行動といえよう。

土民の意思が山城国一揆の掟法に反映されている云々というのは、一揆論の立場から見れば本質的な問題ではない。土民も何らかの形で関与しているはずだから、土民も一揆の参加者である、という論法を許してしまうと、一揆概念は拡張する一方である。〈一揆の作法〉の有無によって、一揆の範囲を厳密に確定すべきであろう。

しかも先行研究は、運動としての「国一揆」と、機関としての「惣国」を混同して論じている(81)。「一国中土民等群集」は、両畠山の軍勢に撤兵要求を突きつける局面で、国衆の「国一揆」に呼応する形で生起したものであり、両軍の退陣後、南山城「惣国」の運営に「一国中土民等群集」が関与した様子はまったく見られない。両畠山退陣という所期の目的を達成してしまうと「一国中土民等群集」という結合は解散してしまい、以後は政治的力量を持つ「山城国人」が「惣国」を運営した。つまり恒常的に機能したのは国衆の「集会」であり、この点も乙訓郡「惣国」と共通する。

また南山城「惣国」が「菅井惣庄」に半済を賦課したことは夙に知られているが、[82]乙訓郡の「惣国」が上久世荘などの「惣荘」に礼銭の分担金を割り当てたという前掲の事例も、半済と礼銭という形式的な違いこそあれ、本質的には同種の行為と考える。いずれも国衆の主導性は明白である。

むろん守護権を継承し長期間にわたって地域支配を行った南山城「惣国」[83]と異なり、乙訓郡「惣国」は「国持」体制を実現することができなかったのであり、[84]両者の懸隔は大きい。けれども、構成主体に注目した場合、南山城「惣国」も乙訓郡「惣国」も、国衆の一揆的結合に支えられていたという点で共通性を有しているのである。[85]

そうなると、そもそも乙訓郡「惣国」や南山城「惣国」を「惣国一揆」と判定するのが妥当なのか、という問題を考えねばなるまい。上述の通り、現在の研究段階において「惣国一揆」は、広範な村落百姓が「本来は対立すべき支配階層」である在地領主層と重層的に結合した一揆、と定義されるが、乙訓郡「惣国」の実態はこの条件に背馳する。村落と領主が「共同しえた点にこそ、「惣国一揆」の一揆たるゆえんがある」[86]のだとすれば、国衆が形成した地域支配権力である乙訓郡「惣国」を「惣国一揆」と把握する積極的な意義はもはやないとすらいえる。[87]

現行の「惣国一揆」概念に最も合致する実例は伊賀「惣国一揆」であろう。織田信長の軍事的脅威に対処すべく永禄十二年（一五六九）十一月に制定されたと見られる「惣国一揆掟書」[88]においては、「上は五十、下は拾七」が在陣するという総動員体制が規定され、「在々所々」でそれぞれ「武者大将」を決めて「惣」はその指揮下に入るという整然たる軍事編成がなされた。さらに足軽として手柄を立てた「百姓」は、褒美を与えられ「侍」に取り立てられるとされた。これはまさに地域社会の防衛のために身分差を超えて結成された一揆といえ、「惣国一揆」の呼称に相応しい。[89]

右の「惣国一揆掟書」には「惣国」文言が頻出する。ここでの「惣国」は、「当国」（伊賀国）という意味だけでなく、「惣国として兼日に発向」「惣国出張」など、政治主体を指す語としても使われている。[90]このため「惣国」＝「惣国一揆」と理解されてきたが、果たしてそうだろうか。

連判によって制定された「惣国一揆掟書」は一揆契状としての機能を持つ。[91]よって永禄十二年十一月段階で伊賀「惣国一揆」が成立したことになる。

稲本紀昭氏は、「伊賀惣国」という言葉が早くも天文二年（一五三三）には史料上に出現していたことを発見している。[92]天文元年、奈良中で土一揆が蜂起し、その余波は翌二年まで続いた。このため興福寺は「一揆静謐調法之事」について隣国伊賀に書状を送っている。[93]

同年三月、興福寺は「土一揆成敗」について、「伊賀国取継」の田山・稲垣氏、「城州惣国取合」の狛・木津・稲八妻氏と交渉している。[94]

興福寺の「学侶引付」の同月十日条には「今度伊賀惣国江樽被レ遣処、御懇之至面目至極畏入候由、返条在レ之、自然一揆蜂起在レ之者、曽以不レ可レ有二別義一之由、被二申越一候条、山城返条共、以二六方一為二披見一被レ遣了」とある。[95]一揆鎮圧への協力の礼として、興福寺が伊賀・山城の「惣国」に樽を送ったものと思われる。[96]

これらの記述から天文二年段階で「伊賀惣国」と「城州（山城）惣国」[97]が存在していたことは確実である。しかも「取継」「取合」の人員から、二つの「惣国」が国衆の一揆的結合に支えられていたこともうかがえる。両「惣国」は奈良の土一揆鎮圧に貢献しており、国衆が主導する「惣国」の活動は地域防衛に限定されるものではなかった。

この「伊賀惣国」の活動は以後も継続している。永禄十二年九月には、「甲賀衆、伊賀惣国催テ江州一揆蜂起歟」という風聞が流れている。[98]「甲賀衆」の交渉相手としての「伊賀惣国」は、国衆の連合体と考えられ、百姓の参加を想定することはできない。領主による百姓の軍事動員には、もともと危機管理という大きな社会的制約が課せられており、地域防衛と関わりのない軍事行動に参加させることは極めて困難であった[99]。

したがって、百姓層をも包摂する伊賀「惣国一揆」は、織田信長との対峙という「惣国」の存亡が懸かった緊急事態において結成されたものであるが、国衆を基盤とする「伊賀惣国」はそれより三〇年以上前から成立していた、ということになる。歴史事実として、「伊賀惣国」の成立と伊賀「惣国一揆」の成立とは、同義ではない[100]。

ここで改めて「惣国一揆掟書」を検討してみよう。第一条では、他国からの侵攻に対しては「惣国一味同心に可レ被レ防候事」と記されている。つまり「惣国」が「一味同心」して防衛するのである。

ならば、通常時において「惣国」を主導している「国衆」を中核として、非常時に百姓層を含む「惣国」全体が一揆することで結成された集団こそが、「惣国一揆」ではないだろうか[101]。要するに、村落・百姓層の自立化への、「惣国」＝国衆側の対応の結果として、身分差を越えた一揆である「惣国一揆」が立ち現れるのである。

従来の研究は「惣国」と「惣国一揆」を明確に区別することなく議論を進めてきた観がある。このため乙訓郡「惣国」も伊賀「惣国一揆」も等し並みに扱われる傾向があった。構成主体の相違に焦点を絞り「惣国」と「惣国一揆」を再定義することで、戦国期の地域社会の歴史的展開を客観的に捕捉する途が拓かれると筆者は考える。

おわりに

永原慶二が「惣国一揆」概念を定立するにあたって、実例として掲げたのは「山城国一揆」と「伊賀惣国一揆」であった。峰岸純夫・石田晴男両氏によって乙訓郡「惣国」も「惣国一揆」の範囲に組み入れられたが、彼らの「惣国一揆」概念は永原のそれと定義が異なっていた。すなわち、惣村を基盤とする小領主・農民の一揆ではなく惣村を支配する国人の一揆と位置づけたのである[102]。この時点ですでにボタンの掛け違いが始まっていたといえよう。

湯浅治久氏は峰岸・石田説を「本質的には国人一揆との相違が失われ、「惣国一揆」論が提起された根本の問題に答えられていない」[103]と批判するが、現実問題として、構成主体の面から見れば、乙訓郡「惣国」は国人一揆と本質的に相違しない。その意味では、研究史の初期において乙訓郡「惣国」が「惣国一揆」と規定された点に混乱の種があった、と見ることもできよう。

村落・百姓の成長をいかに評価するか、という問題は戦国期社会を研究する上で重要な論点であり、「惣国一揆」論はその課題に答えるために展開してきた。しかし、「「惣国一揆」論が提起された根本の問題」に答えんがために、乙訓郡「惣国」の中に是が非でも「村の論理」を発見しようとするのでは、本末転倒ではないだろうか。

湯浅氏は惣国一揆を「一定の目的のもと、対立する階層が重層的に結合した一揆」と定義する。実のところ、筆者には氏が語る「重層的な一揆」の具体像が今ひとつ想像できないのだが、語感からすれば、複数の一揆が縦に積み重なるといったイメージであろうか。池上裕子氏は、「山城国一揆」は国人の一揆と土民の一揆という二つの一揆から成る二重構造の一揆であると説いたが[104]、強いていうならば、これなどは「重層的な一揆」に該当するだろう。

だが乙訓郡「惣国」においては、百姓の一揆どころか沙汰人の一揆すら史料的には確認できない。村落側からの主体的な行動が看取されない以上[105]、乙訓郡「惣国」は国衆の地域的結合として捉えるべきである。

先行研究も指摘しているように、戦国期の一揆が村落・百姓に規制されていたことは間違いない[106]。領主の一揆が村落・百姓を支配していたことを強調する見方は一面的といえる。しかしすべての戦国期の一揆が村落・百姓を含み込んでいたとは限らない。むしろ、戦国最末期の伊賀「惣国一揆」が例外的に村落・百姓層を含み込んでいたとすら考えられるのである[107]。多様な戦国期の一揆を統一的に把握するには、個々の事例をより慎重に検討する必要があるだろう。

（1）稲垣泰彦「応仁・文明の乱」（同『日本中世社会史論』東京大学出版会、一九八一年、初出一九六三年）、同「山城国一揆」（稲垣前掲書、初出一九六八年）。稲垣は山城国一揆が在地領主層の反守護闘争であり農民闘争とは明確に異なることを主張したが、当時は大きな反発を受けた。

（2）永原慶二「国一揆の史的性格」（『永原慶二著作選集』第四巻、吉川弘文館、二〇〇七年、初出一九七六年）五二六頁。「惣国一揆」という概念は、福田豊彦「国人一揆の一側面」（同『室町幕府と国人一揆』吉川弘文館、一九九五年、初出一九六七年）ですでに用いられていたが、そこでは単に「一国的な規模で国人が結集する」（二二三頁）という意味を与えられていたにすぎなかった。戦国期固有の、農民闘争の要素を持つ一揆という意義づけは永原によって行われたのである。なお〝統一戦線〟という表現を永原が用いたのは、当時の日本社会党と日本共産党が「統一戦線」を旗印に、首長選挙において協力関係を結んでいたことを支持していたからだろう。永原の惣国一揆論は、同時代の政治現象である「革新自治体ブーム」に触発された側面が強く、戦後歴史学の展開を考える上でも興味深い学説である。

（3）村田修三「地域枡と地域権力」（『史林』五五―一、一九七二年）、同「用水支配と小領主連合」（勝俣鎮夫編『戦国大名論集4　中部大名の研究』吉川弘文館、一九八三年、初出一九七三年）、同「戦国時代の小領主」（『日本史研究』一三四、一九七三年）、同「国人一揆と惣国一揆」（大阪大学文学部日本史研究室編『古代中世の社会と国家』清文堂出版、一九九八年）、宮島敬一「荘園体制と「地域的一揆体制」」（前掲『戦国大名論集4』初出一九七五年）、同「戦国期における在地法秩序の考察――甲賀郡中惣を素材として――」（『史学雑誌』八七―一、一九七八年）など。

（4）峰岸純夫「変革期と一揆」（同『中世社会の一揆と宗教』東京大学出版会、二〇〇八年、初出一九八一年）一二七・一二八頁。なお峰岸説に先行する先駆的な指摘として、石井進「家訓・置文・一揆契状」（『日本思想大系21　中世政治社会思想・上』岩波書店、一九七二年）が注目される。石井は伊賀惣国一揆掟を分析し、「惣国一揆の基盤が国人・小領主層の上のみにおかれており、いわばかれらによる一国支配の機関が惣国一揆であった」ことを明言している（五五七頁）。

（5）石田晴男「守護畠山氏と紀州「惣国一揆」」（『歴史学研究』四四八、一九七七年）、同「両山中氏と甲賀「郡中惣」」（『史学雑誌』九五―九、一九八六年）など。ただし石田氏は、永原の「惣国一揆」概念提唱以前から「惣国」に関して独自に研究を進め、口頭報告を行っていたという。弓倉弘年「紀州惣国をめぐって」（『和歌山地方史研究』三四、一九九八年）三三頁を参照。

（6）石田晴男「室町幕府・守護・国人体制と「一揆」」（『展望日本歴史12　戦国社会』東京堂出版、二〇〇一年、初出一九八八年）一二〇・一二一頁。惣国一揆の構成主体をめぐる議論は、畿内の中小「国人」を領主と規定するか土豪と規定するかという問題と密接に関わる。永原・村田・宮島氏らは土豪・小領主と位置づけるが、石田氏は彼らが帯びる御家人身分という属性を重視し、在地領主と評価する。

（7）池上裕子「戦国期の一揆」（同『戦国時代社会構造の研究』校倉書房、一九九九年、初出一九八一年）、湯浅治久「戦国期在地領主と「惣国一揆」」（同『中世後期の地域と在地領主』吉川弘文館、二〇〇二年、初出一九九三年）など。

（8）歴史学研究会日本中世史部会運営委員会ワーキンググループ「「地域社会論」の視座と方法」（『歴史学研究』六七四、一九九五年）八頁。なお池上氏は、下からの地域形成を強調する湯浅氏らの「地域社会論」には批判的である。池上裕子「中世後期の国郡と地域」（『歴史評論』五九九、二〇〇〇年）参照。

（9）湯浅前掲註(7)論文、二二二頁。

（10）近年になってようやく、仁木宏『戦国時代、村と町のかたち』（山川出版社、二〇〇四年）、池享「戦国期の「国」について」（同『戦国期の地域社会と権力』吉川弘文館、二〇一〇年、初出二〇〇五年）など、戦国期の史料に現れる「惣国」文言の意味内容を検討する研究も見られるようになった。

（11）最近は、紀伊における惣国一揆の成立を応永年間まで遡らせる研究が登場するなど、「惣国一揆」概念の拡張も著しい。川端泰幸「紀州惣国の形成と展開」（同『日本中世の地域社会と一揆』法蔵館、二〇〇八年、初出二〇〇一年）、海津一朗「最初の惣国一揆」（佐藤和彦編『中世の内乱と社会』東京堂出版、二〇〇七年）を参照。

(12) 水上一久「文明十七、八年の山城国一揆について」(同『中世の荘園と社会』吉川弘文館、一九六九年、初出一九三六年) 三三二頁。
(13) 柳(川崎) 千鶴「室町幕府崩壊過程における山城国一揆」(日本史研究会史料研究部会編『中世の権力と民衆』創元社、一九七〇年)、森田恭二「「山城国一揆」再考」(有光友學編『戦国期権力と地域社会』吉川弘文館、一九八六年) など。山城国一揆の地域的範囲を確定し、乙訓郡「惣国」がこれとは別に成立したものであることを解明したのは森田氏である。
(14) 石田晴男「山城国一揆の解体」(『信大史学』六、一九八二年) 四四頁。
(15) 山城国一揆に関しても、近年は政元の主導性が否定されつつある。川岡勉「室町幕府―守護体制と山城国一揆」(同『室町幕府と守護権力』吉川弘文館、二〇〇二年、初出一九九九年) 一九四頁参照。
(16) 玉城玲子「十五世紀後半の乙訓における惣国について」(中山修一先生古稀記念事業会編『長岡京文化論叢』同朋舎出版、一九八六年)。
(17) 湯浅治久「革嶋氏の所領と乙訓郡一揆」(湯浅前掲書、初出一九八九年) 二〇三頁。
(18) 榎原雅治「地域社会における「村」の位置」(『歴史評論』五七五、一九九八年) 二〇～二二頁。この榎原氏の理解に対しては、池上前掲註(8)論文による批判がある。
(19) 下川雅弘「武家権力による諸役賦課と荘園領主・在地社会の対応――乙訓郡一揆の再検討を通して――」(『史叢』六七、二〇〇二年) 四九頁。
(20) 田中克行「村の「半済」と戦乱・徳政一揆」(同『中世の惣村と文書』山川出版社、一九九八年、初出一九九三年)。
(21) 酒井紀美「応仁の「大乱」と在地の武力」(同『応仁の乱と在地社会』同成社、二〇一一年、初出二〇〇一年)。
(22) 早島大祐「京都西郊地域における荘園制社会の解体」(同『首都の経済と室町幕府』吉川弘文館、二〇〇六年)。
(23) 早島前掲註(22)論文は地域社会の側の動向にまったく目を配っていないわけではないが、「在地被官人側によるなし崩し的な知行」（三二七頁）などと、ネガティヴに記述するにとどまる。

(24) 湯浅前掲註(17)論文は、乙訓郡一揆に参加した者が、「西岡中脈被官人」のうち、乙訓郡内の被官人に限定されている（同じ西岡被官衆でも葛野郡の革島氏などは参加していない）ことに注目し、「彼らは被官人中として一揆を形成したわけではなく、一揆の構成員が被官人の一部であったにすぎない」と論じ、この一揆が郡一揆として成立したことを重視している（二〇五・二一七頁）。また、下川前掲註(19)論文は、細川京兆家との被官関係を持たない国衆も礼銭貢納に参加していることに注意を促している（六一頁）。

(25) 下川前掲註(19)論文、六九頁。

(26) 明応七年二月一日細川政元奉行人飯尾家兼奉書案（「東寺百合文書」リ函二二一、『長岡』一一一八号）。

(27) 『実隆公記』明応七年五月二十九日条。

(28) 明応七年十一月一日細川政元奉行人飯尾家兼奉書案（「東寺百合文書」リ函二二五、『長岡』一一二一号）。

(29) （明応七年）十一月二十四日上久世荘公文寒川家光書状（「東寺百合文書」を函五三四、『東寺』四六五号）。年次比定は武田修「寒川家光の花押について」（京都府立総合資料館『紀要』八、一九八〇年）に基づく。以下同じ。

(30) 柳前掲註(13)論文、二八三頁。

(31) （明応七年）十一月二十七日上久世荘公文寒川家光書状（「東寺百合文書」を函五三六、『東寺』四六六号）。

(32) （明応七年）十一月晦日上久世荘公文寒川家光書状（「東寺百合文書」を函五三九、『東寺』四六七号）。

(33) 後掲の史料2。

(34) （明応七年）十二月十九日下久世荘公文久世弘成書状（「東寺百合文書」を函五五一、『東寺』四六八号）に「去五月、香西方へ国なミ皆々礼ニ上洛候」とあり、香西への以前の「侘事」とは、この五月のものを指すと思われる。

(35) 後掲の史料1。

(36) 玉城前掲註(16)論文、七五七頁。

(37) 「東寺百合文書」ソ函二六七（『長岡』一一二九号）。なお武田前掲註(29)論文は、家光の花押形から本文書の年次を明応八年〜文亀元年に比定するが（二八八頁）、下川前掲註(19)論文は明応七年としている（四七頁）。内容から見て、一連の五分一済免除交渉に関わる史料と判断できるので、明応七年と比定するのが順当であろう。

(38)　この史料の「五分一之事、御礼物として、国より押置くべし」という箇所は文意が取りづらい。字句通りに訳すと「五分一相当分を礼銭として惣国が徴収する」とも読めるが、この解釈では、支払い先が守護代から惣国に変更となるだけで、本所である東寺にとっては何のメリットもないことになる。礼銭は五分一よりは少額と考えなければ、辻褄が合わない。公文寒川は前掲註(32)史料では惣国の方針を「当年計、以礼物、五分一ヲ可致侘言之由候」と表現しており、やはり五分一より礼銭の方が少額と思われる。よって問題の箇所は「守護代から免除の御成敗が出た暁には、五分一の事は（惣国が守護代に交渉して免除してもらったので）守護代に支払う礼銭分として、（一定額を）惣国が現地で取る」とでも意訳するしかないだろう。

(39)　池前掲註(10)論文、七六・七七頁。

(40)　「東寺百合文書」ソ函二六三（『長岡』一二六号）。

(41)　湯浅前掲註(17)論文、二〇一頁。

(42)　前掲註(29)史料。

(43)　向日宮は当該地域の「荘郷鎮守」のネットワークの中核にあったことが指摘されている。歴史学研究会日本中世史部会運営委員会ワーキンググループ前掲註(8)論文、八頁参照。なお同社では土一揆が蜂起したこともある。湯浅前掲註(17)論文、二一八頁。

(44)　前掲註(32)史料。

(45)　湯浅前掲註(17)論文、二〇一頁。

(46)　前掲註(29)史料。

(47)　前掲註(31)史料。

(48)　上久世荘には公文寒川氏の他に、和田・利倉氏などの沙汰人が存在するが、両氏は明応の乙訓郡「惣国」関係史料には一切登場しない。寒川のみが「国之寄合」に参加したのは、彼が村落の代表としてではなく、荘園現地の最高責任者＝荘園領主の代理人として出席したことを示すものだろう。上久世荘における沙汰人層（地下の侍）の「衆」としての結集＝「侍衆」は、乙訓郡「惣国」の運営に反映されていない。
(49) 前掲の史料2。
(50) 下川前掲註(19)論文、四九頁。
(51) 前掲註(31)史料。
(52) 川崎千鶴「室町幕府の崩壊過程――応仁の乱後における山城国の半済を中心に――」（村田修三編『戦国大名論集5　近畿大名の研究』吉川弘文館、一九八六年、初出一九六九年）七六頁。
(53) 湯浅前掲註(17)論文、二〇二頁。
(54) 下川前掲註(19)論文、五一頁。
(55) なお、東寺はこの種の礼銭負担を、在地（東寺領荘園）に転嫁することを当然と考えていた。下川前掲註(19)論文、五三頁を参照のこと。
(56) 湯浅前掲註(17)論文、二〇九頁。
(57) 東寺という同じ荘園領主を仰ぐ上久世・下久世荘においても、各々の公文は個々に東寺に報告している。従来通りの報告方式であり、荘園制的な枠組みを越えた沙汰人層の一揆的な結合は見られない。
(58) 前掲註(29)史料。
(59) 湯浅前掲註(17)論文、二〇八頁。
(60) 「鎮守八幡宮供僧評定引付」長享元年閏十一月十八日条（「東寺百合文書」ね函二六―一三、『大日本史料』八編二一冊、三一・三二頁）。
(61) 前掲註(60)史料。
(62) （長享元年）閏十一月三日神足友善等連署書状（「東寺百合文書」を函三一二―一、『東寺』四〇五号）。
(63) 長享元年閏十一月十三日上久世荘公文寒川家光書状（「東寺百合文書」ニ函八四、京都府立総合資料館編『東寺百合文書』七、五八・五九頁）。なお「御陣」とあるのは、当時、細川政元が将軍足利義尚の六角高頼討伐に従軍し、近江に在陣していたからである。
(64) 「鎮守八幡宮供僧評定引付」長享元年閏十一月二十五日条（「東寺百合文書」ね函二六―一四、『大日本史料』

八編二一冊、三二頁）。十二月十三日条では、この出銭のことが「国衆ヱ合力」と表現されている。

(65) 下川前掲註(19)論文、五七頁。

(66) 湯浅前掲註(17)論文、二〇三頁。

(67) 田中倫子「東寺の合力要請」（前掲註6書、初出一九八八年）を参照。

(68) 今谷明「京兆専制」（同『室町幕府解体過程の研究』岩波書店、一九八五年、初出一九七七年）二七〇頁。

(69) 湯浅前掲註(17)論文、二〇六頁。

(70) 早島前掲註(22)論文、三二九頁。

(71) 湯浅前掲註(17)論文、二〇七頁。

(72) ただし、上久世・下久世の「両沙汰人」である寒川氏・久世氏は国衆の明応八年の「押妨」を密かに「許容」しており、国衆に対し寺社本所領の現地責任者が個人的に合力を行うという構図は明応七年から継続している。湯浅前掲註(17)論文、二〇七頁を参照。

(73) 池上前掲註(8)論文や池前掲註(10)論文は、郡単位での結合である事実から、乙訓郡「惣国」が国郡制的枠組みに規定されていたことを主張する。しかし郡規模で成立した結合が「国」「惣国」と呼ばれていることに留意すれば、上からの領域秩序の単なる受容ではなく、地域社会の側から現実に即した形で秩序観念を捉え返していると見ることができよう。つまり下からの独自の「地域」観念の発露である。この点に関しては、前掲註(43)の諸論文、田中克行「全国「郷質」「所質」分布考」（田中前掲註20書）、稲葉継陽「領域秩序の形成と国郡制」（同『日本近世社会形成史論』校倉書房、二〇〇九年、初出二〇〇四年）も参照。

(74) 田中倫子「戦国期における荘園村落と権力」（『日本史研究』一九三、一九七八年）二四頁、末柄豊「細川氏の同族連合体制の解体と畿内領国化」（石井進編『中世の法と政治』吉川弘文館、一九九二年）一八七頁。なお、在地土豪層の組織化と細川氏分国からの外来被官人の在地扶植という主従制的支配によって細川政元が京都近郊での軍事編成・経済的基盤の設定を進めたという田中氏の見解は、早島説の前提となっている。

(75) 下川雅弘「永正・天文年間における乙訓郡一揆史料の紹介と年代比定」（『史叢』七〇、二〇〇四年）。

(76) 「大乗院寺社雑事記」文明十八年二月十三日条。

(77) 森田前掲註(13)論文、三七七・三七八頁。
(78) 山城国一揆の研究史に関しては、森田前掲註(13)論文、日本史研究会・歴史学研究会編『山城国一揆――自治と平和を求めて――』(東京大学出版会、一九八六年) などで詳細な整理がなされているので、そちらに譲る。
(79) 「大乗院寺社雑事記」文明十七年十二月十一日条。
(80) 「後法興院政家記」文明十七年十二月二十日条 (『大日本史料』八編一七冊、八一二頁)。
(81) 両畠山追放運動の段階と、両畠山撤兵後の「惣国」運営の段階とを区別しない従来の研究視角は、土一揆研究と国人一揆研究が〝運動論〟と〝構造論〟という形で分断されたことに起因する (序章第三節第2項を参照)。両者を統一的に把握しようとする研究視角があれば、山城国一揆研究において、このような誤解は防げたであろう。
(82) 「大乗院寺社雑事記」文明十八年五月九日条。
(83) 川岡前掲註(15)論文、一九五頁。
(84) 玉城前掲註(16)論文、七五七頁。
(85) この意味で「山城国一揆」を同時期に勃発した丹波国人一揆や摂津国人一揆と関連づけ、一般百姓を含まない国人・土豪連合と規定した森田氏の見解は今なお傾聴に値する。森田前掲註(13)論文、三九三頁を参看されたい。ただし「国一揆」と「惣国」を峻別する本書の立場に則れば、恒常的組織である南山城「惣国」と異なり、一時的運動である「山城国一揆」には (国衆に呼応する形で) 百姓層も参加している、という理解になる。
(86) 湯浅前掲註(17)論文、二一八頁。
(87) 不思議なことに、乙訓郡「惣国」の構成員を武家被官衆とみなし百姓層の参加を想定していない早島氏も、乙訓郡「惣国」を「惣国一揆」の範疇で捉えている。早島前掲註(22)論文、三三一頁を参照。
(88) (永禄十二年) 霜月十六日伊賀惣国一揆掟書写 (「山中文書」、『三重県史』資料編、中世一、下巻、四〇八頁)。
(89) 久留島典子『一揆の世界と法』(山川出版社、二〇一一年) は「対外的危機への臨戦態勢構築という一時的状況でしか、惣国一揆は存立しえない」と明言している (八四頁)。
(90) 池前掲註(10)論文、七一頁。

(91) 石井前掲註(4)論文、五五三頁。
(92) 稲本紀昭「室町・戦国期の伊賀国」(『国立歴史民俗博物館研究報告』一七、一九八八年)二一九頁。
(93) 「興福寺学侶引付」天文二年二月十一日条(『木津町史』史料編一、七四四頁)。なお、この「土一揆」の実態は、本願寺の指導下にある一向一揆であった。金龍静「畿内の天文一揆考」(同『一向一揆論』吉川弘文館、二〇〇四年、初出一九八九年)一八二頁。
(94) 「蓮成院記録」天文二年三月条。
(95) 「興福寺学侶引付」天文二年三月十日条(東京大学史料編纂所架蔵写真帳「学侶引付之写」請求番号6173-230-3-1)。
(96) 「興福寺学侶引付」天文二年三月二日条によれば、興福寺は「伊賀・山城」に「礼」として「樽以下」を送っている。
(97) この「城州惣国」が文明〜明応年間の南山城「惣国」と同一存在の可能性もあろう。その場合、一揆による「国持」体制崩壊後も国衆の地域的結合としての南山城「惣国」は継続したことになる。
(98) 「多聞院日記」永禄十二年九月七日条。
(99) 藤木久志「村の動員」(同『村と領主の戦国世界』東京大学出版会、一九九七年、初出一九九三年)一七七頁。
(100) ちなみに「山中文書」には「惣国」文言のある史料が散見されるが、「惣国一揆」文言のあるものは惣国一揆掟書のみである。
(101) 拙稿「書評　長谷川裕子著『中近世移行期における村の生存と土豪』」(『史学雑誌』一一九—九、二〇一〇年)九一頁参照。
(102) 石田氏による「惣国一揆」の定義は論文ごとに微妙に異なり、国人を中核としつつも土豪・百姓をも糾合した一揆と説明している箇所もある。しかし、農民支配に転化しうる国人主導の一揆との評価は一貫している。
(103) 湯浅前掲註(17)論文、二一八頁。
(104) 池上前掲註(7)論文、三六六頁。ただし「一国中土民等群集」を「土民の一揆」と解釈する池上説には森田前掲註(13)論文などの異論がある。仮に一揆と認めたとしても、「惣村に拠る土民の一揆」という池上氏の評価には解釈の飛躍があると筆者は考える。近年の土一揆研究は、土一揆が必ずしも村落結合を基盤としていないことを解明しており（神田千里「土一揆像の再検討」、同『戦国時代の自力と秩序』吉川弘文館、二〇一三年、初出二〇〇一年）、「一国中土民等群集」が惣村単位で編成されたものである保証はない。この点に留意し、「惣」を基礎単位に軍事編成された伊賀「惣国一揆」との間に段階差を認めるべきだろう。

(105) ちなみに酒井紀美「応仁の乱と山科七郷」（酒井前掲註21書、初出一九九九年）は、応仁の乱中に山科七郷が、個別領主との関わりを越えた「惣郷」として「半済」を獲得していく過程を詳細に分析し、「応仁の乱後に成立する山城国一揆や乙訓惣国などの惣国一揆の方向性を生みだし」た（九四頁）と評価する。地域社会の自律的な動向という意味で、両者に通底する要素があることは確かだが、差異にも注目する必要があろう。山科七郷の半済要求は軍忠の代償として「兵粮料」を求める郷民の年貢減免運動であり、逆に「山城国一揆や乙訓惣国」の動きは外部からの「兵粮料」徴収への国衆の抵抗を本質としている。国衆の動きと郷村の動きを常に連動的に捉える必要はないのである。

(106) たとえば久留島典子氏は、惣領家の影響下で村落を支配していた近江国甲賀郡の同名中が、徐々に名主・若党・百姓といった村落諸階層に強く規制されるようになり、やがて「衆惣」として村落の意向を代表する組織へと変貌していくことを論じている。湯澤（久留島）典子「中世後期在地領主層の一動向――甲賀郡山中氏について――」（勝俣編前掲註3書、初出一九八一年）四三頁を参照されたい。

(107) なお川岡勉氏は、本章の原形論文を受けて、「惣国一揆」概念の放棄という、より踏み込んだ問題提起を行っている（川岡勉『山城国一揆と戦国社会』吉川弘文館、二〇一二年）。やや性急な議論にも思われるが、山城の地域的特質や、南山城「惣国」を取り巻く政治的・軍事的情勢、さらには応仁の乱後という時代状況までも視野に収めている点は重要である。本章では南山城「惣国」や乙訓郡「惣国」の構造を分析することに終始し、これらの「惣国」が出現する社会背景を十分に論じられなかったので、川岡氏の研究をご参照いただきたい。

終　章　南北朝〜室町期の戦争と在地領主

はじめに

本章では、南北朝〜室町期における在地領主の結合形態の変化を、「非常時対応と危機管理」という観点から考察し、もって本書の総括としたい。

日本中世においては武力衝突、紛争が各地で絶え間なく発生した。中でも南北朝内乱は、その発生が全国的に「天下動乱」と受け止められた中世最大の「戦争」であった。そして、それ以前の「戦争」と異なる南北朝内乱の特質は、その規模の大きさはもとより、在地領主によって「公方」と仰がれる複数の上部権力が正当性をめぐって相争った点に求められる。したがって南北朝内乱を「公方の戦争」と定義し、平常時とは異なる戦時＝「非常時」を生き抜いた人々の対応・対策を分析する必要がある。

さて右の観点から近年の内乱期研究を捉えた時、注目すべき新動向として、戦争論と在地領主論があげられる。戦争論とは、従前の研究では理論的・抽象的に扱われてきた中世の戦争の実態を具体的に解明することで、中世社会の実相に迫らんとする議論である(1)。南北朝内乱に関しても、近年、軍制論や(2)「村の武力」論(3)といった新しい切り口が提示された。けれども、その一方で、かつて熱心に論じられた「領主にとって、内乱は何であったのか(4)」という命題はやや閑却されてしまった印象を受ける。

領主制論の相対化を目指す在地領主論は、南北朝の「戦争」が在地領主の存在形態に与えた影響を具体的に検討する必要性を提起している。(5)だが、内乱の展開という「非常時」に対応した在地領主の結合形態(家、一揆)の変化という問題に関しては、なお検討の余地がある。

実際、研究史を振り返ってみると、在地領主結合(家、一揆)に関する研究蓄積は膨大にあるものの、南北朝内乱の位置づけは依然として不十分である。

まず在地領主の「家」内部における惣領と庶子の結合(一族結合)については、古典学説として惣領制論がある。この学説は南北朝内乱の画期性を重視しているが、その論理構成は領主制論の枠組みに依拠しており、必ずしも「戦争」そのものを検討していない。(6)惣領制論批判の中で登場した一門評定論も、内乱の意義については「南北朝期の戦争状況に伴う一族結合の崩壊の危機」という一般論を語るにとどまっており、戦争状況の常態化が在地領主の一族結合に与えた影響を明らかにしていない。(7)

次に、在地領主の「家」と「家」との結合、すなわち〈領主の一揆〉に関しては、勝俣鎮夫氏の「平和」団体論(8)以降、一揆が地域社会に「平和」を招来する側面が強調され、「戦争」と一揆との関わりは後景に退いてしまった。これに対し小林一岳氏は「領主一揆」(国人一揆)を「戦争と平和を統合した当知行保全システム」と定義し、戦争論の視角を採り入れた。(9)しかし小林氏は領主制論の枠組みをなお引きずっており(本書序章第二節を参照)、その関心が所務をめぐる争いに偏っていたため、戦争論導入の試みは不徹底に終わった。

そこで本章では、在地領主の視点が弱い戦争論と、戦争の視点が弱い在地領主論を融合することで、「公方の戦争」と在地領主結合との関係を追究する。具体的には以下のような視角を用いる。

第一に、「革命」や「変革期」といった南北朝内乱に対する後世の意味づけにとらわれず、内乱に対する当時の在地領主の認識・対応という実態分析から帰納的に立論する。第二に、在地領主の「家」の構造変化を、史料に即して考察する。第三に、日常的な紛争を解決する「平和」団体として国人一揆を捉える既往の研究を相対化するため、「非常時」における〈領主の一揆〉の具体相に焦点を合わせる。第四に、室町時代における領主結合を、「公方の戦争」の終結にともなう「戦時体制の解除」という視点から見直す。

第一節　蒙古襲来と在地領主結合

（一）蒙古襲来と在地領主の「家」

本節では、鎌倉後期と南北朝期との段階差を明確にするため、蒙古襲来と、それ以後の異国警固が在地領主に与えた影響を検討する。この節では在地領主の「家」に関して考察を進める。

蒙古襲来に直面した鎮西御家人は、戦死の可能性を考慮して出陣前に譲状を作成した。その後、幕府が九州防衛体制を構築する中で、軍事動員される御家人の側でも戦闘要員を重視する傾向が現れる。

たとえば肥後の相良永綱（沙弥西信）は、二人の娘のうち、代官として「異国警固の番役の御公事」を勤めた婿に嫁いだ方の娘を所領譲与において優遇している(10)。また薩摩の斑目重松（沙弥行蓮）も、「異国警固の代官として忠をいたす」舎弟に所領を譲与している(11)。

こうした鎮西御家人の対応には、後述する南北朝期の在地領主の「非常時対応」を先取りする側面があったといえよう。

さて在地領主結合に関しては田中大喜氏が、十四世紀以降、在地領主の「家」で嫡子を中核とする一族結合の求心化が進むと主張している(12)。古典学説で説かれる南北朝期ではなく、鎌倉後期からの現象であるとした点に田中説の特徴がある。田中氏は自説の論拠の一つとして、鎌倉後期段階で早くも、擬制的親子関係の設定に準じる形での兄弟間の協調を親が命じる傾向が確認できることをあげている(13)。

しかし、それは全国的な傾向といえるだろうか。譲状・置文の兄弟協力規定は確かに鎌倉後期から見られるが、それらの事例は蒙古の三度目の襲来を想定して臨戦態勢をとる鎮西御家人のものである。[14]

また幕府が異国警固番役に関して惣領・庶子の並立勤仕を認めた影響も大きい。豊後では、志賀泰朝の弟である禅季が、異国警固番役の勤仕を利用して惣領からの独立を画策している。庶子の禅季は、惣領である泰朝を飛び越えて、志賀氏の本家筋にあたる「惣領守護所」の大友頼泰に直結しようと図ったのである。[15]

このような弟の独立化傾向に苦しめられた泰朝（沙弥阿法）は、自分の所領を子供たちに譲るに際して、嫡子貞朝と末子袈裟鶴丸（貞泰）が擬制的な親子関係を結ぶことを申し置いている。[16]

加えて、この時期には鎮西御家人たちの間で平時と戦時を区別する認識が生まれ、戦時＝「非常時」においては平常時よりも強固な一族結合を形成することが、譲状や置文で規定されていく。相良氏の場合、平時の番役では二人の庶子が交替で惣領の供をすれば良いのに対し、戦時には二人一緒に惣領の供をするよう定められている。一方で、合戦での勲功を庶子が個別に申請することを認め、戦時に惣領の強い統制を受けることに対する庶子の不満を和らげる措置も講じている。[17]

このような鎌倉後期の一族結合の求心化は、在地領主の「家」における「危機管理」の端緒として評価できるだろう。

（2）　鎌倉後期在地領主の一揆的結合

鎌倉後期の在地領主の一揆的結合に関しては近年、「一門評定」論が提唱され、通説化しつつある。

小林一岳氏は、それまでの研究では「惣領制」として理解されてきた鎌倉期における武家領主の族的結合の内部に、実は「一門評定」といわれる一揆的な問題解決方式が存在していたと主張した。[18] 田中氏は小林説をさらに精緻化し、「一門評定」が鎌倉後期に成立したと論じ、これを南北朝期の一族一揆の直接的な前提とした。[19]

この「一門評定」論の提起を受けて、鎌倉後期の時点ですでに「一揆の法」が存在したという理解が、今や学界の共通認識になろうとしている。

だが、鎌倉後期からの連続性を過度に重視する最近の研究動向には疑問がある。そこで、先行研究において鎌倉後期の在地領主の「一揆の法」として把握されている事例を再検討したい。

実は「一揆の法」の事例は九州に集中的に現れる。たとえば、青方高継・高光兄弟は和与にあたって「よりあひ」を規定しており、[20]村井章介氏はこれを「一揆の法の原型」とみなしている。[21]しかし、ここでの一揆的な関係とは、「さた」、すなわち幕府訴訟における協力関係を意味していることに留意すべきである。

また「領主間結合による一揆の法の成文化」と評価されている大隅の非御家人、志々目氏の一族間協力も同様で、「公家・武家沙汰訴詔」における協力を約束したものである（本書第六章第三節を参照）。

鎌倉後期の九州に見られる一揆的関係とは、上部権力への提訴、いわば法廷闘争のための「一味同心」であり、南北朝期の一揆契状で規定されている「戦争」のための「一味同心」とは質的に異なると考える。

（3）小　括

蒙古襲来にともなう鎌倉幕府の軍制改革に対応して、九州防衛を担う鎮西御家人は臨戦態勢を構築した。その過程で、異国警固番役や軍役の勤仕をめぐって惣庶間対立が発生、親権に基づく一族結合の再編強化が模索された。

一方で、臨戦態勢下にあった当時の九州ですら、「戦争」のための一揆は見られなかった点に注意する必要がある。この点に、「非常時」であった南北朝内乱期との相違があると考えられるからである。

第二節　南北朝の「公方の戦争」と在地領主の「家」

(一) 在地領主の「非常時」認識

鎌倉時代、在地領主が「非常時」を意識する局面は基本的になかった。しかし鎌倉末期に元弘の乱が起きると、在地領主は世の中が乱れているという認識を持ち始める。そして足利尊氏が建武政権に反旗を翻すと、「世上闘乱」と表現され、以後、南北朝期には「世上動乱」「世上騒乱」といった時代認識が一般的になる(史料編纂所データベースを参照)。局地的な紛争ではなく列島全体を巻き込む戦乱が勃発し、「非常時」認識が人々の間で共有されたことが、この時代の特徴といえる。

「非常時」の到来は在地領主に従来とは異質な危機をもたらした。近年は、鎌倉幕府軍制研究の進展もあって、十三世紀後半以降の臨戦態勢の継続が注目されているが、蒙古襲来が短期間の戦闘にとどまったのに対し、南北朝期は現実に戦争状況が恒常化した点に注意を払うべきだろう。

具体的なリスクとしては、第一に当主や後継者の討死があげられる。備後長井氏の場合、父の貞頼と兄の頼元の戦死を受けて貞広が家督を継いだが、のちに貞広も戦死している(本書第五章第一節を参照)。

第二のリスクとして、当主の長期不在による本領経営の動揺があげられる。武蔵山内氏の場合、当主の経之が主だった被官を引き連れて遠征に赴いた結果、留守宅には妻子だけが残され、百姓たちの年貢諸役不払い運動に直面することになった。[22]

第三のリスクは公験の喪失である。文書の紛失は普遍的な事象だが、当該期には戦乱によって文書が失われる事例が散見される。[23]

第四のリスクは押領行為の激化である。従来の研究では、在地領主が内乱を利用した押領行為によって一円領化を進めるという社会変革の要素が強調されてきた。だが、こうした社会情勢は、裏を返せば、外部の敵対勢力から侵略を受けるという事態をも意味していた。たとえば越後の三浦行連は、「世上擾乱」に乗じて堰沢孫次郎が奥山荘内金山郷・同堰沢条地頭職に対して「去観応已来非分押妨」を行っている、と幕府に訴えている(24)。観応の擾乱という「非常時」の発生によって、三浦氏の知行は不安定化したのである。

石見の益田兼見（沙弥祥兼）の置文には「凡そ弓箭の家に生まるる族ら、少しの越度有りといえども、大なる不覚を存ずべし」とある(25)。「非常時」特有の危機意識が読み取れよう。

上述の危機意識を背景として、当該期には戦場に赴く直前に譲状や置文を作成するという行為が在地領主の間で一般化する。そこには作成理由として、戦場に向かうため「存命不定」であるなどと記されている(26)。また、幼い孫や女子など戦場に行かない者に所領を預けるという行為も見られる(27)。これらはまさに「非常時対応」といえよう。

(2)　在地領主の「家」の「危機管理」型相続

加えて在地領主の「家」は、「非常時」特有のリスクを事前に想定し、相続の面で多様な対策を取っていた。

第一に、養子の早期選定である。たとえば肥後の詫磨貞政は、実子がいなかったため、七郎之親を養子とし、多くの合戦に参加させた。しかし、のちに実子の宗政が生まれたため、宗政を嫡子とし、之親には所領の三分の一を譲った(28)。また備後の長井貞頼は、次期惣領である頼元の養子候補に宮王丸を指名した上で、頼元に実子が生まれた場合は宮王丸に所領の三分の一を譲ることを決めている(29)。

一般的に養子は、実子が生まれない時に取るものだが、南北朝期には実子が将来的に誕生する可能性の高い段階から養子を取っている。これは、当主・次期当主の戦死のリスクが高いため、後継者の確定が急がれるという、

「非常時」特有の事情によるものだろう。

第二の対策として、嫡子や嫡孫に分割譲与する所領の二分割を指摘できる。一例をあげよう。大隅の禰寝清成は、貞和六年（一三五〇）二月に養子の清有に大隅国禰寝南俣院の院司并地頭職・筑前国早良郡比伊郷田地屋敷などの所領を譲っているが、(30)手元にも大隅国下大隅郡地頭職・同鹿野院地頭職・同大禰寝院地頭職などの所領を残している。文和二年（一三五三）六月、清成は残りの所領を清有に譲るが、同年八月、今度は清有が大隅国禰寝南俣院の院司并地頭職などを嫡子の久清に譲っている。(31)つまり清成・清有による二分割から清有・久清による二分割へと移行したのである。これは、当主や次期当主が戦死する可能性を考慮したリスク分散だろう。

第三の対策は兄弟惣領である。田中大喜氏は、南北朝期の在地領主の「家」では、中央と地方での戦争に同時に参加するため、嫡子（惣領）と「特別な舎弟」による戦争の分業体制が行われたことを指摘している。(32)ただし田中氏は、所領を兄弟二人で均分する流れが鎌倉末期の段階ですでに見えることから、兄弟惣領という相続形態は内乱以前から存在していたと主張する。

田中氏の議論は、兄弟惣領による均分相続を、分割相続から嫡子単独相続への過渡的形態と位置づけるものである。しかしながら、そもそも嫡子単独相続への展開が不可逆的なものであるという前提は正しいのだろうか。鎌倉後期に嫡子単独相続に移行した領主の「家」が、南北朝内乱期に分割相続へと逆戻りする事例(33)が報告されていることを踏まえると、田中氏による兄弟均分相続の評価を再検討する必要があると考える。

下野茂木氏の事例を見てみよう。鎌倉末期に茂木知盛（沙弥心仏）は嫡子知氏に所領を残らず譲り、他の子息には分与していない。(34)だが南北朝期になると、嫡子と嫡子の舎弟という二人の息子への分割譲与が行われている。(35)渋谷一族の薩摩入来院氏に関しても、同様の傾向が看取される。鎌倉中期までは分割相続だったが、鎌倉後期になると分散した所領を統合する志向が生まれ、鎌倉末期には、婚姻と養子縁組によって、重基（重勝の養父)・顕心(重勝の養母)・重知(重勝の実父)の所領を将来的には渋谷重勝が一手に相続することが決定する。[36]

ところが南北朝期になると、所領の統合に成功した重勝は、将来における所領の再統合を念頭に置きながらも、集積した所領をあえて嫡子の虎松丸と「特別な舎弟」の虎一丸の二子に分割譲与している。[37]

これらの事例は、分割相続から兄弟均分相続を経て単独相続にいたるという単線的・直線的な図式では理解できない現象である。「特別な舎弟」に嫡子の代官、もしくは嫡子の戦死に備えてのスペアという役割を負わせる兄弟惣領という相続形態は、「非常時」を乗り切るための在地領主の「危機管理」と捉えるべきである。

よって南北朝期には、むしろ嫡子単独相続こそが例外的だったと考えられる。針摺原の合戦で多くの子や孫を一度に失った豊後の田原直貞(沙弥正曇)が所領を嫡孫一人に譲ったことからも分かるように、[38]「非常時」における単独相続は、「公方の戦争」で打撃を受けて分割相続できる人材を失ったがゆえの所領集約を意味した。

以上のように、南北朝期には「公方の戦争」に備えた「危機管理」として、前代とは異なる特殊な相続方式が採用されたのである。

(3)「公方の戦争」と惣庶関係の動揺

在地領主の「家」は、南北朝内乱期という「非常時」を乗り切るために、嫡子に「家」の全権を委ねるのではなく、「特別な舎弟」や嫡孫、養子などに所領や権限を分散させた。この措置は「家」が断絶するリスクを軽減する上で一定の効果を期待できた反面、嫡子の地位を低下させかねない危険性を孕んでいた。

在地領主研究において、一族間相論は古くから主要な検討対象となっていた。だが在地領主の「家」の内部に対立の芽が潜在しているという状況は超歴史的に存在するため、そのことを指摘するだけでは、当該期の固有性を解明したことにはならない。

南北朝期の特徴は、複数の「公方」が並立、競合し、「公方」同士の間で「戦争」が勃発する点にある。そして、一族間紛争が「公方の戦争」とリンクすることで、一族の対立は決定的なものになった。しかも南北朝期には、一族が分裂した結果、一方が勝ち残るならまだしも、最悪の場合は共倒れになることすらあった。

その端的な事例が、石見の田村一族の内紛である。南北朝期には、石見国長野荘白上郷地頭職をめぐって、田村盛家と庶流の来原遠盛が争っているが、この抗争は観応の擾乱と連動していた(39)。その後、貞治年間には周布氏が同職を知行している(40)。また永享年間には、田村盛家の子孫と思われる田村盛正が益田氏の被官として見える(41)。結局、周辺の周布氏や益田氏が漁夫の利を得た形となり、田村氏は内紛によって没落してしまったのである。

南北朝期には、兄弟協力規定を含んだ譲状や置文が全国で見られるが(42)、これも上述の一族分裂が原因と考えられる。

その事実を明快に物語る史料が、前掲の益田兼見置文である。兼見は「兄弟親類の確執不和の儀より事起こり、或いは所領を離れ、或いはその家を失う」という危機意識に基づいて、息子たちに一味同心を申し置いている。兄弟対立が「公方の戦争」と結びついて大規模な紛争に発展し、本領の喪失や「家」の滅亡にいたることを回避するための規定なのである。

しかし兄弟協力規定の存在にもかかわらず、惣庶関係は安定しなかった。それは、「軍忠」が最優先されるという「非常時」ならではの価値観ゆえであった。当該期には恩賞として「軍陣」で「御下文」を賜ることがまま見られ(43)、安堵を得るには理非よりも勲功の方が重要だった。

このため、在地領主の「家」では軍役負担者に財産や権限を与える傾向が強まる。安芸の熊谷直経は嫡女に所領を譲りたかったのだが、「公方御公事軍役等」のため、「惣領職」を嫡男に譲っている(44)。また入来院氏も「討死」という軍功を立てた者の男子を厚遇している。[45]

さらに、当主が幼少もしくは老齢の場合、その近親者が「代官」として出陣するという事例も散見される。血縁的に多少遠い間柄であっても軍忠をあげた「代官」に対して家督を譲るという事例すら見られ[46]、軍忠が相続の条件として浮上してきたことが確認できる。南北朝期には実力のある庶子が上部権力に接近することで、惣領を上回る権勢を得る場合が少なくないが、これも軍忠最優先という時代状況を背景にした現象である。

こうした惣庶関係の変動がより甚だしい一族においては、庶子家による惣領家乗っ取り、という事態にまで発展することがある。[47]

以上のような惣庶関係の混乱を、譲状や置文の兄弟協力規定によって抑止するのにはおのずと限界があった。なぜなら、南北朝期における惣庶関係の流動化の根本的な要因は「公方」の並立にあり、その状況にあっては、家督認定における親権の影響力は限られるからである。そして、この問題を克服するために新たに登場した危機管理システムが一族一揆であった。

(4)　小　括

元弘の乱から南北朝の対立にいたる一連の動乱の中で、在地領主は現状を「非常時」と認識するようになった。当主や後継者の戦死リスクが高まった結果、在地領主の「家」において平常時であった鎌倉時代とは異なる譲与形態が一般化した。この特殊な相続法は危機管理上、一定の有効性を備えていたが、権限の分散によって嫡子の地位が相対化される危険性をも有していた。

実際、この時期には戦功をあげた庶子家が台頭し、惣領家・庶子家の力関係が流動化した。こうした状況が一族一揆の成立を準備したのである。

第三節　「危機管理システム」としての〈領主の一揆〉

（一）「公方の戦争」と領主間の知行保証

人返問題や山野河海の用益問題、堺相論など、日常的な領主間紛争は鎌倉期から存在する。だが、これが「公方の戦争」と結びつくことで大規模な戦闘に発展し、場合によっては「家」の存続すら危うくなった。このため南北朝期には、前代から存在した近隣領主間の協力関係を超えた、新しい知行保証のシステムが模索された。

領主間の知行保証システムの変化について、紛失状を素材に検討してみよう。小林一岳氏は、一族連署の紛失状の中に「一族の所領は一族全体の保証によって維持されうるという、一族共同知行の観念」を見出し、南北朝内乱期以降の一揆契状は、鎌倉期以来の所務相論解決の体系の中から形成された、と主張している。(48)

しかし小林氏が掲げた紛失状の事例は南北朝期のものであり、紛失状の作成を介した領主相互の知行保証は、「非常時」の到来を契機として広範に展開した、という可能性も考えられる。

たとえば建武三年（一三三六）、新田義貞軍の攻撃により、播磨矢野荘の海老名景知の宿所が焼失し、景知は「重書等」を紛失してしまう。そのため、近隣領主が証判を据えて文書紛失の事実を証明している。(49)このように、「公方の戦争」にともなう公験紛失リスクの上昇により、在地領主相互の知行保証が進行したのである。

前述の通り、「非常時」である南北朝期には、証拠文書の紛失に限らず、在地領主の当知行を脅かす危険因子が数多く存在した。

在地領主の所領が鎌倉期から一族・近隣によって知行保証されていたことは確かだが、敵方所領の大々的な没収をともなった南北朝期の「公方の戦争」が前代の局地的な紛争と同質のものでない以上、在地領主の知行保証のあり方に関しても段階差を考慮すべきであろう。

たとえば茂木氏は、茂木城を敵方に攻略されると、「近隣人々合力」を得て奪回している。[50] 本拠地が軍事占領されてしまうという事態は平常時にはあり得ないことであり、こうした危機的状況の解消には「近隣之輩」との軍事的提携が不可欠だった。

また前節で論じたように、内乱期には当主が討死することが珍しくなかった。このため、幼少の新当主がしばしば出現した。彼らは自己の所領を守るために一族・近隣と一揆を結んでいる。[51] 戦死までにはいたらないにせよ、当主が遠征に参加して長期にわたって本領を離れてしまえば、やはり所領知行は動揺する。したがって、残された妻子は近隣の在地領主に頼らざるを得なかった。[52]

このような「家」の断絶すらあり得る「非常時」特有の危機を乗り切るための強固な紐帯として〈領主の一揆〉は成立したのであり、平常時における地域紛争への対応に終始した鎌倉期の領主間結合の単なる延長として把握することはできない。

（2） 戦時立法としての一揆契状

鎌倉後期には、御家人制の枠組みを越えた広域的な在地領主連合が地域社会で形成された。[53] 近年は、これを「領主一揆」と評価し、南北朝期との共通性を強調する研究動向が見られるが、[54] 鎌倉後期には御家人・非御家人という区別が厳然と存在していたことに注意すべきである（本書第六章を参照）。いわゆる鎌倉後期の「悪党」は、出自を異にする者たちがありのままの立場で集う、雑多性を前提とした連合だったのである。

建武政権と敵対した足利尊氏は「将軍家」を僭称し、鎌倉期以来の御家人か否かにかかわらず、武士たちを「御家人」として軍事動員した。[55] この一括動員によって御家人・非御家人の差異が意味を失っていき、軍事集団としての「一揆衆」が登場する。[56]

内乱が一時収束すると、幕府は「一揆衆」を否定しようとするが[57]、観応の擾乱によって状況は一変する。守護権力は代官・沙汰人層を含む分国内の軍事力を総動員する体制を構築し、これが、守護役＝「公方役」負担責任者たる「国人」身分が十五世紀に成立する歴史的前提となる[58]。

つまり、「公方の戦争」を経ることで、多様な出自を持つ武士たちの政治的立場が「公方に軍事的に奉仕する存在」として平準化・類型化された[59]。そして政治的身分の確定作業と軌を一にして、相手を同格とみなす領主相互の地位認証＝「契約」の締結という形で、〈領主の一揆〉が成立したのである。

さて従来の一揆契状研究は、恒常的に機能する「在地領主法」としての側面を追究し、鎌倉期からの連続性を強調してきた（本書序章を参照）。しかし、戦乱状況が一段と悪化した観応の擾乱以降[60]、一揆契状が急増している事実は看過できない。当該期の一揆契状を平時の法ではなく、内乱期に制定された戦時の法として捉える必要があるだろう。

この時期の一揆契状には「世上騒乱[61]」、「世上今に静謐に属せず[62]」、「乱世の間」（本書第四章の史料7）など、「非常時」の到来を契機として制定されたことを示す文言が多い。相良氏の一族一揆契状には、一族の間柄であるため、本来なら契状をわざわざ作成しなくても信用できるが、今は明日をも知れぬ世の中なので、堅く契約を結ぶことになった、とある（本書第四章の史料12）。他にも、「世上錯乱之時分」であるため、しっかり契約を結ばないと先ゆきが不安である、と記された一揆契状が存在する[63]。

このように、一族・近隣との激突も想定しなければならない「非常時」への対応として、一揆契約は締結された。一揆契状とは正しく〝戦時立法〟であって、こうした領主間の契約関係は、前代に見られた単なる親和・協力関係とは一線を画す。

南北朝期の一揆契状の最も重要な特色は、「君の御大事」「公方の御大事」の時は「忠節」を致すべし、という規約の存在にある。こうした条文は鎌倉時代の「一揆の法」には見られず、本書ではこれを「公方」条項と呼ぶ（本書第六章第三節を参照）。この「公方」条項の確実な初見は貞和七年の山内一族一揆契状であり、観応の擾乱が「公方」条項成立の契機であったと考えられる。

「公方」条項がある著名な一揆契状は、松浦一揆のそれである。瀬野精一郎氏は、この「公方」条項を根拠に、松浦一揆は今川了俊という上部権力によって編成された、と主張した（本書第三章・第四章を参照）。これに対して石井進は、一揆契状の二条以下の条項に見られる「在地領主法」的側面を重視すべきである、と瀬野説を批判し[64]、両者の間で論争が展開された。

とはいえ、「公方」条項が今川了俊の指導・圧力によって契状の第一条に盛り込まれたと考える点では、実のところ両説とも一致していた。そのため、論争は半ば水掛け論になってしまい、決定打が出ないまま尻すぼみになってしまった。

ところが近年、市沢哲氏が興味深い解釈を披露した。市沢氏は、「公方」条項が「特定の指揮官や将軍に対する軍忠の誓約は、在地側が主体的な判断によって、味方すべき陣営を選んだことを示している」と指摘したのである[65]。この議論をさらに深めるため、次の史料を見てみよう。

【史料1】　佐志勤譲状

譲与嫡子源次郎源成所

　肥前国松浦西郷佐志村々田畠・山野等地頭職（中略）二郎泰真跡等地頭職事、

右、所々者、或ハ私領、或ハ恩賞之地也、而成為㆓嫡子㆒□〔之〕間、相㆓副次第調度御下知・御下文已下本証文等㆒、限□〔永代、成所譲与〕也、（中略）成兄弟共於成㆓扶持之思㆒、聊も無㆓向背之儀㆒、為㆓一味同心㆒、君御大事出来時ハ、於㆓一所㆒致㆓合戦㆒、□〔任〕軍忠之旨、於㆓恩賞㆒者、面々可㆑申㆑之、仍為㆓後々将来亀□〔鏡〕㆒、譲状如㆑件、

（一三四二）康永元年十一月七日　　　　　源勤□□(66)

松浦一族の佐志勤が嫡子の佐志成（点線部）に宛てた譲状である。なお勤は、次男の披・三男の湛・四男の彦隈丸・五男の万寿丸・六男の実寿丸にもほぼ同内容の譲状を与えている。ただし女子宛ての譲状には「君御大事」うんぬんの一文はない。

さて、傍線部には「君の御大事」が発生した時、一族は「一味同心」して「一所」で「軍忠」を尽くせ、とある。すなわち、「公方の戦争」が発生した時は「一味同心」して同じ陣営に属して戦うよう、勤は子供たちに申し置いているのである。また波線部からは、嫡子＝次期惣領を中核とする一族結合の再編、という勤の意図が読みとれる。

前節で述べたように、南北朝期の在地領主は、「家」内部での対立が「公方の戦争」とリンクすることで内紛が激化し、ひいては「家」が滅亡することを恐れていた。ならば上記の規定は、「家」の団結を維持するためのものであろう。

ここで松浦一族の一揆契状（本書第四章の史料5）の第一条＝「公方」条項を改めて見てみよう。すると、佐志勤譲状の団結規定（傍線部）とほとんど同内容であることに気づく。このことから、一揆契状の「公方」条項とは、領主の「家」内部における共同軍事行動規定が、領主間協約として拡大したもの、と考えられる。異なる「公方」に従うという形での決定的な対立を回避することが、その目的だった。

よって、松浦の一揆契状の「公方」条項を、今川了俊に押しつけられたものと見るのではなく、在地から生み出された自発的な規範として積極的に評価すべきである。

（3）　一揆の共同知行地

従来の研究において、〈領主の一揆〉は地域秩序を維持する恒常的な地域支配権力として位置づけられてきた。本項では、上部権力からの自立性の指標とみなされてきた一揆の共同知行地について再検討を行う。

共同知行地の実例を概観すると、隅田一族一揆の紀伊国和佐荘地頭職（本書第二章第一節を参照）、松浦一族一揆の肥前国河副荘[67]、上野白旗一揆の常陸国北郡の野田郷・片岡郷[68]など、上部権力から勲功の地として与えられたものが目につく。共同知行地成立の前提には、一揆の共同軍事行動が存在するのである。

加えて、これらの新恩の地は遠隔地所領であるため、所領を完全に分割してしまい、個々の領主が別々に知行するのは非効率的である。よって、現実には代官が共同知行地を一括経営し、一揆成員はそれぞれ得分のみを保有したと推測される。

この場合、個々の領主は一揆から脱退すると、得分を失うことになるので、共同知行地の存在は成員の脱退、ひいては一揆の解散を抑止する効果があったと考えられる。上部権力から給与された恩賞地こそが一揆の永続化を推進するのであって、共同知行地の存在は上部権力からの自立を必ずしも意味しない。

先行研究は、戦時における一揆と平時における一揆を峻別し、後者を重視してきた。外部の集団との緊張関係を契機に結ばれた軍事的な一揆は、緊張緩和によって自然消滅してしまう一時的な一揆にすぎない、という理解である。そして日常的な紛争の解決に関与することで一揆は恒常化する、との見通しが立てられた[69]。

けれども、領主間の親和・協力関係によって百姓の人返など平常時の問題を解決する志向が鎌倉期から見える一方で、それらが〈領主の一揆〉の主たる課題になるのは戦国期になってからだという事実に着目する必要がある（本書第七章を参照）。所領保全という動機は〈領主の一揆〉を日常的に機能させるための必要条件であっても、十分条件ではないのだ。

一揆は上部権力の軍勢催促に応じ、その指揮下で戦功をあげ、上部権力から恩賞地を拝領し、それを知行する。そして再びの軍勢催促に備えた。つまり、戦時の軍事行動の主体と、平時の所領知行の主体は完全に対応している。

南北朝内乱という「公方の戦争」にともなって大量に発生した闕所地＝「公方」からの新恩地が、〈領主の一揆〉を恒常的に機能させる上で重要な役割を果たした。筆者はここに南北朝内乱の画期性を見る。確かに在地領主の世界では鎌倉期段階から一揆的な結合が見られるが、南北朝期以降の〈領主の一揆〉とは区別すべきであると考える（本書第六章を参照）。

旧来の「領主制論」的な国人一揆研究は、国人一揆を領主結合の一形態としてのみ把握し、一揆という結合形態の特殊性に注意を払ってこなかった。だが戦争論の視角に立てば、今まで見落とされてきた鎌倉期の「一門評定」と南北朝期の一揆との歴史的な段階差は明瞭である。

「所領を保全するという領主としての基本的属性」[70]だけでは、〈領主の一揆〉は構造化しない。これに上部権力との接触・交渉という要素が加わって、初めて〈領主の一揆〉は非日常的な軍事同盟から日常的な地域支配権力に転化する。こうした事態を「政治的にはその牙を抜かれ、上部権力の動員に応じるだけの体制的な存在に押し込められていった」と否定的に評価する見解もあるが、[71]上部権力への帰服をもって〝一揆の敗北〟と断ずる姿勢には従えない。〈領主の一揆〉は体制内に構造的に位置づけられることで安定化するのであり、それによって「訴訟」という形で条件闘争を展開することも可能になったのである。

（4）小括

「公方の戦争」勃発により、当主の長期不在・戦死、敵方所領としての闕所処分など、在地領主の世界で本領の不知行化リスクが格段に上昇した。こうした「家」の存続すら危ぶまれる「非常時」特有の危機には、一族・近隣との親和関係（族縁・地縁）に基づく平常時の知行保証では対処しきれず、「契約」に基づく軍事同盟＝〈領主の一揆〉が成立した。

そして観応の擾乱以降、在地領主層の「非常時」認識を背景として、鎌倉期の「一揆の法」とは質的に異なる、戦時立法としての一揆契状が制定された。その最大の特徴は「公方」条項の存在であり、それは上部権力への忠節を誓った条項というより、在地領主たちの自発的契機に基づく〝有事法制〟と理解する方が妥当である。

よって〈領主の一揆〉は、平時のみに対応した鎌倉後期の領主結合と同列に扱うことはできない。「非常時」に生まれた〈領主の一揆〉は平常時になってからも活動を続けるが、その際、上部権力による共同知行地給与が大きな役割を果たしたのである。

第四節　「室町の平和」と「非常時対応」の解除

（一）「室町の平和」と在地領主の「家」の再編

観応の擾乱以降、南朝方として長年幕府を苦しめてきた山名時氏と大内弘世が、貞治二年（一三六三）、幕府に帰順した。これを大きな契機として、九州など一部地域を除いて内乱は収束していく。特に中国地方の平定は京都に安全をもたらし、幕府の支配体制の安定化に大きく寄与した。

当該期には諸将の上洛が進み、守護在京制の基盤が形成された。(72)守護関係者以外でも在京する武家領主が多く見られるようになり、こうした在京領主は国元で紛争が起きない限りは京都を離れず、一族・被官に本領経営を任せた。(73)

そして「貞治・応安の平和」を背景に、安芸や備後の在地領主の「家」で、嫡子単独相続への移行が一挙に進み、「動乱」によって不知行化した所領を「於京都訴申」ことで回復しようとする志向が生まれたのである。(74)九州では、南朝建徳二年（応安四年、一三七一）に、入来院氏が嫡子単独相続に移行している。(75)この時期は征西将軍府の全盛期であり、南朝方である入来院氏には「平和」が到来していた。四国では、讃岐の秋山泰忠（沙弥日高）が、以前に決めた三人の子供への分割譲与を応安七年に見直し、嫡孫の孫四郎に惣領職を譲っている。(76)これも守護細川頼之の分国支配の確立を受けてのものだろう。

この時期に嫡子単独相続への移行が集中的に見られるという事実は、従来からいわれているような「領主制の展開」による「所領の一円化集中化」(77)という内在的要因だけでは説明できない。「非常時対応」の解除にともない、惣領の代理やスペアとしての庶子・養子の役割が低下したという外的要因が影響していると考えられる。加えて、この時期には一族結合の再編も行われている。内乱の終結にともない形成された在京直臣集団は、京都を本拠としつつ各地に所領を獲得した。彼らはいわば特権的集団であり、遠く離れた地域社会にも影響力を及ぼすことができた。(78)

その具体的な様相が分かる史料として、石見の在地領主で石見吉見氏の庶流である下瀬頼家が益田氏の被官である下遠江守に送った書状を左に掲げる。

【史料2】　下瀬頼家書状

此間如二申候一、①大内殿石州之守護二而御入之時者、吉賀郡を半成にて候中にも、吉賀郡之内田尻東西之事者、大内殿守護領として彼在所を御持候、其後大内之義弘殿堺合戦已後田尻をも吉見（石見吉見氏）押入部仕候て、須子伊豆守雑掌に上せ、其時者山名大夫殿（山名教清）守護にて御座候に愁訴申候へ共、依下不二事行一候上、②吉賀郡之安堵に田尻一郷を如レ本守護領に進上申候て、半成郡を其時より守護領之外者一向に吉見知行仕候、さ候程二③田尻之領主、親にて候下瀬之美濃守参洛仕、本領之訴詔申叶、罷下候、其儘守護へ直に奉公仕候すれ共、又惣領（能登吉見氏）知行之内にも本領をかゝへ候間、惣領につき候て、于今如ㇾ此候之処ニ今者惣領方より持候本領相違之間、自今已後者、如二前々一守護へ御公事等をも勤申度心中ニ候、彼田尻を　山名大夫殿御知行之時者　益田殿御代官を御持候つる、就ㇾ其御支証を存候て申上候、④既に田尻之事者代々守護領と申、殊に吉賀郡之安堵に守護殿に進置候上者、吉見方難渋申候かたく候哉、如ㇾ此子細より先々之事者、本吉見殿（能登吉見氏）御内人富貴之面々数ヶ度依二罷下候一吉賀郡昨日ハ今日に相替候様ニ候間、分て難ㇾ申候、田尻之事ハ早一度守護領に進上候て已後ハ吉見とかくの儀不ㇾ可ㇾ申候哉、彼在所之事ハ我々に御扶持之間、此分ニ御成敗候へかしの心中ニ候、可ㇾ然様ニ預二御披露一候者、畏入候、恐々謹言、

（享徳年間カ）卯月廿日　　頼家（花押）

下遠江守殿
　御宿所(79)

右の史料によると、大内氏が石見守護として入部した際、石見吉見氏の所領である吉賀郡に半済を施行するとともに、吉賀郡のうち田尻郷を守護領とした（傍線部①）。この結果、石見吉見氏の下で田尻郷を知行していた下瀬氏は、石見吉見氏との関係を解消し、守護大内氏の支配下に入ったと考えられる。

応永の乱後、大内氏に代わって山名氏が守護になると、石見吉見氏は吉賀郡を山名氏から安堵してもらう代わりに、田尻郷を守護領として認めた（傍線部②④）。すると下瀬氏は、石見守護山名氏に「奉公」する一方で、吉見一族全体の「惣領」である在京領主の能登吉見氏とも結びついた（傍線部③）。これは、守護領となったはずの田尻郷にしばしば介入してくる石見吉見氏に対抗するための措置であろう。

以上のような惣領家を頂点とする一族結合は、鎌倉期にも見られるものである（第一節第一項の志賀氏の事例を参照）。よって、南北朝期に流動化した惣庶関係が、この時期に再び落ち着きを取り戻した、と捉えることが

できる。

要するに〝戦後体制〟として成立した室町期荘園制に依拠する形で、在京武家領主は「室町殿御分国」に散らばる一族に対して影響力を行使したのである。これを中央集権的な同族結合の再編と評価したい。

（２）上部権力と〈領主の一揆〉

南北朝の合一によって「公方」の分裂状況は完全に解消され、「公方」の中の「公方」となった室町殿を頂点とする体制（「公方国家体制」[80]）が成立する。この「平和」を背景に守護在京制が完成し、「室町殿御分国」観念が形成される[81]。

「公方の戦争」への対処から生まれた〈領主の一揆〉は、戦争終結を受けて性格を変えていく。応永六年（一三九九）、周布氏・益田氏ら石見国人は一揆契状を作成している[82]。文面から、「弓矢」を意識しつつも幕府―守護への提訴を主目的とする一揆であると分かる。

紀伊の隅田一族一揆も、応永期に守護への訴訟のために上洛している（本書第二章第一節を参照）。「室町の平和」にともない、〈領主の一揆〉は「戦争」目的から「訴訟」目的へと転換していったのである。

では当該期の反守護一揆をどう考えるか。反守護一揆は「室町殿御分国」の周縁部で発生した。たとえば安芸である。

応永十年、渋川満頼に代わって山名満氏が安芸守護に就任する。満氏は国人の知行地の調査を強行したため、翌年に国人たちが一揆を結んで抵抗した。この安芸国人一揆は、あくまで反守護運動であって、室町幕府の支配体制全体への反抗ではないことを一揆みずからが明言している（本書第四章第二節を参照）。

この一揆に関しては、幕府の勝利、一揆の敗北と結論づける見解もあるが、戦後、知行秩序の大幅な変更が行われなかったという事実は見逃せない[83]。大規模な戦闘が行われなかったこともあり、一揆参加者の勢力は温存された。

次に信濃である。応永六年、幕府重鎮の斯波義将に代わって小笠原長秀が守護に就任した。翌年、押領排除や守護役賦課を口実に守護使が強引に入部したため、国人たちは反発し「国一揆」を結成した。

この信濃「国一揆」では、一揆の指導者である村上満信の軍事行動が当時の史料に「嗷訴を張行」と表現されている[84]。そして一揆の軍事力に圧倒された長秀が信濃から逃亡すると、国一揆は「一同連署」の「目安状」を幕府に提出している[85]。これは、荘家の一揆が荘園領主に百姓申状を提出するのと同じ行動様式といえる。つまり信濃「国一揆」は、幕府に対して守護の更迭を要求する「嗷訴」だったのである。

こうした「嗷訴」張行のための一揆は、軍事行動を抑制しており、南北朝期の「戦争」遂行のための一揆とは明らかに異なる。「公方の戦争」に動員されなくなった〈領主の一揆〉が「非常時対応」を解除した、と考えられる。

ただし「応永の平和」が及んだ地域は、室町殿＝至高の「公方」の直接支配領域である「室町殿御分国」に限定された。幕府は遠国地域に対して積極的な支配を行わず、「取次」などを介した間接統治にとどめた[86]。この結果、遠国では「室町幕府―守護体制」が貫徹せず、地域紛争が勃発した。

南九州では、島津奥州家の家督争いを軸に合戦が相次いだ。このことが影響して、応永期には「天下転変」という「非常時」を想定した一揆契状が一般化する（本書第六章第三節を参照）。

南陸奥では、応永十一年（一四〇四）に小峰氏ら二〇人の国人によって一揆が結成された。その一揆契状によれば、稲村・篠川両公方の「上意」に応じて「同心」し、伊達氏・蘆名氏という敵対勢力と戦うことを、彼らは想定していた[87]。

これらの一揆は、南北朝期と同様の、「戦争」遂行のための一揆と把握すべきだろう。

「室町の平和」の到来により、嫡子単独相続が定着し、一族結合が安定化した。また在京武家領主は、内乱期に各所で寸断された全国的なネットワークを再編し、「室町殿御分国」内に散在する一族を統制した。

「室町殿御分国」の周縁部では反守護一揆が発生するが、これは室町殿という絶対的な「公方」に対して行う「嗷訴」と評価すべきである。ただし、さらに外側に存在する遠国地域では、地域紛争の多発により、軍事同盟としての〈領主の一揆〉が継続した。

おわりに

以上、本章では鎌倉後期～室町前期の在地領主結合の変遷を「非常時対応と危機管理」という視点から追究した。要点を以下に示す。

まずは、在地領主の「家」について。蒙古襲来以降、鎮西御家人の「家」では、親が息子たちへの譲状や置文の中で兄弟の結束維持を定める傾向が強まった。そして南北朝期になると、「公方の戦争」が勃発したため、「危機管理」のために嫡子だけでなく嫡子舎弟・嫡孫・養子などに所領や権限を分散した。これは一面では惣庶関係の流動化につながったが、その後「室町の平和」にともない、嫡子単独相続の普及や一族結合の再編を通じて惣庶関係は安定化していった。

次に、在地領主の「一揆の法」について。鎌倉後期には和与状など訴訟関係文書に「一味同心」規定が付随するようになった。先行研究の評価にしたがい、こうした規定を「一揆の法」とみなすことも不可能ではないが、これらはあくまで上部権力への提訴の際の協力規定にとどまるものだった。ところが南北朝期になると、一揆契状という文書様式が確立する。この南北朝期の一揆契状を特徴づける最大の要素は「公方」条項の存在であり、地域紛争が「公方の戦争」と結びつき、大規模な武力衝突に発展することを回避するためのものだった。なお室町期においても、遠国地域では引き続き、「公方」条項を備えた戦時立法としての一揆契状が制定された。

最後に、在地領主の地域的結合について。鎌倉後期には御家人制的秩序に収まらない広域的な領主結合が地域社会で展開されたが、それらは御家人・非御家人が混成した異種混淆的な集団であり、日常的・局地的な紛争への対応を目的としていた。これに対して南北朝期に誕生した〈領主の一揆〉は、「契約」によって身分的に均質化された集団であり、「公方の戦争」への対応を目的としていた。「室町の平和」にともなって一揆が永続化すると、上部権力への「噭訴」という性格が強まるが、「臨戦」という結集の論理は一揆内部に潜在し続けた。

本章での検討を踏まえると、〈領主の一揆〉を「上部権力の保証を必要としない、それと無関係な私的な自立権力」とみなす勝俣鎮夫氏の見解（本書序章第三節を参照）は再考を要するだろう。むしろ、上部権力による「戦争」遂行に否応なく巻きこまれていく過程で確立した危機管理システムと把握した方が実態に即している。

かつての領主制論では、領主制の内部矛盾が南北朝内乱を生み出し、南北朝内乱が「革命的な」役割を果たすことで「本格的な領主制」が成立した、という評価がなされ、この図式的な説明を実証的に乗り越えることが以後の研究の課題であった。そして近年の在地領主論は、平常時における領主支配の具体的検討を進め、領主結合の展開の画期を鎌倉後期に置いた。けれども、領主制論がそのままの形で成り立たないにせよ、南北朝内乱の画期性をも否定すべきではない。南北朝期の「公方の戦争」という対外的契機によって、領主結合のあり方は転換したのである。

(1) 川合康『鎌倉幕府成立史の研究』(校倉書房、二〇〇四年)、藤木久志『雑兵たちの戦場』(朝日新聞社、一九九五年)など。戦争論の研究史に関しては、小林一岳・則竹雄一「日本中世戦争論の視座」(同編『戦争Ⅰ 中世戦争論の現在』青木書店、二〇〇四年)を参照されたい。
(2) 漆原徹『中世軍忠状とその世界』(吉川弘文館、一九九八年)、高橋典幸『鎌倉幕府軍制と御家人制』(吉川弘文館、二〇〇八年)など。
(3) 小林一岳「村の武力と悪党」(同『日本中世の一揆と戦争』校倉書房、二〇〇一年)など。
(4) 佐藤和彦『南北朝内乱史論』(東京大学出版会、一九七九年)。
(5) 田中大喜「南北朝期在地領主論序説」(同『中世武士団構造の研究』校倉書房、二〇一一年、初出二〇〇六年)。
(6) 永原慶二「東国における惣領制の解体過程」(『永原慶二著作選集』第二巻、吉川弘文館、二〇〇七年、初出一九五二年)など。
(7) 小林一岳「一揆の法の形成」(小林前掲註3書、初出一九八七年)、田中大喜「一門評定の展開と幕府裁判」(田中前掲註5書、初出二〇〇四年)。
(8) 勝俣鎮夫「戦国法」(同『戦国法成立史論』東京大学出版会、一九七九年、初出一九七六年)。
(9) 小林一岳「鎌倉〜南北朝期の領主一揆と当知行」(小林前掲註3書、初出一九九二年)。
(10) 建治三年六月十七日相良永綱譲状(「相良家文書」『鎌遺』一二七五六号)。
(11) 正応元年八月十一日斑目重松譲状案(「斑目文書」『鎌遺』一六七一五号)。
(12) 田中前掲註(7)論文、一二七頁。
(13) 田中大喜「南北朝期武家の兄弟たち」(田中前掲註5書、初出二〇〇五年)八八頁。
(14) 正安三年十二月二十日袈裟鶴丸宛て志賀泰朝譲状案(「志賀文書」『鎌遺』二〇九三〇号)、延慶四年二月二十五日相良長氏置文(「相良家文書」『武家家法Ⅱ』二二号)など。
(15) 建治二年閏三月十五日志賀禅季申状案(「志賀文書」『鎌遺』一二三〇三号)。
(16) 正安三年十二月二十日志賀貞朝宛て志賀泰朝譲状(「志賀文書」『鎌遺』二〇九二九号)。

(17)　延慶四年二月二十五日相良長氏置文（「相良家文書」『武家家法Ⅱ』二二号）。
(18)　小林前掲註(7)論文、一四四頁。
(19)　田中前掲註(7)論文、一二七頁。
(20)　元応二年十月二十一日青方高光和与状（「青方文書」『鎌遺』二七六〇一号）。
(21)　村井章介「鎌倉時代松浦党の一族結合」（同『中世の国家と在地社会』校倉書房、二〇〇五年、初出一九九九年）三八二頁。
(22)　山内経之書状群（「高幡不動胎内文書」『南関』一〇六二～一〇六五号）。
(23)　建武二年七月十七日益田兼世紛失状案（「益田家文書」『南関』二五六号）、建武四年七月三日足利直義下文（「茂木文書」『南関』七一六号）、暦応三年五月十七日足利直義下知状案（「田代文書」『南関』一一一四号）、暦応四年四月二十三日足利直義下知状（「内藤家文書」『南中』一〇六五号）、暦応四年四月日山中道俊申状案（「山中文書」『南関』一二〇七号）、康永四年八月二十二日周布兼長紛失状写（「周布家文書」『南中』一四二二号）など。
(24)　貞治四年十月十四日斯波義高引付頭人奉書（「三浦和田文書」『新潟県史』資料編4、一三二頁）。
(25)　永徳三年八月十日益田兼見置文条々（「益田家文書」『武家家法Ⅱ』九五号）。
(26)　建武二年十一月二十八日山内通継譲状（「山内首藤家文書」『南関』三四七号）など。
(27)　暦応四年三月二十九日千徳宛て深堀時通譲状（「深堀文書」『南九』一六三六号）、貞和五年八月二十五日長井貞頼譲状案（「福原家文書」『南関』一八四三号）など。
(28)　建武五年六月三十日詫磨貞政・同宗直連署譲状（「詫磨文書」『南関』八四六号）。
(29)　貞和五年八月二十五日長井貞頼譲状案（「福原家文書」『南関』一八四三号）。
(30)　貞和六年二月九日禰寝清成譲状（「禰寝文書」『南九』二七〇一号）。
(31)　文和二年六月二十四日禰寝清成譲状（「禰寝文書」『南九』三五六一・三五六二号）、文和二年八月一日禰寝清有譲状（「禰寝文書」『南九』三五八一号）。
(32)　田中前掲註(13)論文、八三頁。

(33) 山内首藤氏が著名である。田端泰子「鎌倉期・室町初期の山内氏と一族一揆」(『京都橘大学研究紀要』三二、二〇〇五年)二〇頁を参照。
(34) 嘉元元年十一月二十六日茂木知盛譲状案(「茂木文書」『鎌遺』二一六八七号)。
(35) 文和二年六月十日茂木知世宛て茂木知貞譲状案・文和二年六月十日茂木知久宛て茂木知貞譲状案(「茂木文書」『南関』二四六〇・二四六一号)。
(36) 近藤成一「鎌倉時代の社会と領主制」(近藤成一編『日本の時代史9 モンゴルの襲来』吉川弘文館、二〇〇三年)二七九頁。
(37) 貞和五年閏六月二十三日渋谷重勝置文(「入来院文書」『武家家法II』五六号)。
(38) 文和二年十一月六日田原直貞譲状(「入江文書」『南九』三六二二号)。
(39) 貞和六年四月二十一日足利直冬下文(「益田家文書」『南中』一八一〇号)、観応二年二月一日足利尊氏袖判下文写(「周布家文書」『南中』一九五〇号)。
(40) 貞治四年二月十七日山名義理安堵状写(「周布家文書」『南中』三三七〇号)。
(41) 永享七年七月二十五日益田氏一族・若党連署起請文(「益田家文書」『益田』八五五号)。
(42) 貞和四年正月二十二日内藤教泰譲状(「内藤家文書」『南関』一七五五号)、後掲史料1、文和二年六月十日茂木知貞置文案(「茂木文書」『南関』二四五九号)、文和四年正月二十五日三吉覚弁置文(「鼓文書」『南中』二七〇二号)など。
(43) 応安六年七月十九日室町幕府裁許状写(「小早川家文書」『南中』三九八三号)。田代誠「軍陣御下文について」(『国史談話会雑誌』二八、一九八七年)も参照のこと。
(44) 貞和二年六月一日熊谷直経置文(「熊谷家文書」『南中』一四六七号)。
(45) 正平二十二年正月二十九日渋谷重門軍忠料所給付定書(「入来院文書」『武家家法II』七九号)。
(46) 毛利元春自筆事書案(「毛利家文書」『南中』四二六九号)。
(47) 服部英雄「周防国仁保庄の荘園地名」(同『景観にさぐる中世』新人物往来社、一九九五年、初出一九八一年)、西田友広「石見益田氏の系譜と地域社会」(高橋慎一朗編『列島の鎌倉時代』高志書院、二〇一一年)。

(48)　小林前掲註(7)論文、一三七・一三八頁。
(49)　康永二年八月日海老名景知紛失状（「海老名文書」『南関』一四四〇号）。
(50)　建武三年十一月十九日茂木知貞代祐恵言上状（「茂木文書」『南関』五八九号）。
(51)　貞和四年二月三十日比志島貞範契約状（「比志島文書」『南九』二四四九号）、貞和四年十月十四日志賀頼房請文案（「志賀文書」『南九』二五四二号）など。
(52)　山内経之書状群（「高幡不動胎内文書」『南関』九七五・一〇五〇号など）。
(53)　高橋典幸「荘園制と悪党」（『国立歴史民俗博物館研究報告』一〇四、二〇〇三年）。
(54)　小川弘和「十四世紀の地域社会と荘園制」（『歴史学研究』八〇七、二〇〇五年）五〇頁。
(55)　桃崎有一郎「初期室町幕府の執政と「武家探題」鎌倉殿の成立」（『古文書研究』六八、二〇一〇年）四六・四七頁、吉田賢司「「主従制的支配権」と室町幕府軍制研究」（『鎌倉遺文研究』二六、二〇一〇年）六六頁。
(56)　建武五年八月日小早川氏平軍忠状写（「吉川家中幷寺社文書」『南中』七八九号）。
(57)　「室町幕府追加法」二九条。小林一岳「貞和二年室町幕府平和令をめぐって」（悪党研究会編『悪党と内乱』岩田書院、二〇〇五年）も参照のこと。
(58)　伊藤俊一『室町期荘園制の研究』（塙書房、二〇一〇年）。
(59)　新田一郎「中世後期の社会と法」（水林彪ほか編『新体系日本史2　法社会史』山川出版社、二〇〇一年）一八八頁。
(60)　吉田賢司「武家編制の転換と南北朝内乱」（『日本史研究』六〇三、二〇一三年）四九・五〇頁。
(61)　建武三年正月十一日禰寝氏一族一揆契状（「池端文書」『南九』三八三号）。
(62)　貞和七年十月二日山内氏一族一揆契状（「山内首藤家文書」『南中』二一四八号）。
(63)　建徳三年二月日禰寝久清宛て肝付兼氏・兼里・久兼連署一揆契状（「禰寝文書」『南九』四九四二号）。
(64)　伊藤前掲註(58)書。
(65)　市沢哲「一四世紀政治史の成果と課題」（『日本史研究』五四〇、二〇〇七年）二二頁。
(66)　「有浦文書」（『南九』一八七〇号）。

(67) 村井章介「今川了俊と上松浦一揆」(村井前掲註21書、初出一九七六年)。
(68) 小林一岳「中世関東における一揆と戦争」(小林前掲註3書、初出一九九四年)二一二頁。
(69) 榎原雅治「一揆の時代」(榎原雅治編『日本の時代史11 一揆の時代』吉川弘文館、二〇〇三年)四七頁。
(70) 久留島典子「領主の一揆と中世後期社会」(『岩波講座日本通史』第9巻、中世3、岩波書店、一九九四年)一三七頁。
(71) 小林前掲註(68)論文、二一六頁。
(72) 山田徹「南北朝期の守護在京」(『日本史研究』五三四、二〇〇七年)四〇頁。
(73) 拙稿「室町期武家の一族分業」(阿部猛編『中世政治史の研究』日本史史料研究会、二〇一〇年)。
(74) 貞治二年六月二十九日竹原小早川重景譲状(「小早川家文書」『南中』三二三四号)、貞治四年六月一日山内通継譲状(「山内首藤家文書」『南中』三三九七号)、貞治四年九月八日熊谷直経譲状(「熊谷家文書」『南中』三四一七号)。
(75) 建徳二年十月十五日渋谷重門譲状(「入来院文書」『南九』四九〇五号)。
(76) 応安七年十一月八日秋山泰忠譲状(「秋山家文書」『南中』四一〇一号)。
(77) 佐藤和彦「国人領主制の構造的展開」(佐藤前掲註4書、初出一九六三年)二六〇頁。
(78) 山田徹「室町領主社会の形成と武家勢力」(『ヒストリア』二二三、二〇一〇年)一二八頁。
(79) 「益田家文書」八二軸二。
(80) 岡野友彦「「応永の検注帳」と中世後期荘園制」(『歴史学研究』八〇七、二〇〇五年)五六頁。
(81) 山田前掲註(72)論文、四一頁。
(82) 応永六年十一月一日藤原義宗等四名連署起請文(東京大学史料編纂所架蔵写真帳「周布文書」二冊八一丁)。久留島典子「新出周布文書の紹介と考察」(同編『大規模武家文書群による中・近世史科学の統合的研究』二〇〇八年)二六一頁も参照のこと。
(83) 山田前掲註(78)論文、一三三頁。
(84) 応永七年十一月十五日市河興仙軍忠状(「市河文書」『大日本史料』応永七年九月二十四日条)。

（85）『大塔物語』（『大日本史料』応永七年九月二十四日条）。
（86）桜井英治『室町人の精神』（講談社、二〇〇一年）、吉田賢司『室町幕府軍制の構造と展開』（吉川弘文館、二〇一〇年）など。
（87）応永十一年七月日仙道諸家一揆契状写（「白河証古文書」『武家家法Ⅱ』一二〇号）。

《初出一覧》

序章　新稿

第一部　〈領主の一揆〉の構造と機能

第一章　原題「伊勢北方一揆の構造と機能――国人一揆論再考の糸口として――」（『日本歴史』七一二、二〇〇七年九月）

第二章　原題同じ（『ヒストリア』二二二、二〇一〇年八月）

第三章　原題「松浦一揆をめぐって――国人一揆論の新段階へ――」（『東京大学日本史学研究室紀要』一四、二〇一〇年三月）

第二部　〈領主の一揆〉と一揆契状

第四章　原題同じ（『史学雑誌』一一六―一、二〇〇七年一月）

第五章　原題同じ（『鎌倉遺文研究』一九、二〇〇七年四月）

第六章　新稿

第三部　戦国大名・惣国一揆への展開

第七章　原題同じ（村井章介編『「人のつながり」の中世』山川出版社、二〇〇八年一一月）

第八章　原題「乙訓郡「惣国」の構造――惣国一揆論の再検討――」（『東京大学史料編纂所研究紀要』二一、二〇一一年三月）

終章　原題同じ（『歴史学研究』八九八、二〇一二年一〇月）

※本書収録に際して既発表論文を補訂した。初出時に賜った御意見・御批判をできる限り反映させたつもりである。

あとがき

本書は二〇一一年一月に東京大学大学院に提出した博士学位請求論文「日本中世の地域社会における集団統合原理の研究──領主の一揆を中心として──」を原型としている。村井章介先生（主査）、榎原雅治先生、久留島典子先生、桜井英治先生、深沢克己先生にご審査いただき、二〇一一年六月に学位を授与された。懇切丁寧に審査して下さった五人の先生方に、改めてお礼を申し上げる。

周囲からせっつかれて博士論文の公刊を決意したのは、二〇一二年の歴史学研究会大会の報告が終わって、しばらく経ってからだった。私のような未熟者には時期尚早との思いもあったが、既発表論文の恥ずかしいミスや明白な事実誤認を訂正する機会を得ると前向きに捉えることにした。今後は初出時の論文ではなく、本書をご参照いただければ幸いである。なお刊行にあたっては、直接出版費の一部として、独立行政法人日本学術振興会平成二五年度科学研究費補助金（研究成果公開促進費）の交付を受けている。

さて私は、この業界でいうところの「あとがき愛読派」の一員を自認しているのだが、あとがきを読んでいると、いつも驚かされることがある。それは、日本中世史の研究者の多くが中高生時代から歴史に対する激しい情熱を持っていることである。歴史系のサークルを立ち上げたり、無数の中世城郭、あるいは神社仏閣を〝制覇〟したり、それらに飽きたらず中世史の専門研究書や史料集をひもといたりと、はっきりいってすごすぎるのである。こうした〝武勇伝〟を読んでいると、なるべくして日本史の研究者になったのだな、と感嘆するほかない。

一方の私はといえば、「人なみはずれた歴史ぎらい」と語ればウソになるが、高校生当時、歴史への関心は「人なみよりは上」程度であった。日本史は得意教科ではあったが、クラスで「歴史博士」的ポジションにいた、などということは全然ない。大河ドラマを観たり、司馬遼太郎を読んだり、せいぜいそのレベルである。

大学で専攻を決める際も、真剣に検討した記憶がない。まず語学が苦手だったので、加えて受験科目の中では現代文と日本史が好きだったので、日本文学か日本史学にしようと考えた。そして、上クラ（説明すると長くなるので、ご存知ない方はググっていただきたい）に日本史学研究室に進学された方がいて、研究室の和気藹々とした様子を楽しげに語るので、それにつられて日本史を選んだ。この時点で、研究者になるという発想は一切なかった。

こんな始末であるから、進学時の日本史の知識は実に貧弱なものだった。当時、中世史の教員は五味文彦先生と村井章介先生のお二人であった。今にして思えば、私にはもったいないくらいの豪華布陣だったのだが、その頃の私は「あ、どこかで聞いたことある名前だぞ」と感じただけだった。

そんな私が、両先生の講義やゼミに出ているうちに、日本史学という学問の面白さに目覚め、ついには大学院にまで進学してしまったのだから、人生なにがどうなるか分からない。どこかで耳にした「良き師に出逢える幸福に勝る喜びはない」という言葉は真理だなあ、と実感する。もっとも、私の〝覚醒〟が日本史学界にとって喜ばしいことだったのか、ひょっとすると厄介者が入ってきやがったと疎まれているのかもしれないなどと考え出すと、暗い気持ちになることもあるのだが。

五味先生は、熱血指導型ではなく、ぽつりとおっしゃることが非常に重要な内容だったりするので、片言隻句も聞き漏らすまいと身構えていた。それと、先生は教え子の研究報告をめったに褒めない。私は一度でいいから褒められたいと思いつつ五味ゼミで発表を繰り返したが、結局一度も褒められることのないまま先生のご退職を見送ることになった。先生に論文を評価されること。それが私の研究者としての目標の一つであるが、一生かかっても無理かもしれない。

指導教員の村井先生は大らかなお人柄なのだが、ゼミになると一変する。史料の一言一句にこだわり、おおざっぱな解釈を決して許さない厳格な姿勢に、私は歴史研究者の鑑を見た。しかし私は、実証主義という先生の教えは守りつつも、先生が精力的に進めておられた対外関係史研究にはさしたる関心を示さず、自分の興味のおもむくままに一揆研究を始めた。その意味で私は良い弟子とはいえないが、不出来の弟子にも先生は優しかった。二〇〇七年の史学会大会日本中世史部会シンポジウム「「人のつながり」の中世」で報告してほしい、と先生に依頼された時は、正直頭を抱えた。無理難題をふっかけられたという思いさえあった。だが、あれは遅々として進まない私の研究を先生が後ろから押して下さったのだ、と今になって気づいた。先生には本書出版のために思文閣出版への仲介の労もとっていただいた。本書を刊行したことで、師恩に少しでも報いることができたとしたら幸いである。

他にも大学院の演習では、榎原雅治・久留島典子・黒田日出男・近藤成一・義江彰夫・吉田伸之という諸先生から多くのことを教わった。とりわけ東京大学史料編纂所の榎原先生には、私が日本学術振興会特別研究員（PD）に採用された際、受け入れ教員になっていただいた。かくも贅沢な環境で学ぶことができたのは実に幸運であったが、その割に私の研究成果は乏しい。なんとも恥じ入る次第である。

そして、先生方のご指導に劣らず重要だったのは、先輩方のご教示である。先輩方が主催されていた勉強会・研究会は数多く、私は影写本の会、中世史研究会、ＧＦＣ（義堂周信ファンクラブ、要は『空華日用工夫略集』を読む会）、補遺の会（続群書類従補遺を読む会）、ＭＤの会（中世博士論文を書く会、榎本渉氏命名）などに参加した。研究会の場以外でも、崩し字の読みや関連文献・史料の存在などを尋ねると、快く教えて下さった。ひとりひとりお名前をあげていくと際限がないので、特にお世話になった方のみに限定する。秋山哲雄、遠藤珠紀、川本慎自、木下聡の四氏である。ご好意に甘えてばかりで、きちんとお礼を述べることが少なかったので、ここに記して謝意を表したい。

同期の存在も大きい。私と同じ年に日本史学研究室に進学し、中世史の研究を志し、大学院に進学したのは、岡本真氏と小瀬玄士氏である。自分よりもはるかに優秀な両名と常に比べられるという状況は私にとって大きなプレッシャーだった。劣等感に苛まれることも一度や二度ではなかった。だが、もし二人がいなければ、元来怠惰な私がここまで研究を続けてくることはできなかっただろう。本書に見るべきところが僅かでもあるとしたら、それは両氏のおかげである。ちなみに、両氏もＧＦＣの主力メンバーである。

学外にもお世話になった方は多い。第一に言及したいのは、歴史学研究会日本中世史部会運営委員のみなさんである。私は八つ年上の秋山哲雄氏に勧誘されて、修士課程一年の時から運営委員となり、現在にいたっている。私が加入した頃の運営委員会には秋山氏と同世代の俊英たちが集い、活発に議論を戦わせていた。学問の世界に足を踏み入れたばかりの私にとって、その談論風発はまばゆいばかりであった。学内のゼミや研究会で史料の読み方を学び、歴研で議論の組み立て方を学んだ、といえば、多少は雰囲気が伝わるだろうか。年の近い近藤祐介、下村周太郎、竹井英文各氏らとの交流も大きな刺激となった。特に、私が歴研大会で報告することになった折には、大会担当委員の下村氏をはじめとする運営委員の方々から多くの助言をいただいた。

また、山本隆志先生が主催する在地領主研究会、高橋敏子先生が幹事を務めている「『経覚私要鈔』を読む会」など、各種研究会の末席に加えていただいている。年数を重ねるにつれ、自分より若い研究者が新たに入会してくることも増えた。そろそろ教わる側から教える側に回らなくてはと思いつつ、なかなか脱皮できない自分が情けない。

後輩の佐藤雄基氏、京都大学の亀田俊和氏・山田徹氏らとは、インターネットを通じて意見交換をしばしば行っている。意見交換といっても、私はいただいた抜き刷り論文に対する雑駁な感想を述べるだけで、ほぼ一方的にご教示を得ているのが実情である。〈交換型一揆契状〉という概念を提示しておきながら、本人はちっとも〈交換〉できていないのは皮肉である。

その他、科研や学会・シンポジウム、中世史サマーセミナーなどを通じて、全国の研究者と知り合うことができた。これらの「縁」「人のつながり」は、地位も名誉も財力も学力もない私にとって、唯一誇れる宝物である。芳名を列挙することはできないが、私を励まし、時に叱って下さったすべての方に心よりお礼申し上げる。

本書刊行にあたっては、思文閣出版の田中峰人氏にご尽力いただいた。二〇一二年の歴研大会報告の昼休み、書籍ブースをぶらぶらしていたら、ふいに田中氏から声をかけられた。「博士論文を刊行する時には、ぜひうちから」とのお話だった。今から振り返ると社交辞令だったような気もするのだが、学界でほとんど評価されていない私の研究を編集者の方がご存知だったことに感激した。後日、村井先生を通じて本書刊行をお願いすると、快諾して下さった。その上、原稿をなかなか送らない私に辛抱強く対応し、編集・出版上のさまざまな実務をきめ細やかに処理していただき、感謝の言葉もない。

私事にわたって恐縮だが、いまだに将来の展望が見えない私を温かく見守ってくれている家族に、心からの感謝を捧げて結びとしたい。

二〇一四年一月

呉座勇一

◎著者略歴◎

呉 座 勇 一（ござ・ゆういち）

1980年　東京都に生まれる
2003年　東京大学文学部卒業
2008年　東京大学大学院人文社会系研究科博士課程単位取得退学
2011年　博士（文学）
日本学術振興会特別研究員を経て，現在，東京大学大学院人文社会系研究科研究員．

〔主要論文〕
「あきる野の武州南一揆関連文書について」（『千葉史学』50，2007年），「白河結城文書の一揆契状」（村井章介編『中世東国武家文書の研究』高志書院，2008年），「永享九年の「大乱」——関東永享の乱の始期をめぐって——」（『鎌倉』115，2013年）

日本中世《にほんちゅうせい》の領主一揆《りょうしゅいっき》

2014（平成26）年２月28日発行

定価：本体7,200円（税別）

著　者　呉 座 勇 一
発行者　田 中　大
発行所　株式会社　思文閣出版
〒605－0089　京都市東山区元町355
電話 075－751－1781（代表）

装　幀　井上二三夫
印　刷
製　本　シナノ書籍印刷株式会社

ISBN978-4-7842-1721-2　C3021

索　　引

【人名・地名・事項】

す

せ

そ

た

ち

つ

と

な

【研究者名】

＊索引は本文中の語句を対象にしたが、１つの章内で註のみに出てくる研究者名は採った

く

こ

さ

し

す

せ

た

ち・つ

と